100일 만에 완성하는 자서전 쓰는 법

살아온 날들과
살아갈 날들을
위하여

김창범 지음

굿위즈덤

"자서전은 사소한 얘기일지라도 필자 자신이 살아온 시대상을 반영합니다. 그런 의미에서 자서전은 역사를 기록한 작은 역사책이기도 합니다. 이들의 평범한 삶을 담은 여러 권의 자서전이 한데 모여진다면, 그 책들은 끝내 도도한 역사의 흐름을 완성시킬 것입니다. 나도 모르는 위대한 역사를 만들어갑니다." (본문 7쪽)

평범한 이들을 위한 자서전 쓰기의 길라잡이

류재엽 (문학박사, 문학평론가)

자서전(自敍傳)은 어떤 사람이 자신의 생애를 스스로 기록한 전기를 말합니다. 자서전은 필자와 화자, 주인공이 모두 같다는 성격을 지니고 있습니다. 자서전은 대개 자신의 삶을 시간의 순서대로 기술하면서, 출생과 성장에서부터 현재까지 이어지는 기록물로서 그 형식과 분량에 전혀 제약을 받지 않습니다.

그러나 자서전의 가장 중요한 조건은 삶에 대한 솔직한 진술입니다. 거짓된 진술은 자서전으로서의 가치를 잃고 맙니다. 자서전의 범주에 넣을 수 있는 저작물로 회고록, 고백록, 참회록 등이 있습니다.

인간은 자신의 삶을 기록으로 남겨, 후대 사람들이 자신을 평가할 수 있는 자료로 남기고자 소망합니다. 이는 동서가 모두 마찬가지입니다. 특히 대다수 사회 지도자들이거나 정치 지도자들은 자신의 삶이 후세에게 하나의 교훈적인 내용으로 기억되길 원합니다. 그러다 보니 이야기는 자기 합리화에 빠지고, 사실의 미화 등 오류에 빠지기도 합니다. 부끄러웠던 사건이나 부당했던 일은 적당히 얼버무리거나 아예 기록조차 않는 일들이 비일비재(非一非再)합니다.

글자 그대로 자서전은 스스로 기록하여야 함에도 타인의 손을 빌려 자서전을 쓰는 경우도 적지 않습니다. 이에 발맞추어 자서전 대필업이 유행하기도 합니다. 자기 삶의 흔적을 남겨놓고 싶으나 건강 등 여건이 허락되지 않는다면 구술을 통해 타인이 대필할 수는 있습니다. 하지만, 어디까지나 자서전은 필자 스스로 기록하여야 한다는 전제가 따릅니다.

선거철이 되면 많은 정치인들의 자서전이 난무합니다. 이 경우 대필가에게 맡겨 기록하게 하고, 발간된 자서전은 출판 기념회라는 명목 아래 정치 자금을 모으는 데 이용되기도 합니다. 우리 사회에서 자서전을 가장 많이 출판하는 이는 아마도 정치인일 것입니다. 정치인 중에는 자신이나 소속된 정파의 이익을 위해서 대중을 속이고자 하는 이들이 많습니다. 하물며 "영국인의 자서전치고 정직한 것은 하나도 없었다"고 말한 유명한 추리소설가 코난 도일(C. Doyle)의 말은 많은 시사를 던져줍니다.

외우(畏友) 김창범 시인의 저서 『살아온 날들과 살아갈 날들을 위하여』는 평범한 사람들을 위한 자서전 쓰기에 대한 안내서이자 지도서입니다. 우리처럼 평범한 시민이거나 유명할 것도 없는 사람들도 자신의 진솔한 삶의 이야기를 표현하고 싶어 합니다. 그것은 제2장의 제목 '누구나 가슴에 책 한 권을 품고 산다'에 잘 표현되어 있습니다. 제3장과 제4장은 직접 자서전을 쓰기 위한 내용이고, 제5장은 인생을 다시 살기 위해 자서전을 준비하자는 취지의 독특한 내용을 제시하고 있습니다.

독자 여러분! 김창범 시인이 일러주는 대로 누구나 한번 자서전 쓰기에 나서 봅시다. 김 시인이 평생 살아오면서 마음에 두어온 책이 자서전입니다. 이 자서전 쓰기를 통해 그는 '내 인생의 주인은 바로 나'라는 진리를 일깨워주고자 합니다. 자서전은 사소한 얘기일지라도 필자 자신이 살아온 시대상을 반영합니다. 그런 의미에서 자서전은 역사를 기록한 작은 역사책이기도 합니다. 이들의 평범한 삶을 담은 여러 권의 자서전이 한데 모여진다면, 그 책들은 끝내 도도한 역사의 흐름을 완성시킬 것입니다. 나도 모르는 위대한 역사를 만들어갑니다. 그러므로 우리 누구나가 이 책을 읽고, 자신의 '행복한 삶'을 위한 방편으로 한 권의 자서전 쓰기에 도전할 것을 권유합니다.

"자서전은 미래를 준비하는 내 인생의 전망대다. 그래서 현명한 사람이라면 누구라도 도전해볼 만한 가치가 있는 우리 인생의 위대한 프로젝트다. 멀리, 내 인생의 동서남북을 바라보며 다가올 나만의 인생 이야기, 나 자신이 그 이야기의 진정한 주인공이 되어 내 자서전을 만들어보자." (본문 15쪽)

건강하고 아름다운 인생 만들기

영적 피트니스, 글쓰기

10여 년 전, 영국의 젊은 신학자인 그레이엄 톰린(Graham Tomlin)의 도전적인 저서, 『영적 피트니스(Spiritual Fitness)』를 읽고 신선한 충격을 받았다. 마케팅 전략을 앞세워 거대한 소비문화가 몰려오는 현대사회 속에 몰락해가는 영국 교회의 현장을 비판적 시각으로 바라보며, 그는 영국 교회가 소생할 수 있는 한 가지 기회를 제시했다. 그것은 주말마다 사람들을 교회 밖으로 유혹하는 막강한 소비문화 세력에게 끌려가지 않는 방안이었다. 즉 끌려가지 않을 만한 강력한 근육 덩어리로 몸을 만들 듯이 정신과 영도 그렇게 단단하게 단련해야 한다는 것이다. 그래서 그는 그 당시 영국을 휩쓸던 필라테스의 인기를 극복할 만한 강하고도 심오한 영적인 힘을 길러야 한다고 주장했다. 즉, 나약해진 사람들을 훈련할 신앙의 프로그램이 필요하다는 것이다. 그것을 위해 강력한 '영적 피트니스'가 요구된다는 것이었다.

우리 사회도 동일한 환경에 처해 있다. 동네마다 새롭게 진화된 필라테스 시설들이 들어오고 사람들은 저마다 건강하고 아름다운 몸매 만들기에 몰두한다. 몸이 건강하고 탄탄할수록 새로운 유혹들이 공격해온다. 절제하기 어려운 순간들이 몰려온다. 교회와 같은 종교 시설은 점차 비어가고 사람들은 영적이거나 정신적 차원의 건강에는 관심을 기울이기가 쉽지 않다. 도덕적이거나 양심적인 일에 대한 기쁨보다는 자기 이익과 욕구를 찾아 자신의 인생과 시간을 소모하고 만다. 그래서 인생은 점차 균형을 상실하고 끝내는 목표와 의지까지 잃는다.

지혜로운 사람은 영과 정신을 지키는 일이 얼마나 중요한 인생의 조건인가를 잘 안다. 다행히 우리에게는 영과 정신에 건강과 균형을 안겨주는 아주 오래된 좋은 습관이 있다. 그것은 바로 글쓰기이다. 일기든, 편지든, 시(詩)든, 그 무엇이든 자기 생각과 감상을 쓰는 행위가 마음을 치유하고 건강을 지켜준다는 사실을 잊지 않아야 한다. 그래서 사람들은 흔히 인생을 마감하며 자서전을 쓴다. 인생의 고유제(告由祭)를 올린다.

내 몸과 마음이 건강하여 분별력을 잃지 않았으니 감사하고, 또한 많은
것을 깨닫고 배웠으니 더 감사한 일이 아니겠는가?

자서전(自敍傳)들 쓰십시다

"하지만 앞서도 여러 번 말씀드렸듯이 선생님 자신의 과거사에 대해
그것을 있는 대로 솔직히 시인하실 정직성이 없으시다면, 있는 대로 그
것을 증거하고 참회하실 용기가 없으시다면, 그것이 아무리 추하고 부끄
럽더라도 선생님 자신의 것으로 그것을 사랑하고 또 그것을 넘어서실 자
기 애정이 없으시다면, 그 정직성과 용기와 애정이 생길 때까지는 그것
을 단념하고 계시는 것이 옳으리라는 말씀입니다. 자서전 작업이란 원래
가 남의 손으로는 대신 될 수가 없는 성질의 일이기도 하지만, 적어도 그
만한 용기와 사랑과 지혜에 대한 신념이 없이는 더더구나 그에 대한 소
망을 지녀서는 안 된다는 것이 저의 믿음이기 때문입니다."

　　– 이청준 소설, 「자서전들 쓰십시다」

『서편제』,『당신들의 천국』,『병신과 머저리』등을 발표한 한국 문단의
대표 소설가, 이청준(李淸俊, 1939~2008)은 1976년 〈문학과지성〉 여름
호에 독특한 제목의 단편을 발표하여 화제가 된 적이 있다. 그 작품은

「자서전들 쓰십시다」였다. 소설 속의 한 대필 작가가 만나는 이 시대의 속물 같은 인물들, 즉 진실을 상실한 말로 사회를 희롱하며 출세한 유명 코미디언과 우직한 신앙적 신념으로 산골에 10만여 평 자기 왕국을 건설해가는 한 영농 사업가를 위해 자서전을 집필하는 일이 얼마나 무의미한가를 반성하는 이야기가 이 작품의 중심을 이룬다.

자서전은 자기 인생을 바라보는 집필자 자신이 얼마나 진실하고 정직한가, 또 얼마나 통렬히 자기반성을 하는가에 따라 그 의미와 가치가 결정된다고 이청준은 그의 소설에서 주장한다. 그리고 그런 의미에서 그는 우리 모두에게 권유한다. 「자서전들 쓰십시다」이 권유는 대필 작가를 통해 덕지덕지 화장한 얼굴로 자기 우상을 세우려 하지 말고, 진심으로 자신의 거짓과 부정직을 솔직히 고백하고 반성하는 자리로서 자서전을 써보라는 것이다. 정말 자서전이 그런 본질적 의도대로 쓰여진다면 이 나라, 이 사회는 얼마나 변화되고 달라질 것인가를 기대해 봄 직하지 않겠는가?

내가 이 책을 쓰게 된 동기는 이청준이 꿈꾸는 사회 변혁적 차원에서 어떤 계기를 만들려는 의도에서 계획된 것은 아니다. 누구나 나이가 들어가면 메말라가는 세월 속에 파묻혀 지난 인생이 그리워지기 마련이고 그 그리움 때문에 한 권의 자서전을 쓰고 싶어 한다. 우리 일상의 이 자연스러운 욕구를 채워주고 해소하는 과정으로서 자서전 쓰는 법을 안내하고 뭔가 작은 도움을 전하려는 데 있다. 그런 점에서 이 책이 자기를 개발해가는 실용 도서로서 많이 이용될 수 있기를 바라는 마음이 간절하다. 이 책은 모두 5장으로 구성되어 있다.

　1장은 자서전의 뜻과 의미를 되새기고 성격과 역할 등을 논하고, 2장은 자서전을 쓰기 위한 집필자의 태도와 글 쓰는 기술 등을 소개했다. 3장은 자서전을 준비하기 위해 글감을 찾고 모으는 방법을 제시하고, 4장은 실제로 글을 써가는 순서와 집필자의 태도를 논하였다. 마지막 5장은 자서전이 안겨줄 유익과 영향력, 변화되는 남은 인생에 대한 전망 등을 다루었다.

　좀 더 구체적인 사례로서 미국 건국의 아버지 '벤저민 플랭클린', 미국을 변화시킨 농학자 '조지 워싱턴 카버' 박사, 나치의 죽음의 수용소를 3년이나 전전하며 삶의 의미를 깨달은 정신과 의사 '빅터 프랭클'의 자서전, 그리고 전후의 독일을 뒤흔든 '이미륵' 박사의 자전적 소설을 자주 인용하였다. 그 까닭은 그들의 자서전이 필자에게 큰 감동을 주었고 많은 사람에게 좋은 영향을 미쳤기 때문이다. 그리고 무명의 누군가의 인생과 필자의 인생을 자주 언급한 것은 보여드릴 만큼 그들이 성공했기 때문이 아니라, 오히려 어렵고 힘든 인생을 살았기 때문이다. 그래서 그 좌절과 고통을 통해 새로운 삶을 살아가려는 의지를 보여주려고 했다.

인생 다시 살기

누구나 살아온 삶을 돌아보면 후회로 가득한 것을 깨닫게 된다. 이미 지나간 인생을 되돌릴 수는 없는 일이다. 그러나 마음속에는 '지나온 인생을 다시 살 수만 있다면 이렇게는 살지 않았으리라.' 하는 생각이 가득할 것이다. 이 책은 그런 후회스러운 당신의 인생에 새로운 기회를 던져주고 싶어 한다. 그것이 구체화된 것이 바로 '인생 다시 살기'라는 개념이다. 아직도 살아갈 날들이 남아 있다는 점을 기억하고 그 귀한 시간을 '인생을 다시 사는' 심정으로 새롭게 살자는 것이다.

'마음속 이야기가 책을 만든다'는 평범한 사실이 당신에게는 아직 실감이 나지 않을지도 모른다. 책의 저자, 즉 작가라고 하면 아주 특별한 사람인 줄 알았는데, 그게 아니니 말이다. 그렇다. 그들은 결코 특별한 사람이 아니다. 다만 책으로 만들 만한 주제, 독자들이 관심을 가질 만한 소재를 가진 사람이란 점이 특별하다. 바로 그들이 책의 저자가 되고 어떤 사회적 지위를 인정받는 특별한 작가가 될 수 있다. 다시 말해 마음속에 이야기가 있는 사람이라면 누구라도 저자가 될 수 있다.

그렇다면 이제 당신도 자서전을 쓰고 싶지 않겠는가? 이 책에서도 언급한 바 있지만, 자서전은 나이 든 사람들, 나름 인생을 다 산 사람들만의 전유물이 아니다. 오히려 남은 인생이 더 많은 사람, 즉 아직도 젊은 이들에게 더 유리한 인생 반전의 기회를 안겨줄 수 있다고 믿고 싶다. 그렇다. 자서전은 미래를 준비하는 내 인생의 전망대다. 그래서 현명한 사람이라면 누구라도 도전해볼 만한 가치가 있는 우리 인생의 위대한 프로젝트다. 멀리, 내 인생의 동서남북을 바라보며 다가올 나만의 인생 이야기, 나 자신이 그 이야기의 진정한 주인공이 되어 내 자서전을 만들어보자. 그것은 살아온 날들을 돌아보며 장차 내가 살아갈 날들을 준비하자는 것이고, 미래를 후회 없이 용기 있게 맞이하자는 것이며, 건강하고 아름다운 인생 만들기를 시작해보자는 것이다.

- 목차 -

추천사 평범한 이들을 위한 자서전 쓰기의 길라잡이 005

프롤로그 건강하고 아름다운 인생 만들기 009

1장

남은 인생을 위한 첫걸음

1 남은 인생, 무엇으로 시작해야 하나? 023

2 누구나 쓰고 싶은 첫 번째 책 031

3 세상에 남기고 싶은 이야기 039

4 인생이 그토록 무겁고 힘든 이유 046

5 새로운 가능성에 대한 기록 054

6 미리 쓰는 내 인생의 스토리 062

7 나를 미래로 끌어당기는 인생의 비전 070

2장

누구나 가슴에 책 한 권을 품고 산다

1 가슴에 품은 책 한 권의 무게를 생각하라 081
2 자서전을 시작하는 믿음의 원칙 3가지 089
3 자서전은 내 인생의 끝이 아니라 시작이다 097
4 기억의 잡동사니에서 인생의 의미를 찾는다 104
5 기쁘고 감사한 일만 찾아도 넘친다 112
6 인생을 아름답게 비추는 나의 손거울 119
7 자서전은 과거로 떠나는 1인의 여행담이다 126

3장

내 인생에 던져야 할 7가지 질문

1 질문1 : 살아온 날들을 요약할 수 있는가?   137

2 질문2 : 어떤 여정을 거쳐 살아왔는가?   145

3 질문3 : 나에게 영향을 끼친 사건은 무엇인가?   152

4 질문4 : 내 인생에서 가장 기뻤던 시절은 언제인가?   160

5 질문5 : 나에게 영향을 준 사람, 좋아하는 사람은 누구인가?   168

6 질문6 : 내 인생에서 가장 잘한 일은 무엇인가?   176

7 질문7 : 가장 그리운 것은 무엇인가?   183

4장

마음속 이야기가 100일 만에 책이 된다

1 고비마다 숨겨진 인생 스토리와 키워드를 찾아라   193

2 인생의 가치를 주제로 책의 제목을 찾아라   201

3 장(章) 제목과 꼭지 제목을 달고 목차를 완성하라   209

4 꼭지를 풀어갈 인물과 사건, 사례를 정리하라   217

5 좋은 원고를 만드는 일곱 가지 원칙   225

6 초고는 충분히 숙성시켜 퇴고(推敲)하라   233

7 기획에서 원고 집필까지, 실제 사례   240

8 완전한 원고가 좋은 책을 만든다   247

〈도표〉 자서전 원고 집필 과정   254

5장

자서전을 쓰면 인생의 방향을 알 수 있다

1 인생의 영역을 넓히는 행복의 출발점 259

2 인생의 가치와 의미의 수호자 266

3 소중한 것들을 찾아주는 보물지도 274

4 자서전을 쓰면 인생의 방향이 뚜렷해진다 281

5 '자서전 쓰기'는 '인생 다시 살기'다 289

6 기꺼이 역사의 증언자가 되라 297

7 자서전은 남은 인생을 위한 창고다 305

8 이제는 내 인생의 당당한 주인으로 살아가라 312

에필로그 나의 작은 성소(聖所) 320

부록 자서전 출판에 대한 참고 자료 326

1장

남은 인생을 위한 첫걸음

"자기 스토리를 스스로 반추해보면, 그 흐름이 긍정적인가, 아니면 부정적인가를 느낄 수 있다. 만약 부정적 마음이 강하다면, 그 인생은 여전히 무겁고 힘든 길을 걷고 있다고 인정해야 할 것이다. 실패하고 좌절했던 옛날 일을 아직도 기억하며, 그 과거의 일에 묶여 여전히 괴로워하니 말이다. 밝고 희망찬 미래보다는 여전히 과거에 잡혀있다면, 그는 시급히 자기 스토리를 조정해야 한다." (본문 52쪽)

01

남은 인생, 무엇으로 시작해야 하나?

'남은 인생'이라는 아이러니

　조금은 아이러니한 말이지만, 세상 사람들은 모두 저마다 자기 수명만큼 남은 시간, 남은 세월, 남은 인생을 산다. 몇 시간 전에 태어난 아기도 남은 인생을 살아야 한다. 결코, 예외가 없다. 그런데도 남은 인생이라고 하면 마치 오랜 세월을 살아온 노인들이 장차 살아갈 몇 년 안 되는 시간을 말하는 것으로 생각하기 쉽다. 그래서 남은 인생이라고 하면 몹시 아쉽다는 생각부터 든다.

　이런 느낌은 살아온 세월이 후회되거나, 흡족하지 못할수록 강하게 느껴진다. 잘 살아보고 싶었는데, 이제 남은 시간이 이 정도밖에 안 되다니, 하고 남은 시간을 세어보는 마음에서 아쉬움이 비쳐 나온다. 이것은 자기 인생에 대한 자신감 부족이나 조금은 부정적인 시선이 나타난 것이 아닐까? 마치 호주머니에 그 맛있는 사탕이 몇 개나 남았나 하고 세어보는 어린아이의 마음과 다를 바 없다.

그렇다면 내가 살아갈 인생은 얼마나 남아 있는가? 물론 그 기준은 내가 언제 죽느냐에 따라 다르다. 대개 의술의 발달과 건강식품의 개발로 수명이 길어졌다고는 하지만, 현재로서 내 수명은 8~90세쯤으로 상정할 수 있을 것이다. 그러면 내 인생의 남은 시간은 금방 계산된다. 아직도 50년이나 남았다는 여유에 안도감을 느끼기도 하고, 겨우 20년밖에 살 수 없다는 생각에 조바심이 들 수도 있다. 어찌 되었든 나는 남은 인생을 살아야 한다. 이것이 우리 모두의 현실이다.

요즘 노년의 삶에 대한 관심이 폭발하고 있다. 까닭은 노인 인구가 급격히 늘어났기 때문이다. 자연스러운 결과지만, 노년을 어떻게 살아야 하는가에 대한 다양한 강연이나 전문적인 연구 서적의 발간이 요구되고 있다. 노인이라면 65세 이상의 세대를 말하는데, 그 노인 인구가 전체 인구 중 20%를 넘으면 초고령사회라고 한다. 우리나라는 2026년이 되면, 초고령사회에 진입할 것으로 예상된다.

그러나 이 노년의 문제는 노인들만의 문제가 아니다. 청소년층이나 청년층, 또는 중년층의 사람들이 내 문제가 아니라고 외면할 일이 아니라는 말이다. 그들도 곧 노년층으로 흡수될 시간이 얼마 남지 않았다는 점을 주목해야 한다. 거듭 말하지만, 그들도 젊다고 안심할 일이 아니란 것이다. 그들 역시 노인과 마찬가지로 얼마 남지 않은 인생을 아쉬워해야 하고, 지금도 사실상 남은 인생을 살아가고 있기 때문이다.

'남은 인생'을 성공으로 이끄는 방법

모두가 아쉬워하는 남은 인생은 내 인생을 잘 살게 만드는 나의 유일한 자산이라는 사실을 인정해야 한다. 내 생애에 황금 같은 시간이다. 그렇다면 남은 내 인생은 어떻게 투자해야 할까? 그 첫걸음은 무엇일까? 말할 것도 없이 나의 남은 인생을 더 풍성하게, 더 아름답게 누리며 사는 길을 찾으면 될 것이다.

사람이나 짐승이나 마찬가지로 육신에 도움이 되는 음식을 입맛으로 혹은 본능으로 골라 먹는 능력이 있다고 한다. 사람은 때때로 입맛이 당기는 음식을 찾는다. 콩나물이나 소고기나 혹은 오이를 먹고 싶다면 몸이 그런 음식의 영양소가 필요하기 때문이라고 믿는다. 그러나 음식에 대한 입맛은 오랜 식습관에서 오는 것이므로 입맛 당기는 대로 먹는 것은 위험하다고 주장하는 의사들도 있다. 그러나 소나 염소나 양과 같은 초식동물들이 스스로 몸에 맞는 풀이나 열매들을 찾아 먹는 것은 참으로 신기하다. 누가 가르쳐준 것도 아니지만, 소화가 안 될 때 먹는 풀, 상처가 생겼을 때 찾는 풀 등을 그 많은 풀 속에서 본능으로 골라낸다는 것이다.

 사람은 때가 되면 고향을 그리워하며 고향으로 돌아가기를 원한다. 이것 역시 본능으로 이해된다. 그럴 때면 우리의 몸과 영혼이 고향을 필요로 하는 상황에 있음을 깨달아야 한다. 인간에게 있어 가장 강렬한 본능은 고향으로 돌아가고 싶어 하는 마음의 본능이다.

 "여우도 죽을 때는 고향을 바라보고 죽는다"는 말이 있다. 연어도 그 넓은 바다를 3~4년 헤엄쳐 다니다가 산란을 위해 고향 시내로 회귀하여 알을 낳고 죽는다고 한다. 인간도 본능적으로 돌아가고 싶은 엄마의 가슴과 같은 원초적 공간을 그리워한다. 그곳은 바로 고향이다. '현재'라는 인생의 강물 위에서 우리는 서로 마주 보는 양안(兩岸), 즉 두 기슭을 바라본다. 한쪽은 '미래'라는 '남은 인생'이고, 다른 한쪽은 '과거'라는 '지나온 인생'이다. 우리가 지난 인생을 바라보는 것은 그리운 내 고향을 바라보는 것과 다르지 않다.

 누구나 남은 인생을 잘 살고 싶어 한다. 비유적으로 말하자면 앞으로 다가올 미래의 기슭을 멋지게 보이고 싶은 것이다. 그러기 위해서는 기슭에 아름다운 조경수들을 종류대로 잘 심어야 한다. 그러면 사계절을 풍요롭게 지낼 수 있다. 즉, 남은 인생을 풍성하게 맞이할 수 있다. 그러나 인생은 그것으로 끝나서는 안 된다. 지난 인생이라는 다른 쪽 기슭을 상처투성이로, 벌거숭이로 내버려두어서는 안 된다는 말이다. 남은 인생을 바라보는 지나온 인생도 함께 잘 가꾸어야 한다. 인생의 강물이 흐르는 양안, 서로를 바라보는 두 기슭을 똑같이 아름답게 가꾸어야 그 인생이 성공한 인생, 풍요로운 인생이 될 수 있지 않겠는가?

지난 초봄에 아라천 뱃길로 알려진 경인운하를 가본 적이 있다. 서양화를 좋아하는 아내가 20여 점의 유화 작품을 전시한 개인전을 인천시 계양구청이 운영하는 '아라천디자인큐브갤러리'에서 개최했는데, 그때 아라천을 처음 가보았다.

폭이 80미터에 달하는 운하가 행주산성 건너 쪽에서 인천 굴포천까지 연결되어 서해로 빠지는 18km의 뱃길로 만들어진 것이다. 물은 잔잔했고 양쪽 기슭은 가파르지 않아 편안했다. 물길은 곧았고 어디도 막힘이 없었다. 마치 내가 기대하는 인생의 그림을 보는 듯했다. 아라천 광경이야말로 마르지도 않고 넘치지도 않는 평안한 물길이었다. 과거, 현재, 미래가 아름답게 조화된 누군가의 인생 뱃길이었다.

내 인생의 강력한 발동기

앞에서 지적했듯이 나에게 남아 있는 유일한 자산은 남은 인생뿐이다.

남은 인생을 무엇을 위해 어떻게 투자하느냐에 따라 인생의 마지막 성패가 결정된다. 그런데 여기서 우리는 더 중요한 사실을 간과해서는 안 된다. 지나온 인생, 즉 나 자신의 과거와 한 번쯤은 진지하게 대면하는 과정이 필요하다. 나에게 있어 지난 인생은 어떤 의미와 가치가 있는가? 이런 질문을 던져서 자신이 그동안 외면해온 본질적 문제를 정면으로 부딪는 과감한 용기를 가져야 한다.

부끄러우면 부끄러운 대로, 슬프면 슬픈 대로, 꾸미거나 과장되지 않은 모습을 있는 대로 바라보는 것은 강의 저쪽 기슭을 언제까지나 외면할 수는 없기 때문이다. 그 당시, 나는 왜 그런 어리석은 짓을 했는가? 왜 그렇게 가슴 치는 후회스러운 짓을 했는가? 스스로 정곡을 찌르는 질문을 던짐으로써 상처와 고통에 대한 의미와 가치를 스스로 대답하는 시간을 갖자는 것이다. 이것은 더없이 소중한 기회가 된다. 그것이 회개가 되든지, 용서를 구하는 일이 되든지, 나는 나의 정체성에 대해 더 깊이 이해하고 너그러워지는 여유와 배려를 만들 수 있다.

자신의 어두운 측면, 부정적인 측면, 너무나 아쉬운 측면들이 수면 위에 떠오르는 순간, 나는 나의 현실이 거저 만들어진 것이 아님을 실감하고 자신을 끌어안고 위로하고 격려하는 순전한 자기 모습을 발견하게 된다. 이것은 곧 자기 회복, 자기 치유를 의미하지 않겠는가? 이뿐 아니라 이것은 남은 인생을 위한 기름진 밑거름이 되고 미래를 위한 값비싼 에너지로 공급될 것이다. 그래서 농부가 농사를 위해 거름을 만들듯, 고통과 상처만 기억나는 지나온 인생을 다가올 미래, 즉 남은 인생을 위해 밑거름으로 만드는 작업을 서둘러야 한다.

그렇다. 늘 마음 아파하며 과거의 일들을 후회와 원망으로 돌아보던 가슴에 당당함을 새겨넣자. 용기도 없고 비굴하기만 했던 야윈 가슴을 무엇이든 용서하는 넉넉함과 무엇이든 긍정하는 자신감으로 넘쳐나게 만들어보자. 그것이 바로 자서전을 쓰는 일이다. 지난 인생의 가슴 아픈 이야기들을 새롭게 써 내려가는 것이다. 이것이야말로 남은 인생의 첫걸음이 될 것이다.

자서전은 어떤 사람이 과거에 경험한 일을 자신의 이름으로 저술한 책을 말한다. 자신에 대해 솔직하게 고백하듯 써 내려간 책이므로 나로서는 책의 무게와 책임감이 여느 책들과는 전혀 다르다. 자신의 전 인생이 발가벗겨진 채로 세상에 나가기 때문이다. 지나온 인생에 대해 이런 식으로 말할 용기를 가졌다면, 남은 인생에 대해서도 더는 두려울 것이 없을 것이다.

자서전을 통해 이미 맛본 절망과 실패를 숨김없이 털어놓았으니, 남은 인생을 살아갈 자신감도 넘치지 않겠는가? 그렇다. 자서전은 단순한 과거 이야기가 아니다. 감상적 추억담도 아니다. 잃어버린 나의 정체성을 찾아 나에게 되돌려주는 작업이다. 자서전은 나를 성공으로, 번영으로, 기쁨으로 이끌어주는 아주 실제적인 자기계발서다. 자서전은 내 삶의 소중한 장치, 곧 내 인생에 긍정의 에너지를 공급할 내 인생의 강력한 발동기가 될 것이다.

독자에게 드리는 질문

1) 당신에게 있어 남은 인생은 어떤 의미를 갖는가?
2) 당신의 자서전은 긍정의 발동기인가? 부정의 발동기인가?

02

누구나 쓰고 싶은 첫 번째 책

이야기가 있는 고향

책에 대한 친숙함이나 즐거움을 아이들은 아주 어려서부터 경험한다. 마치 키가 커가듯이, 책에 대한 이해가 점차 깊어지고 넓어짐에 따라 조금씩 생각도 성장해간다.

유치원부터 대학까지 우리가 공부하는 데 있어 가장 가까운 배움의 도구는 책이다. 아이들은 책을 통해 딱딱한 지식을 얻기보다는 부드러운 즐거움을 얻는다. 그 즐거움은 스토리, 즉 이야기에 있다. 아이들이 태어나서 가장 처음 만나는 지적 즐거움은 이야기를 통해 만난다. 우리가 흔

히 경험하는 이야기의 즐거움은 할머니나 할아버지가 전해주는 옛날 옛
적 이야기에서 먼저 찾을 수 있다. 할머니, 할아버지가 손자, 손녀를 사
랑하는 마음을 듬뿍 담아 전해주는 그 목소리와 얼굴 모습, 게다가 손짓
에 발짓도 함께 한 이야기는 이른바 구연동화의 원형이다. 이 이야기들
이 들려오는 곳은 바로 고향 땅이다. 그곳은 지나간 내 인생의 보금자리
로 기억된다.

그래서 사람들은 이야기에서 고향의 내음을 맡으며 그 고향을 그리워
한다. 그런데 요즘 아이들은 좀 더 편리하고 세련된 이야기를 만난다. 그
것은 동화책이다. 세상의 흥미진진한 이야기들이 진짜 같은 그림과 함
께 전해질 때, 아이들의 즐거움은 배가된다. 요즘 아이들은 서양에서처
럼 잠자기 전에 머리맡에서 엄마가 읽어주는 동화 이야기를 들으며 잠들
곤 한다. 이런 이야기의 즐거움은 아이들이 글을 깨우치기 전부터 전해
진다.

그래서 아이들은 이야기로 꿈을 꾸며 정신의 양식을 공급받는 것이다.
아이들은 사실상 이야기 마을에서 마음이 자라나는 것이고 그 깊고 은
은한 고향의 맛을 평생 잊을 수 없어 한다. 가장 지적이고 가장 지혜로운
이야기, 가장 교훈적이고 도덕적인 이야기로 훈련을 받으며, 악하고 나
쁜 사람과 선하고 용기 있는 사람들이 사는 권선징악(勸善懲惡)적 세계
관에 익숙해진다. 아이들은 사실상 책 속에서, 즉 이야기 속에서 자라는

것이다. 그들이 모두 어른으로 자라났을 때, 그 이야기의 고향은 향수로 남아 늘 돌아가고 싶은 곳으로 추억하게 된다.

동네 골목에 눈이 쌓이던 날,
우리는 친구네 사랑방 화롯불에 둘러앉았다.
어느새 익어가는 고구마처럼 달콤한 얘기에 빠졌다.
어른들 담배 냄새는 엎어진 화투장에 남아 있었고
아랫목에는 담요 한 장이 바닥을 덥히고 있었지만,
우리는 언제나 윗목에 모여 화롯불을 차지했다.
친구 아버지가 계셨으면 어사 박문수 얘기에 신났을 텐데,
그날은 나이 많은 누나가 먼저 얘기를 시작했다.
늘 들은 얘기지만, 아무리 들어도 신기하고 재미났다. (중략)
 – 김창범의 시, 「화롯불 이야기」 부분, 2022년 〈수지문학〉

시인의 마음은 구수한 이야기가 들려오는 고향에 대한 그리움으로 가득하다. 이런 현상은 어찌 시인의 마음뿐이겠는가? 모든 이들의 마음에는 돌아갈 수 없는 어린 시절의 고향이 여전히 재미난 이야기로만 남아 있는 것이다. 이야기에 익숙해지고 이야기를 즐거워하는 우리의 정서는 고전적 문학의 세계로 계승되지만, 오늘날엔 K드라마로 어엿한 자리를 차지한다.

누구나 가장 쓰고 싶은 책

요즘 지역 구청에서 흔히 실시하는 문화교실에서 꾸준히 인기를 끄는 프로그램이 있다. 제목은 조금씩 다르겠지만, 단연 '글쓰기 교실'이라고 한다. 노년에 이른 어른들이 글쓰기 교실에 모여드는 까닭은 무엇인가? 옛날 옛적 할머니나 할아버지가 들려주시던 이야기가 생각이 나서 내 마음에 쌓여 있는 자신의 이야기를 글로 적어보고 싶기 때문이다. 그래서 강사는 첫 시간에 글쓰기 교실에 참석한 분들에게 물어보는 질문이 있다고 한다.

"오늘 이 시간에 여러분들이 가장 하고 싶은 일은 무엇입니까?" 하고 물어본다는 것이다.

그러면 한결같은 대답을 듣는다고 한다.

"내 마음속 이야기를 책으로 쓰고 싶어요."라고 이구동성으로 답을 한다.

그들은 모두 자신의 이야기를 책으로 만들고 싶어 한다. 즉 '이야기책' 한 권을 이 세상에 남겨두고 떠나기를 원하는 것이다. 이 이야기책은 곧 자서전을 말한다. 물론 그 내용이나 격식을 따질 것도 없이 내 마음에 평생 쌓여 있는 이야기를 속 시원하게 풀어낼 곳이 있다면 그것으로 만족스럽다고 한다. 동네 가게에서 소주잔을 나누며 친구들과 이런저런 이야기를 떠들지만, 쏟아지는 이야기는 바람결에 허공으로 사라져가고 아무

것도 남는 것이 없어 사는 일이 더 허무하게 느껴진다고 한다.

사람들은 대개 소리 없이 평생을 인생의 변두리에서 나름의 세월을 보내지만, 그 마음에는 그 무엇에도 꿀리지 않는 특별한 자존감이 자리하고 있다. 내 인생의 주인은 나 자신이라는 주도적 생각을 갖는다. 우리의 삶이라는 것이 가까이 함께 살아온 가족들 외에는 친구라 한들 살뜰히 나를 지켜줄 사람이 몇이나 되겠는가? 그래서 외롭고 서럽기조차 한 것이다. 그러나 이런 심정을 바닥에 깔고서도 내가 하고 싶은 이야기가 따로 있다는 말이다. 때로는 논리정연하게, 때로는 재미나고 아름답게 풀어가는 이 이야기는 술자리서 잡다하게 떠드는 이야기보다 더 진지한 공감을 가져다준다.

아버지의 책

어느 날, 아버지께서 흥분된 모습으로 시골에서 올라오셨다. 회사에서 퇴근한 나를 만나겠다고 기다리고 계셨다. 좀처럼 상경하지 않으시는 평소 아버지 모습과는 전혀 다른 분위기를 보이셨다.

"얘야, 오늘은 너에게 들려줄 얘기가 있다. 우리 집안에 관한 얘기다."

그제야 나는 아버지에게 뭔가 중요한 일이 일어난 것을 느낄 수 있었다.

"너도 알다시피, 우리 가족은 어렵게 원산 고향 땅을 떠나 여러 형님네 가족과 함께 남으로 내려오지 않았느냐? 그동안 여러 어려움에도 모두 자리를 잡고 저마다 책임을 감당하는 위치에서 살고 있으니 고맙고 기쁘다.”

“그런데 한 가지 마음에 걸리는 일이 있었다. 그것은 우리 가문의 족보를 회복하는 것이란다. 다른 형제에게도 얘기했지만, 이제는 실향민이라는 딱지를 떼고 역사가 있는 가문에 정식으로 들어가 인정받게 되었단다. 다행히 지난 몇 년간 종친회 행사도 꾸준히 참석하고 가계의 종친 어른들도 만나면서 우리 집안도 어엿한 가문의 터를 회복했으니 더없이 기쁘다”고 하셨다. 그리고 까만 표지의 전형적인 족보 한 부를 꺼내놓으셨다. 아버지께서 종친회의 도움을 받아 남몰래 우리 가문의 내력을 한 권의 책으로 만드신 것이다. 그때 아버지의 기뻐하시던 모습이 지금도 눈에 선히 떠오른다.

아버지께서 쓰신 책은 우리 집안을 설명하는 족보였다. 그 후 아버지 얼굴은 늘 밝으셨다. 가문의 자존심을 일으켜 세우는 중요한 업적을 족보, 즉 책을 통해 이루신 것이다. 그렇다. 책을 쓴다는 것은 자존감을 회복하는 가장 확실하고 빠른 길이다. 무엇보다 남들이 흔히 할 수 없는 일이므로, 자부심과 긍지를 느낀다. 나도 작가가 되었다는 기쁨을 경험할 수 있다. 이것은 그야말로 굉장한 사건이다. 평범한 소시민에 불과했던 내가 갑자기 존경받는 유명인의 반열에 들어서서 인정을 받고 있다는 뿌듯함에 만족감이 밀려오는 것을 느끼게 된다. 그래서 나 자신이 책의 저자가 되는 것만큼 나를 내 인생의 주인공이 되게 하는 확실한 방법은 없다. 이를테면 변호사나 의사 혹은 교수처럼 사회적으로 인정받는 전문성을 가진 분이 아니더라도, 자기가 하는 일이 분명할수록 이야기의 근거가 분명하기 때문에 그의 책은 공감력을 갖는다. 농부든지, 요리사든지, 혹은 장사꾼이라 해도 평생을 종사한 일이 있다면 그 속에는 나름의 철학이 있고 인생관이 있고 무궁무진한 이야기가 있어 색다른 재미를 느끼게 할 것이다.

하지만 책의 일반적 성격과 그것이 미치는 영향력을 이해한다고 해도, 책 쓰는 일은 결코 쉽지가 않다. 글을 써본 일이 없다면 더욱 그러할 것이다. 그래서 책을 쓰겠다고는 하지만, 대개 빈 소리로 그치고 만다. 일기라도 써왔다면, 쓰는 일이 덜 부담스럽겠지만, 평소 신문을 읽는 정도로 독서를 대신하는 입장이고 보면 글 쓰는 일은 참으로 낯설다. 그래서 책을 쓰는 일은 더욱 어렵게만 느껴진다. 하지만, 누구나 책을 향한 향수는 결코 버릴 수 없다. 책 쓰는 일은 나의 버킷리스트(죽기 전에 꼭 하고 싶은 일을 적어놓은 일의 목록)의 하나로 늘 마음에 자리하고 있기 때문이다.

이를 어찌해야 하는가? 책은 하나쯤 남기고 싶은데, 이 어려운 책 쓰기를 어찌 감당하려는가? 그래서 누구나 고향 이야기를 소재로 하면, 이야기 분위기는 사뭇 달라진다. 책 쓰기가 옛날이야기를 하듯 접근하기가 쉬워 보인다. 고향이라면 몸으로 체험하며 살아온 곳이고, 아직도 그 고향은 하루쯤 시간을 내면 찾아볼 수도 있고, 거기엔 내 어릴 적 친구들이 살고 있기 때문이다. 누구보다 잘 아는 내 고향이므로 이야기로 풀어서 글로 다듬는 일이 어렵지 않다. 그래서 누구나 고향에 관한 그리움을 이야기로 쓰고 싶어 한다. 이것이 바로 자서전의 시작이고 누구나 가장 쓰고 싶어 하는 첫 번째 책이 된다.

독자에게 드리는 질문

1) 당신이 가장 쓰고 싶은 책은 어떤 책인가?
2) 당신에게 꼭 들려주고 싶은 이야기가 있다면 그것은 무엇인가?

살아온 날들과 살아갈 날들을 위하여

03

세상에 남기고 싶은 이야기

사라지는 이야기를 잡아라

아무리 진실한 마음이나 생각을 가졌어도 가슴에 묻어놓은 채, 꺼내놓지 않으면 아무런 의미도 가치도 없다. 그 마음이 세상에 나타나려면, 반드시 '이야기'라는 옷을 입어야 한다. 그래서 내 삶이나 내 영혼이 지나온 길을 차분히 들려주는 기술이 필요하고 그 진실을 글로 쓰고 책으로 만드는 방법이 요구된다. 즉 이야기하는 방법을 알아야 한다. 이 과정을 통해 막연한 생각에 불과했던 것이 구체적인 현실의 스토리가 되고 또 아담한 책이 된다. 이것을 흔히 스토리텔링(storytelling)이라고 말한다. 만약 이야기를 책으로 만들고 싶다는 간절한 소망을 품는다면, 나는 먼저 멋진 스토리텔러(storyteller)가 되어야 한다.

여기서 우리는 매우 중요한 사실을 잊지 않아야 한다. 우리가 세월이라는 시간 속을 지나가다 보면 우리 자신의 시간이 휘발되는 것을 깨닫는다. 다시 말해, 늙어가는 우리 자신을 보게 된다. 이것은 우리 이야기가 끊임없이 사라지고 있다는 현실을 말해준다. 이것은 일상이 망각 속으로 사라지는 것과 같다.

그렇다면 이야기란 무엇인가? 우리 입을 통하여 발음되는 이야기의 정체는 무엇일까? 그 스토리는 왜 나에게 흥미를 불러 일으키고 또 나에게 무엇인가를 전해주려고 하는 것일까?

이야기는 어떤 주제에 대해 말하는 여러 요소들을 연결하고 의미를 부여하는 수단이다. 또한 말에 순서와 논리를 부여하고 재미를 안겨준다. 이러한 것은 두뇌가 만들어내는 본능적 기능이다. 그래서 이야기는 말하는 사람과 말을 듣는 사람과의 관계를 연결하는 아주 실제적 현실이 된다. 다시 말해 이야기는 두 사람을 묶어놓는 강력한 힘이 된다. 이야기가 두 대상을 하나로 연결하고 같은 이야기를 하는 씨족을 같은 동족으로 묶고 형제로 묶는다.

그러나 그 이야기는 쉬지 않고 사라진다. 최초의 원형으로 살아 있지 않고, 다만 기억 속에 조금씩 저장된다. 그러므로 사라지는 이야기는 반드시 사로잡아야 한다. 망각이라는 과거로 흘러가도록 방치해서는 안 된다.

그래서 오래전부터 이야기만 들려주는 '이야기꾼'이 존재했다. 마을마다 감동적인 이야기들이 그들에 의해 보존되고 다른 마을로 전파되었다. 구전되는 이야기는 이야기꾼에 의해 감동적으로 전파되었고 부족이나 종족을 하나로 묶는 힘을 발휘했다. 이 동네도, 저 동네도 같은 씨족이고 서로 도와야 한다는 동질의식을 전할 수 있었다. 사라지는 이야기를 잡아서, 내 삶이나, 우리 삶에 동력으로 삼는 지혜가 필요하다. 그것이 이야기꾼의 지혜이다. 그래서 사람들은 예나 지금이나 이야기꾼을 좋아한다. 그렇다면 자서전은 세상에서 조금씩 사라져가는 '나'라는 이야기꾼의 이야기인 셈이다.

이야기는 과거와 일상의 경험을 연결한다

오늘, 나는 생각지도 못한 아주 사소한 일로 몹시 피곤하고 힘든 하루를 보냈다. 아내는 버스 정류장 가까이 나를 내려놓았다. 나는 먼저 급히 마을버스를 타기 위해 정류장으로 걸어갔다. 거기서부터 오늘 내가 할 일들이 기다리고 있었다. 우체국에 가서 보험회사에 보험금 청구 서류를 등기로 발송해야 한다. 또 하나는 치매 요양사 자격증 과정에 참석하고 있는 아내가 오늘 강의에 꼭 필요하다고 부탁한 만다라 그림을 출력하고 복사해서 다시 집으로 돌아가, 탁자 위에 놓아두는 일이다. 그 후 나는 후배와 약속한 장소인 강남역으로 2시 전까지는 가야 한다. 아내는 혼자 직장생활을 하는 딸에게 밤새워 만든 맛있는 반찬을 갖다 주고 집으로 와서 만다라 그림을 가지고 경기대 평생교육원으로 가도록 계획되어 있었다.

그런데 아주 사소한 일이 오늘 계획을 몽땅 망쳐놓고 말았다. 뒷주머니에 있어야 할 지갑이 없어졌다. 버스 정류장으로 가면서 뒷주머니에서 지갑을 꺼내려고 하니, 만져지지 않았다. 지갑은 오늘 아침 아내의 심부름을 들어주느라고 두부를 사려고 아파트 앞 가게로 가기 위해 꺼낸 후에 제자리에 원위치하는 것을 잊은 것이다. 그래서 지갑이 없는 바지를 입고 서둘러 나를 버스 정류장에 내려주겠다는 아내의 승용차를 탄 것이 고난의 시작이 되었다.

우리는 일상이라는 우연을 살아간다. 어떤 일이 일어날지 알 수 없는 전쟁터를 속 편하게 걷고 있다. 이런 일상은 시간 속에 흘러가고 만다. 그저 하나의 해프닝일 따름이다. 그 많은 일상의 일들은 그렇게 잊히고 만다. 그런데 우리 일상에는 이런 유의 일들이 수없이 쌓여서 미래에 어떤 일을 일으키게 되지만, 우리는 그다지 신경 쓰지 않는다.

하지만 오늘의 '나'라는 존재는 이런 경험들의 결과물이라는 사실을 잊지 않아야 한다. 내가 만난 일상의 경험들이 나에게 습관을 낳게 하고, 그 습관은 긍정적 습관이 되든지, 아니면 부정적 습관이 되어 내 운명을 이끌어간다.

그러므로 우리는 살아가는 일상에서 습관의 경향성(傾向性)에 대해 관심을 가져야 한다. 부정적인 습관은 거부하고 따르지 않아야 한다. 항상 밝고 긍정적인 생각을 유지해야 한다. 나도 모르게 쌓아가는 수많은 경험의 벽돌들이 긍정적인 방향으로, 안정적인 모양으로 차곡차곡 쌓이도록 만들어 어떤 힘이나 타격에도 무너지지 않아야 한다.

이런 경험의 벽돌들이 인생이라는 큰 집을 지어가는 자재가 된다. 그런 과정에서 거실도 만들고 안방과 작은방, 그리고 화장실과 목욕탕도 만든다. 이같이 서로 다른 경험들이 인생이라는 집을 만드는 것이다. 그 가운데도 우리는 대개 인생의 초기에 가장 중요한 경험을 한다. 이 경험은 인생의 터를 잡게 하는 아주 중요한 계기가 된다. 집터를 어디에 잡는가 하는 중요한 선택은 차라리 운명이라고 말해야 할 것이다. 그 집터가 바닷가가 될지, 숲속이 될지, 언덕이 될지, 어찌 알겠는가? 또는 뉴욕이 될지, 런던이 될지, 아니면 서울이 될지, 경상도가 될지, 흑산도가 될지, 어찌 알겠는가? 운명의 선택이라는 이야기가 나를 기다리는 순간을 경험하게 된다. 터를 잘 잡아야 멋진 집을 건축할 수 있다. 그 터에 관한 이야기를 어떻게 쓰는가는 매우 중요한 고비가 된다.

세상에 남기고 싶은 내 경험들

　이야기의 힘은 내가 만난 사소한 경험들을 연결시켜주는 역할을 한다. 이 이야기를 주제의 내용과 어울리는 모습으로 다듬어놓은 것이 자서전이다. 다시 말해 자서전은 세상에 남기고 싶은 나의 경험들의 집합체인 셈이다. 자서전을 쓰려고 하면, 대개 내가 자랑할 만한 경험을 먼저 앞세우려고 하고 그것을 내 삶의 긍지로 삼고자 하는 유혹에 빠지기 쉽다. 그래서 그럴 만한 업적도 보이지 않으면 책을 낼 자격이 없다고 스스로를 비하하기 마련이다. 그러나 인생을 살다가 보면 겉과 속이 다른 경우를 많이 보게 된다. 나를 과장하기를 밥 먹듯 하는 사람이 참 많다는 것을 알게 된다. 그래서 내가 남기고 싶은 경험은 경험의 겉모양에 있지 않다는 것을 깨달아야 한다. 이것은 인생을 바라보는 관점, 즉 근본적인 인생관, 혹은 그 가치관에 관한 이야기라는 사실을 주지해야 한다. 나를 인정해주는 지위를 가져야 자서전을 쓸 수 있는 자격이 있는 것이 아니다. 내 경험이 아주 사소하다고 해도 그 경험에서 무엇을 알게 되었느냐 하는 깨달음이 중요하다.

　경험은 두 가지 영역으로 구분할 수 있다. 첫째는 직접적인 경험이다. 나에게 무슨 일이 있었는가? 무슨 사건이 생겼다든지, 누구를 만났다든지, 아니면 무슨 소식을 들었다든지, 하는 일들이다. 둘째는 간접적인 경험이다. 그 일로 무엇을 깨닫게 되었는가? 그 경험이 가르쳐준 지혜나 교훈이 무엇인가? 이런 것을 마음 깊이 생각하고 저장하는 일을 말한다. 여기서 깨달음이 중요하다. 이 깨달음으로 인하여 인생이 달라지고 운명이 변하게 된다면, 아무리 사소한 경험도 나에게는 의미가 있는 일이 되고, 그만큼 가치 있는 일이 될 것이다. 비록 아무런 직위도 명예도 없다고 하여도 내가 깨달은 바가 있다면 누구나 자서전을 쓸 자격이 있다.

그러나 이런 깨달음은 거저 오는 것이 아니다. 깨달음을 주는 이성적이고 지적인 바탕이 마련되어 있어야 비로소 가능하다. 우리는 그 깨달음을 가져다주는 '생각의 밭'을 일구어야 하는데, 평소에 이것을 준비하는 노력을 하며 공을 들여야 한다. 그것은 바로 독서이다. 다시 말해 책을 좋아해야 한다. 지위도 명예도 없다면 그 허전한 공간을 독서로 채우는 지혜를 발휘하면 된다. 독서는 남의 이야기를 경청하는 기회가 되고 내 이야기를 들려주는 방법을 터득하게 한다. 즉, 지금까지 몰랐던 깨달음을 가슴에 안겨준다.

독자에게 드리는 질문

1) 당신도 이야기꾼이 되고 싶은가?
2) 어린 시절, 당신에게 가장 기억에 남는 이야기는 무엇인가?

04

인생이 그토록 무겁고 힘든 이유

스토리를 잃어버린 사람들

누구에게나 사는 것은 힘들다. 우리는 누구나 예수의 말씀대로 "수고하고 무거운 짐 진 자들"(마태복음 11:28)이기 때문이다. 인생을 사는 데수고가 많으면 그만큼 가볍게 살 만도 할 텐데, 오히려 무거운 짐까지 졌으니 그 인생이 얼마나 가혹한가는 짐작이 간다. 예수는 그런 불쌍한 인생들을 불러 "내가 너희를 쉬게 하리라"고 약속하신다.

예수는 고생스럽게 인생을 사는 우리에게 다가와 참된 쉼을 얻게 하는어떤 스토리를 전하려고 한다. 그 스토리는 복음의 스토리다. 예수는 죄

많은 인생을 구하기 위하여 스스로 십자가에 달려 돌아가셨으나 사흘 만에 부활하여 우리의 참 구세주가 되셨다는 구원과 자유의 스토리가 그것이다. 이를 모르는 유대인들에게 새로운 인생 스토리를 전하여 고통을 벗어나는 구원을 베풀었다. 그리하여 예수를 믿는 자들에게 마음이 쉼을 얻는 은혜를 주신 것이다.

이 진리는 오늘날에도 변함이 없다. 나를 구원해줄 '자기 스토리'를 발견한 사람들은 무겁고 힘든 짐을 내려놓을 수 있다. 하지만 실패한 사람들은 무겁고 힘든 인생을 그대로 인정하면서 오히려 그 고난의 원인을 누군가에게 떠맡기고 그를 원망하고 심지어 저주하는 일까지 벌인다. 그럴수록 그의 인생은 더 무겁고 힘들어진다.

원망과 저주는 사탄이 실패와 절망의 함정에 빠진 사람들을 유혹하는 가장 잔인하고 손쉬운 무기다. 원망하고 저주할수록 그는 더 깊은 함정에 빠지고 만다. 이 고통을 벗어나기는 점점 어려워지고 사탄은 재빠르게 마지막 수단을 제안한다. 그것은 곧 죽음이다.

'자기 스토리'란 무엇인가? 그것은 지금까지 믿어온 자신의 신념이나 가치를 깊이 성찰하고 지금까지 내 인생을 이끌어온 진정한 힘의 정체를 깨닫게 하는 믿음의 근거를 말한다. 이 믿음의 근거는 그것이 무엇이든, 나에게 진실한 것이어야 하고 다가오는 내 인생, 남은 인생에 대해 거짓이 없어야 한다. "내 인생은 성공적이야."라고 주장할 수 있는 자기 이야기의 중심 가치를 말하는 것이다.

마치 친구에게 낮은 소리로 진지하게 들려줄 내 인생 이야기를 말한다. 늘 자기 자신에게만 들려주던 마음의 소리가 이제는 공개적으로 소리 높여 세상에 외칠 만한 자신감을 가지게 하는 자기 이야기로 존재한다. 더는 부끄러울 것이 없는 자기 스토리가 내 가슴에 자리 잡고 있는한, 두려움도 없고 위축될 일도 없다. 용기 있는 자로 사는 법을 비로소깨우친 것이다.

주도적으로 사는 인생

자기 스토리가 명확하지 않다면, 그 인생은 늘 무겁고 힘들 수밖에 없다. 그런 사람들은 대개 인생을 지나치게 의존적으로 산다. 여기서 의존적이란 말은 자신이 선택하고 결정해야 할 인생의 일에 대해 자신의 주장이나 의견이 부족하다는 말이다. 그래서 누군가의 말에만 귀 기울이며그의 지시대로 따르니, 그 인생은 불행해진다. 그런 예를 우리는 점치는사람들에게서 흔히 볼 수 있다.

점쟁이는 쉽게 그의 미래를 말하겠지만, 누구도 그의 인생을 책임질수 없다는 현실을 잘 알기에 점쟁이는 무슨 말이든지 과감하게 내뱉는것이다. 설령 점쟁이의 말대로 문제가 해결되지 않았다고 해서 그 누가 따질 텐가? 따지면 따질수록 자신이 어리석었음을 뼈저리게 확인할 뿐이다. 심지어 자기 자신조차 자기 인생을 책임지려 하지 않는데 점쟁이인들 나서겠는가? 예를 들어 수억의 빚으로 고통이 있다면 그 누가 빚을 갚아주겠는가?

그런 함정에 빠진 사람들이 불행한 까닭은 인생을 주도적으로 사는 지혜를 잃어버렸기 때문이다. 그런 사람들은 대개 누군가에 의해 조종당하는 인생을 산다. 무엇엔가에 홀려서 사는 타인의 인생을 살아간다. 이것만큼 불행한 일도 없다. 주도적으로 자기의 일을 스스로 판단하고 선택하면, 결과에 대해서도 스스로 책임지는 용기가 생긴다. 이렇게 주도적으로 인생을 살아가는 사람은 비록 실패로 현재가 고통스럽더라도 긍정적이고 확고한 자기 스토리에 의하여 언제인가는 함정을 벗어나 떳떳하게 살아갈 것이다.

나는 대학교 때, 회심하여 기독교인으로 살고 있다. 그런데 나는 청년 시절부터 소위 성령의 능력자를 만나는 것을 좋아했다. 성령 집회에도 자주 갔지만, 소위 능력으로 말씀을 전하며 방언으로 예언하는 기도원 원장들을 자주 만나, 내가 부닥친 어려운 문제에 대해 극복할 방법이나 믿음의 지혜를 얻고자 애를 썼다. 이런 행동은 세상 사람들이 점쟁이나 무당을 찾아가는 심정이나 다름없었다. 지금 생각해보면, 지극히 어리석고 부끄럽기 짝이 없는 일이었지만, 당시로서는 절실한 문제들이었기에 그들이 들려주는 말에 큰 위로를 받고 용기를 얻었다.

  그들은 나약한 나를 위로하며 일으켜 세우려고 했지만, 나는 믿음으로
일어나 걸어가지 못했다. 그럴수록 더욱 그들의 말에만 의존하려고 했
다. 나는 그들을 통해 믿음의 스승을 만나려는 것이 아니었다. 그래서 그
들을 만날수록 인생을 향한 내 용기는 줄어들고 삶의 의지가 나약해지는
현상을 느꼈다. 내 인생을 어떻게 감당해야 하는가를 몰라서 더욱 혼란
에 빠져들었다. 그런 가운데도 나는 내 믿음이 바른 길에서 벗어나 있다
는 것을 인정하지 않았다.
  이런 믿음의 시행착오를 벗어나는 데는 오랜 시간이 걸렸다. 다행히
주님 안에서의 주도적 믿음, 주도적 인생을 회복하면서 나는 서서히 새
로운 기독교인으로 거듭나기 시작했다. 나는 온전한 믿음을 깨닫게 되면
서 나약한 믿음의 다리가 튼튼하게 성장하는 것을 경험했다. 그것은 믿
음으로 나의 스토리가 단단히 세워졌기에 가능했다. 나는 비로소 예수를
다시 만날 수 있었다. 아래 성경 말씀은 당시의 나의 영적 상태를 잘 보
여주고 있다.

  "그러나 너희가 그때에는 하나님을 알지 못하여 본질상 하나님이 아닌
자들에게 종노릇 하였더니 이제는 너희가 하나님을 알 뿐 아니라 더욱이
하나님이 아신 바 되었거늘 어찌하여 다시 약하고 천박한 초등학문으로

돌아가서 다시 그들에게 종노릇 하려 하느냐." – 갈라디아서 5장 8-9절

자기 스토리 가운데 있는 자서전

자서전은 그 인생을 살아온 사람, 다시 말해 자서전의 저자 자신이 자기 인생을 어떻게 보느냐 하는 관점에 따라, 같은 인생도 전혀 다르게 기술될 수 있다는 점을 주목해야 한다. "나는 성공한 인생을 살았다"고 믿는 사람과 "나는 실패한 사람이야." 하고 탄식하는 사람이 각각 자기 인생을 보는 관점은 다를 수밖에 없다. 그 결과, 자서전의 내용도 전혀 다르게 표현될 것이다. 그러므로 자서전을 쓰기에 앞서 우리는 자신이 어떤 세계관, 어떤 가치관을 소유하고 있는가를 주목할 필요가 있다. 그래서 자기 스토리를 먼저 살펴보아야 한다. 자기 스토리는 짤막한 자기 고백이다. 비록 짧지만 자기 이야기가 잘 전해지는 문장으로서 진실을 전하는 말이라고 할 수 있다.

지난 일이지만, 막역한 사이인 내 친구가 자신의 가슴속 이야기를 들려준 일이 있다. 당시 우리는 중년에 접어든 때였고 무슨 얘기를 하든 허물이 되지 않을 나이였다. 친구는 오래 외로운 시간을 보냈다며 자기 스토리를 들려주었다. 그저 평범한 인생을 살아온 나로서는 마음 깊이 애잔함을 느끼지 않을 수 없었다. 지금은 그의 모친이 계시지 않지만, 아직

젊었을 때, 부친과 별거한 후, 그는 평생을 모친을 모셨다고 한다. 그의 슬픈 이야기는 이러했다.

"백일이 지난 어느 날, 나를 낳으신 어머니는 나를 생부의 집에 버려두고 떠나셨어. 근데 어머니는 본부인이 아니셨고 그 집안에는 이미 장성한 아들이 둘이나 있었어. 나는 가족회의를 통해 무남독녀 숙부댁으로 입양되었고 그 후로는 어머니를 만난 적이 없어. 지금도 어머니가 누구인지 몰라. 나는 이 사실을 모른 채, 양부모님의 보살핌으로 잘 자랐어. 그런데 중학교를 졸업한 어느 날, 부모님은 그 비밀을 나에게 밝혔어. 그야말로 청천벽력 같은 일이 떨어진 거야. 아마도 부모님은 내가 그 비밀을 안다고 오해하신 모양이야. 한창 사춘기를 지날 무렵이니까, 늘 내성적이고 우울했거든. 아마 부모님께서도 참 힘드셨을 거야."

자기 스토리를 스스로 반추해보면, 그 흐름이 긍정적인가, 아니면 부정적인가를 느낄 수 있다. 만약 부정적 마음이 강하다면, 그 인생은 여전히 무겁고 힘든 길을 걷고 있다고 인정해야 할 것이다. 실패하고 좌절했던 옛날 일을 아직도 기억하며, 그 과거의 일에 묶여 여전히 괴로워하니 말이다. 밝고 희망찬 미래보다는 여전히 과거에 잡혀 있다면, 그는 시급히 자기 스토리를 조정해야 한다. 그것은 내 인생의 치명적 약점이기 때문이다. 그래서 우리는 아직도 과거의 기억들을 가방 가득히 담아 들고 기나긴 여행을 떠난 것은 아닌가? 이것이 바로 우리를 힘들게 하는 무거운 짐이 된다.

1) 당신의 삶을 가장 힘들게 하는 것은 무엇인가?
2) 당신의 인생을 표현하는 중심 스토리를 짧게 요약해보라.

05

새로운 가능성에 대한 기록

뒤집어진 야곱의 인생

서양에서는 야곱(Jacop, 제이콥)을 가리켜 다리를 저는 사람, 혹은 남을 속여먹는 사람의 이름으로 그 어원을 이해한다. 야곱은 구약성경 창세기에 등장하는 인물로 그의 이야기는 무척 재미있다. 그의 인생이 파란만장했기 때문이다.

이삭의 둘째 아들인 야곱은 형 에서의 발목을 잡고 태어난 쌍둥이였다. 그만큼 시샘이 많은 야곱은 끝내 아버지 이삭을 속이고 형의 장자권까지 빼앗은 인물로 등장한다. 장자는 맏아들로서 아버지의 집안을 다스리는 권세를 기득권으로 이어받으며 자녀에게 유업을 나누어줄 때, 두 배나 더 받는 축복을 누린다. 야곱은 이 귀한 장자권을 시장한 에서에게 팥죽 한 그릇을 주고 차지하고 말았다. 이 사건은 에서가 장자권에 대한 가치도 의미도 알지 못했지만, 야곱은 알고 있었다는 증거다. 다시 말해, 에서는 장자의 자격이 없었다는 말이 아니겠는가? 그럼에도 에서로서는 분하기 짝이 없었을 것이다.

야곱은 형 에서의 보복이 두려워 집을 떠나, 삼촌 라반의 집으로 멀리 도망쳤다. 그날 밤, 광야에서 돌베개를 하고 잠든 그에게 하나님은 꿈을 보여주었다. 하늘의 사닥다리와 오르락내리락하는 하나님의 사자들을 보여주시고 "이 땅의 모든 족속이 네 자손으로 말미암아 복을 받으리라" 고 하셨다. 야곱은 꿈을 통해 앞으로 전개될 그의 인생 스토리를 미리 받고 용기를 얻었다. 하나님이 그를 보호하고 돕는다는 약속을 받은 것이다. 이것은 야곱의 마음에 새겨진 긍정의 인생 비전으로서 매우 중요한 의미가 있다. 야곱은 현명한 사람이었기에, 고독과 혼란 가운데서도 자신의 미래에 대한 믿음을 버리지 않았음을 말해준다. 그 후, 그는 삼촌 라반의 집에서 피신 생활을 하며, 사랑하는 두 아내와 많은 재산을 소유하게 되었다.

야곱이 때가 되어 두 아내와 두 여종, 그리고 자녀들을 데리고, 그동안

모은 가축 떼와 많은 재산을 앞세워 고향을 향해 떠났다. 그야말로 금의
환향이었다. 그러나 그의 발걸음은 무거웠다. 두려웠고 확신이 없었다.
고향 땅에는 사냥에 능한 에서와 그 무리들이 기다리고 있지 않은가? 형
에서를 속이고 갈취한 장자권에 대한 옛일이 아직 해결되지 않았고 아직
도 그를 두렵게 했다. 이를 어떻게 해야 하는가? 야곱은 형 에서에게 줄
선물을 가득 실어 먼저 보내고 그는 얍복강(갈릴리 호수와 사해 사이의
요단강 지류)을 건너가기 전에 홀로 하나님의 사람을 만나 밤새 싸웠다
고 성경은 전한다. 이 씨름은 야곱의 생애를 바꾼 결정적인 사건이 되었
다.

하나님의 사람과 싸웠다는 의미는 무엇인가? 막연하게 밀려드는 에서
에 대한 두려움을 물리치게 해달라는 야곱의 절박한 기도를 말하는 것이
다. 자칫 에서의 심기를 잘못 건드리면, 야곱의 가족에게 어떤 피해가 닥
칠지 알 수 없는 위기의 순간이었다. 야곱은 자기 스토리를 새롭게 만들
어야 했다. 불안과 두려움으로 확신과 믿음이 사라진 인생길을 걸어가서
는 안 된다는 야곱의 확고한 의지를 보여주고 있다.
다시 말해 야곱은 부정의 자기 스토리를 긍정의 스토리로 바꾸는 획기
적인 변화를 확인하고 싶은 것이다. 그래서 야곱은 자신의 허벅지 뼈가
부러져도 결단코 하나님의 사람을 놓지 않았다. 자기를 축복해주기 전에
는 결코 가게 하지 않겠다고 다짐했다. 축복해달라는 말은 형 에서가 야

곱을 치지 않게 해달라는 것이고 마음속의 불안과 두려움, 즉 부정의 스토리를 걷어내고 긍정과 확신이 넘치는 자기 스토리로 다시 채워달라는 처절한 요구였다.

하나님의 사람은 그제서야 야곱의 이름을 묻고는 이제는 과거의 '야곱'이 아니라 미래의 인생을 주도할 새로운 이름으로 '이스라엘'이라고 부르라 하며 그를 축복하였다. 야곱은 자신의 어두운 인생을 그대로 버려둔 것이 아니라 기어이 새로운 가능성으로 채워 넣었다. 하나님이 주신 자기 인생 스토리를 확실히 가슴에 새겼다. 소극적인 자세에서 적극적이고 주도적인 자세로 자기 인생을 쟁취한 것이다.

새로운 가능성의 발견이고 기록이다

자서전을 단순한 자기 인생의 기록이라고 생각한다면, 그것은 인생을 지나치게 가볍게 여기는 것이 아닐 수 없다. 자서전은 한 인생에 대한 기록임에는 분명하지만, 기록 이상의 것이다. 즉, 저자의 경험에서 느끼는 감정과 이성적 판단, 그리고 도덕적 분별과 지혜, 그리고 인생의 참 가치를 발견하는 나만의 창고가 되어야 한다. 부지런히 마음의 재고품들과 머릿속의 기억과 추억들을 가지런히 정리하여 어느 날 창고를 개방한 것이 자서전이라고 말할 수 있다. 그러나 단순한 재고정리 내지는 재고떨이가 되어서는 안 된다. 그 창고를 방문하는 사람마다 새로운 인생의 교훈, 또는 새로운 가능성을 발견하는 기쁨을 안겨주어야 한다. 그것이 자서전의 역할이고 저자의 사명이기도 하다.

자서전은 기억의 창고를 방문하는 이웃들에게 어떤 가능성을 보여주어야 할까? 자기 인생에 대한 목표가 분명하고 강할수록 가능성의 영역은 넓고 깊어진다. 목표는 운명을 끌어가는 힘을 제공한다. 그래서 목표는 항상 현재의 '나'라는 존재와 끊임없는 긴장 관계에 놓여 있다는 현실을 자각해야 한다.

이 긴장은 목표를 이루기 위해 모색하고 탐구하는 모든 영역으로 확대되고 새로운 가능성의 지역으로 넓혀지는 것이다. 이 긴장과 집중으로 인하여 우리는 새로운 현실과 그 영역으로 이르는 새로운 길을 발견하게 된다. 이 발견은 사람들에게 모험심을 안겨주고 길을 개척하는 용기를 북돋우어준다.

야곱은 유대인의 조상으로서 그의 인생을 통하여 난관에 부딪혔을 때, 이를 돌파하는 힘과 그 가능성을 보여주었다. 그는 하나님이 주신 약속의 비전을 품고 그 나름의 자기 스토리를 가슴에 새김으로써 결국 장자권의 권세와 축복을 누리게 된다. 결국 장자권을 팔아넘긴 에서의 후손은 이스라엘의 변두리 부족으로 사라지지만, 야곱의 후손은 이스라엘의 열두 지파의 정통적 맥을 이루었으며 그 계보에서 다윗 왕이 나고 예수 그리스도가 태어났다. 야곱은 장자권의 복을 온전히 누렸다. 야곱의 자기 스토리에는 하나님이 주신 비전, 즉 큰 지역을 지배하며 번창하는 후손을 이루는 것이 분명한 목표로 담겨 있기 때문이다.

그러므로 자기 스토리는 비전 선언문이고 목표 선언문과 같다. 내 스토리에는 반드시 내 비전이 제시되고 내 목표가 세워져 있어야 한다. 따라서 자서전을 저술할 때는 성장의 시기마다, 나의 목표가 무엇이었는가를 찾아보는 것이 재미있고도 중요한 일이다. 대개 목표가 분명하지 않을 때는 방황하는 시기이다. 인생을 살아가는 긴장감이 떨어지면서 삶의 에너지를 엉뚱한 일에 소실하고 만다. 그 시기에는 왜 그렇게 살았는가를 깨닫게 되며 내 인생의 교훈이 된다. 그 방황과 그 외로움은 결코 헛된 일이 아니라, 나에게 있어 인생을 수양하는 아주 소중한 시기였음을 생각하며 감사하게 되는 것이다. 자서전은 그 시기의 의미를 보다 긍정적으로 기록함으로써 내 인생을 더 풍성하게 만들 수 있는 것이다. 야곱은 그가 도달할 목표가 선명했기에 하나님의 사자도 이겨낼 용기를 가질 수 있었다.

인생의 가능성은 더 많은 기회로 이끈다

동네 시장에서 정육점을 운영하는 안 사장은 사업에 성공하여 두 아들과 사랑하는 아내와 함께 해외여행을 가는 소박한 꿈을 갖고 있었다. 매일 가게 문을 열어도 한 달 수입이 가게 임대료도 감당하기 어려운 영세

소상인 신세에 해외여행이란 호사스러운 꿈이었다.

그러나 그의 가슴엔 나름의 성공 스토리가 새겨져 있었다. 자신이 사는 지역의 모든 음식점에 좋은 고기를 납품하는 중간 도매점을 운영하는 것이었다. 코로나 펜데믹으로 식당들이 문 닫는 현상이 보편화되면서 꿈은 점점 허물어져 갔다. "아, 이대로 끝나는가?", "매일 성공을 염원하고 기도했지만, 모두가 헛된 욕심인가?" 그의 인생 스토리는 어디로 가고 있는지 알 수 없었다.

그러나 그는 정육점을 포기하지 않았다. 목표가 있었기에 자기 스토리를 포기할 수 없었다. 이상하게도 동네 식당의 주문은 줄어들었지만, 주부들의 구매율은 늘어났다. 식당을 가지 못하는 가정마다 집에서 소비하는 삼겹살이니 등심이니 하는 고기가 더 늘어났다. 마치 풍선 바람이 빠져나갈 곳을 찾아 이리 불룩 저리 불룩 하듯이 고기 시장도 스스로 갈 길을 찾아가는 듯했다.

그는 한우고기 장사의 다른 가능성을 찾은 셈이다. 게다가 중간 도매를 통해 소비자 가격을 획기적으로 낮추는 기회도 찾았다. 이를 위해 '웻에이징(습식숙성)'으로 서비스하는 시설도 만들어 중간 도매 역할을 할 기회를 축산 업체와 함께 모색하고 있다.

가능성이 실제적인 기회로 현실화되는 것은 우리 인생을 살아 있게 만든다. 죽은 자서전을 산 자서전으로 만들려면 가능성을 찾아야 한다. 가능성을 통해 자서전은 이러한 인생의 성장을 기록하고 증언한다. 자기 스토리의 에너지가 기회를 만들면서 가능성을 활성화시키는 현장을 보여주기 때문이다. 이것이 자서전이 가진 매력이다.

독자에게 드리는 질문

1) 당신을 변화시킨 가장 큰 기회는 무엇이라고 생각하는가?
2) 당신을 흥분시키는 어떤 새로운 가능성이 있는가?

06

미리 쓰는 내 인생의 스토리

미리 쓰는 내 인생의 스토리

흔히 자서전을 과거에 일어난 일만 다루는 것으로 그 영역을 국한한다. 그러나 이제는 이러한 시간적 제한을 풀어야 한다. 왜냐하면, 자서전의 독자는 현재 사람이거나 미래 사람들이기 때문이다. 그들이 자서전을 읽고 미래에 적용하고 또 반영함으로써 미래의 일을 생산하는 데 자원으로 삼을 수 있다. 자서전에서 말해주는 경험이나 지혜는 분명히 우리에게 도움이 된다.

그런데 더 중요한 문제가 있다. 그것은 자서전에는 그것을 저술한 저자 자신이 아직 살아 있고 살아갈 날이 많다는 점이다. 남은 인생을 위한 아주 사적인 공간이 자서전에 남겨져 있다는 말이다. 그렇다면 저자는 자서전을 기술할 때, 아직 살아가야 할 미래를 위해 무엇인가 유익한 역할을 하도록 해야 하지 않을까? 자서전은 그 공간을 위해 기여해야 할 책임과 사명이 있는 것이다. 심지어 저자인 나 자신이 사라졌다고 해도, 자서전은 여전히 살아가는 누구인가에게 계속 자기 이야기를 들려주지 않겠는가? 그렇다면 나는 미래의 시간을 위해 무엇을 말해야 하는 것일까? 바로 그것이 미리 쓰는 자서전의 기능이 아니겠는가? 다시 말해, 지난 인생이 남겨둔 이야기들을 통해 남은 인생의 이야기를 미리 준비해야 하는 것이다.

이것을 두고 '미래자서전'이라고 말한다. 자연스러운 결과이지만, 나이가 젊을수록 '미래자서전'의 길이는 길어진다. 그래서 우리는 여기서 비로소 깨닫게 된다.

자서전은 노년에만 쓰는 인생의 기록물이 아니라, 젊어서 써야 도움이 더 크다는 사실을 알게 된다. 위인의 일생을 통해 도덕적이거나 교훈적이며 인격 수양에 도움이 되는 어떤 명언을 우리는 기대한다. 그러나 위인이 나의 현재와는 너무나 큰 격차를 느끼게 한다면, 비현실적 목표로 끝나고 만다.

그러나 짧고 평범하고 어디서나 만나는 일상으로 느껴지는 나의 자서전은 반복하기가 쉽다. 익숙한 습관과 친숙한 지인들과 아직도 거래하고 있다. 그래서 몇 가지 잘못을 분석하고 평가함으로서 미래에 적용하는 일이 어렵지 않다.

게다가 성취도가 높은 '미래 계획'이 비전으로 기록되어 있다면 내 인생은 점점 더 완성도가 높아질 것이고 내 인생의 보람과 기쁨도 높아갈 것이다. 이런 의미에서 자서전은 '미래자서전'으로서 역할에 무게를 두어야 한다. 현재 '나'라는 위치에서 과거를 보고 미래를 전망하는 자서전이 되어야 한다.

미래 계획을 글로 적어보라

"너의 미래 계획을 글로 적어보라"는 이 글은 역사학자 이원설 박사(1930~2007, 전 한남대 총장)가 남긴 말이다. 그가 기독교 리더십 비전을 설명한 책, 『비전을 글로 적어놓아라(Write the vision)』에서 주장한 말이다. 누구나 하나님의 말씀을 의지하여 자기 비전을 펼쳐가면, 다 이룰 수 있다고 했다. 이 주장의 근거로 그는 성경 말씀의 한 구절을 들려주었다.

"이 묵시를 기록하여 판에 명확히 새기되 달려가면서도 읽을 수 있게 하라. 비록 더딜지라도 기다리라 지체되지 않고 정녕 응하리라."
— 하박국 2:3

그는 자기 비전을 문장으로 정리하여 적어두고 늘 읽고 또 읽으면, 그 글대로 이루어지는 기적을 만난다고 했다. 구약성서 하박국의 말씀이 이를 증언한다고 했다.

또한, 평생을 이원설 박사와 함께한 그의 제자인 신학자 정성구 박사(전 총신대, 대신대 총장)는 이렇게 증언했다.

"근래에 한국 사회에서 기독교 평신도 지도자로 다방면에 모범적 삶을 보인 분은 이원설 박사이다. 그는 평생 역사학자로서 성경적 세계관을 가지고 대학과 사회 각 분야에서 일하였고 영어가 유창한 국제적 인물이었다. 그는 1958년에 스스로 '미래이력서'를 작성했는데, 실제 그의 삶이 꿈대로 거의 그대로 이루어졌다."

이원설 박사는 황해도 용정에서 태어나고 자랐다. 그러나 아버지가 교회 장로라는 이유로 중학 진학이 막히게 되자, 아버지의 만류에도 불구하고 월남하여 연세대를 졸업하기까지 숱한 어려움을 견뎌야 했다. 그는 고난을 이겨내고 마침내 미국 유학을 떠났고, 서른 초반의 나이에 역사학 박사학위를 받았다.

그 무렵 28살의 청년, 이 박사는 '미래이력서' 혹은 '미래자서전'이라고 스스로 부르는 '자기 스토리'를 작성하였다. 그는 늘 이것을 수첩에 넣고

다니며 읽고 또 읽었다고 한다. 그는 책의 마지막에 다음과 같이 말했다.

"나는 무엇보다 이 책을 읽는 독자들, 특히 과거의 어린 내가 겪었던 어려움에 부닥친 젊은이들이 '책의 저자가 그런 고난을 이겨냈다면, 나도 할 수 있다. 나는 훨씬 더 큰 업적을 이룰 수 있다.'라고 소리칠 수 있기를 바란다."

이원설 박사가 주장하는 〈미래자서전〉은 가까운 미래, 즉 내 생전에 이루고 싶은 목표에 관한 성취 계획을 의미한다. 내 인생의 풀 스토리(full story)를 회고하면서 후손에게 들려주는 고전적 의미의 자서전과는 사뭇 다를 수 있다. 그래서 자서전에도 주제와 형식에 따라 많은 종류가 있는 것을 알 수 있다.

주인공이 고인이 된 후, 그의 명성과 업적을 기록하는 책으로는 전기(傳記), 위인전(偉人傳), 평전(評傳), 자서전(自敍傳) 등이 있다. 그러나 개인이 사적으로 남기고 싶은 기록물로서의 자서전은 일기(日記)나 수필집(隨筆集)이나 혹은 편지(便紙), 사색록(思索錄), 고백록(告白錄), 회고록(回顧錄), 수기(手記) 등의 형식으로 쓰인다. 이런 글들은 공개되기보다는 가족이나 친구 사이에서 읽혀질 것이다. 개인의 성장이나 인격 계발을 위한 도구로 쓰려고 한다면, 지극히 개인적인 '미래자서전'의 성격을 취해도 좋을 것이다.

자기계발서로서 자서전

고전적 의미의 자서전을 영어식으로 표현하자면 autobiography, memoir 등으로 표기한다. 이 부류에 속한 자서전은 특별한 업적을 성취했거나 집단으로부터 존경을 받는 인격체로서 인정받는 사람들이 흔히 내놓는 책이다. 책은 역사적이거나 사회적 배경에 관심을 둔 공공적인 인물이나 사건이 주제의 중심을 이룬다. 그렇다고 평범한 범인(凡人)이라고 해서 쓸 수 없는 것은 아니다. 누구나 원하면 자서전을 쓸 수 있다. 자서전 쓰는 법, 역시 이런 유의 자서전을 자기계발의 동기화 또는 대중화를 위해 만들어진 것이다.

그러나 자기계발 중심의 자서전은 조금 다르다. 영어로 표현하자면, 소박한 자기 이야기로서 self story, my life story 등으로 말한다. 대개 성공 지향의 경험을 담은 고난 극복의 이야기가 중심을 이룬다. 일종의 success story이다. 이런 이야기 속에는 자아 개발이나 성공 방법론 등이 구체적이고 실천적으로 기술된다.

자기계발의 이야기는 과거의 실패 경험에서 시작된다. 실패의 시작과 그 요인을 분석하고 평가함으로써 성공의 이야기가 시작된다. 실패의 이야기 속에 경험한 고난과 고뇌, 모함과 배신 등의 인간관계의 어려움도 적나라하게 드러난다. 주제별로 이어지는 이야기의 흐름을 주시할 필요가 있다. 사건은 개인적 고통도 안겨주지만, 가족의 고통으로, 친구의 고통으로, 공동체의 고통으로 번져간다. 이때 감정적 물결을 감당하지 못하고 격한 울분에 빠질 수 있다. 이 순간을 잘 극복하고 자애와 배려의 균형된 마음을 잃지 않아야 한다.

그리고 남은 인생의 최종 목표를 냉정히 바라볼 줄 알아야 한다. 목표를 주시하고 목표 달성의 열정을 쏟는 노력이 있어야 한다. 이것은 자서전의 최종 과정이다. 그렇다면 현재 단계에서 목표를 향해 가는 방법으로서 전략은 무엇이어야 하는가? 보다 우수한 수단이 동원되어야 한다. 벌써 세월은 20년, 혹은 40년이 흘러갔을 것이다. 그 사이에 개인이나 집단의 자기 관리 방법이나 코칭을 통한 세련된 자기계발 방법도 상당히 발전되었을 것이다. 그러므로 구태의연한 옛 방식에 의존하지 말고 좀 더 과학적인 방법으로 현재의 약점, 그러나 오래전부터 누적되어온 약점을 극복하는 전략을 세워보자. 그래서 더 계획적인 접근을 시도해야 한다.

이제는 과거의 자서전과는 다른 상황을 맞이하게 된다. 미래의 자서전을 그림처럼 그려야 한다. 성공한 자의 부유하고 평안한 생활, 즐거워하는 자녀들이 기대한 만큼 자란 모습, 그러나 아직 힘들어하는 사람들과의 아름다운 교류를 만들어가는 모습도 보여준다면 더 좋을 것이다. 나의 자서전은 이미 성취한 미래를 그려서 가족에게 보여주고 함께 꿈꾸며 그런 미래를 만들어가려고 온 에너지를 집중할 것이다. 자서전은 이미 미래 계획을 위한 내 가족의 토론 주제로 공개하고 그 광경은 즐거운 내 일상의 라이프 스토리로 존재할 것이다.

독자에게 드리는 질문

1) 당신의 미래를 말해주는 미래자서전을 구체적으로 말해보라.
2) 당신의 미래자서전을 실현하기 위한 인생 계획을 세워보라.

07

나를 미래로 끌어당기는 인생의 비전

사방이 바라보이는 전망대

가슴이 답답해 오면 가끔 언덕에 오르고 싶을 때가 있다. 앞을 막힘이 없이 시원하게 바라보는 기쁨을 느낄 수 있어 좋다. 인생의 순간도 마찬가지이다. 뭔가 풀리지 않고 혼란스럽거나 정체된 무엇인가가 마음을 가로막고 있을 때, 훌훌 털고 언덕에 오르라. 그러면 사방을 바라다보며 마음을 정리하고 흩어진 의식을 추스르는 여유를 가질 수 있다.

자서전이 갖는 가장 큰 유익은 바로 '인생의 언덕'에 오른 기분을 느끼는 점에 있다. 이전에는 미처 경험하지 못한 내 인생의 시원한 시야를 바라보는 그 가슴에는 새로운 비전과 기대가 가득 차오르는 것을 느낄 수 있다. 이런 상태는 내 정신의 가장 높은 곳, 최고의 의식 수준에 달했을 때 경험할 수 있는 일이다. 그것은 마치 구름 한 점 없이 맑은 날, 잠실 롯데타워에 올라 123층의 '서울스카이 전망대'에서 멀리 인천과 한강을 바라보는 느낌일 것이다.

아브라함은 유대인의 조상이다. 아브라함은 하나님의 부르심을 받고 그의 나이 75세가 되던 때에 고향 땅 하란을 떠났다. 그때 조카 롯도 함께 떠났다. 그들은 하나님의 명령에 충직하게 순종하여 이방 땅을 외롭게 떠돌며 여행하다가 가나안 땅에 이르렀다. 벧엘의 동쪽 산까지 이르렀을 때, 가나안에 가뭄이 들어 아브라함과 롯의 일행은 목숨조차 부지하기 어렵다고 생각하였다. 그들은 너무나 두려운 나머지 남쪽으로 살 만한 땅을 찾아 내려갔다. 그곳은 애굽(고대 이집트) 땅이었다.

애굽의 왕 '바로'는 아브라함이 예상했던 대로, 아내 사라를 보고 그 아리따운 모습에 끌려 자기 아내로 삼고자 하였다. 사라는 남편의 부탁대로 자신을 아브라함의 누이라고 했다. 고관들도 사라의 아름다움을 칭찬하였다. 이에 왕은 아브라함을 후대하여 양과 소와 노비와 암수 나귀와 낙타 등 많은 재산을 주었다. 그것은 사라를 자기 아내로 삼고자 하는 일에 대한 대가였다. 그러나 왕의 계획을 차단하는 사건은 엉뚱한 곳에서 일어났다. 하나님은 이 일로 인하여 왕과 그 집에 큰 재앙을 내렸다. 이에 바로 왕은 놀라서 자기 행동에 잘못이 있음을 깨달았다. 하나님께서 그 잘못된 인생의 방향을 단호히 차단하는 무서운 간섭을 보여주었기 때문이다. 이때 아브라함은 사라가 자신의 아내임을 왕에게 자백했다.

바로 왕은 자신의 실수를 깨닫고 사라를 데려가라고 하고 오히려 이들을 후대하여 그 모든 소유를 가지고 가나안으로 돌아가게 했다. 아브라함은 네게브 사막을 지나 다시 벧엘을 향해 고원지대를 올라갔다. 재산도 많아졌고 종들도 늘어난 까닭에 대식구가 함께 움직이기엔 힘든 여행길이었다. 아브라함은 조카 롯과 헤어지기를 작정하고 롯더러 먼저 원하는 땅을 택하라고 했다. 롯은 요단강 푸른 물결이 보이는 사해 근방의 풍요한 땅 소돔 지역을 선택했다.

이제 사랑하는 조카 롯이 떠나고 아브라함은 자신이 갈 길을 찾아가야 했다. 갑자기 그의 마음에 외로움과 두려움이 몰려왔다. 그동안 생사고락을 같이했던 조카 롯이 그의 곁을 떠나고 난 뒤, 아브라함은 하란을 떠나고 나서 이곳 벧엘에 이르기까지 지난날을 회고했을 것이다. 혹시라도 불순종하는 일이 있었는가를 살펴보았다. 아마도 가장 후회되는 일은 가뭄이 닥쳤어도 가나안에 머물러 있어야 하는데, 애굽으로 내려간 일이 걸렸을 것이다. 그는 하나님에게 깊이 회개하고, 그럼에도 불구하고 큰 재산을 주신 하나님께 감사하는 제사를 올리고 하나님에게 이렇게 묻지 않았을까?

"하나님, 이제 종이 갈 곳을 말씀해주세요." 아브라함이 가장 어려운 시기에 이르렀을 때, 하나님은 그를 이끌고 헤브론 산지가 바라보이는 높은 언덕으로 데려갔다. 그리고 동서남북 사방을 바라보게 하였다. 그곳에서 하나님은 중요한 말씀, '미래의 스토리'를 주셨다.

"너는 눈을 들어 너 있는 곳에서 북쪽과 남쪽 그리고 동쪽과 서쪽을 바라보라. 보이는 땅을 내가 너와 네 자손에게 주리니 영원히 이르리라. 내가 네 자손이 땅의 띠끌 같게 하리니 사람이 땅의 띠끌을 능히 셀 수 있을진대 네 자손도 세리라. 너는 일어나 그 땅을 종과 횡으로 두루 다녀보라. 내가 그것을 네게 주리라."
– 창세기 13장 14~17절

아브라함은 현실의 비전을 통해 미래의 비전을 전망하는 경험을 하게 된다. 하나님은 그의 후손이 땅의 티끌처럼 셀 수 없을 만큼 늘어날 것을 약속하고 그 후손이 대를 이어 살아갈 땅의 지역도 약속하셨으니 이런 복을 어디서 만나겠는가? 아브라함의 경험을 통해 우리는 한 가지 사실을 깨닫게 된다. 자서전은 우리에게 과거를 돌아보게 하면서 이와 함께 아주 중요한 역할을 한다는 것을 깨닫게 된다. 즉, 자서전 쓰기는 우리의 정신을 최고의 수준에 도달하게 한다. 이것은 무슨 말인가? 그동안 아예 잊고 있었던 지난날들이 세세하게 떠오르며 내가 살아온 일들이 다시 살아나는 전경을 보게 된다는 말이다. 앞서 얘기했듯이, 자서전은 '인생의 언덕'으로 나를 이끌어주는 안내자 역할을 한다는 사실을 명심하길 바란다.

과거는 과거로 나를 이끈다

과거의 일이나 과거의 인물은 추억이라는 옷을 입혀서 나를 과거에 묶어두려고 한다. 그래서 늘 과거는 그립고 애잔한 모습으로 내 앞에 나타나곤 한다. 그러나 이러한 과거의 유혹에 빠져서는 안 된다. 과거의 울타리를 넘어서 그 어둡고 슬픈 골목길을 빠져나와야 한다. 그리고 언덕에 올라 새로운 땅을 사방으로 바라보려고 해야 한다. 과거의 습관, 과거의 패러다임을 과감히 던져버리는 용기를 가지고 미래로 얼굴을 돌려야 한다. 내 인생의 비전을 찾아야 한다. 그것을 해내려면, 과거와 당당히 상대하는 결투가 필요하다.

유명한 서부 영화 〈하이눈〉에는 보안관 케인(케리 쿠퍼 扮)이 등장한다. 케인은 5년 전 그가 체포해서 감옥으로 보낸 악당 프랭크가 석방되어 복수하기 위해 마을 기차역에 도착한다는 소식을 듣는다. 케인은 바로 그날 사랑하는 여인과 결혼식을 올리고 나서야 그 소식을 듣는다. 마을은 깊은 두려움과 침묵에 빠진다. 이 악당 패거리들을 어떻게 상대해야 하는가? 엄밀히 말하자면 이 일은 보안관 케인과 악당 프랭크 사이에 해결해야 하는 사적인 문제라고 사람들은 생각했다. 그래서 이 일에 아무도 개입하려고 하지 않았다. 마을 사람들은 심지어 결혼식을 막 끝낸 보안관 부부에게 빨리 마을을 빠져나가라고 마차까지 준비해준다. 케인은 예쁜 신부와 같이 마을을 빠져나온다. 한참을 달리던 케인은 마차를 돌려세우고 이렇게 말한다.

"이대로 도망치면, 언젠가는 광야 어느 모퉁인가에서 그의 총알에 살아남지 못하겠지. 마을 사람들도 그의 횡포에 힘들어지고."

케인은 프랭크 일행인 네 명의 악당을 홀로 맞상대하기 위해 마을로 들어선다. 기차가 도착하는 정오(하이눈)에 악당은 마을에 들어섰고 케인을 찾아 나선다. 케인은 결국 두려움과 불안의 원초적 원인인 프랭크 일당을 해치우고 만다. 단판에 과거를 처치한다. 이때 케인을 버려두고 도착한 기차를 타고 혼자 떠나려던 아리따운 신부가 케인에게 돌아와 악당 한 명을 해치운다. 이어서 케인도 나머지 세 명을 단숨에 처치한다. 영화를 긴장으로 조여오던 악당 네 명을 처리한다는 스토리에 관객들은 후련해한다. 가슴을 답답하게 막아온 문젯거리가 한꺼번에 씻겨 내려가는 통쾌감을 느낀다. 그리고 케인은 사랑하는 신부와 함께 마을을 떠난다. 그들은 어디로 달려갈까? 그들이 꿈꾸는 인생의 비전이 있는 곳으로 서부 광야를 마음껏 달려갈 것이다.

인생의 비전은 나를 미래로 이끈다

과거의 아픔이나 그리움으로 시작하였으나, 이제는 가슴이 터지도록 보고 싶은 미래의 행복으로 변화된 새로운 내 인생을 만나는 일. 이것이 야말로 자서전을 한 권 쓰는 일이다. 이것이 현재 내가 할 일이고 또 내가 기뻐할 일이다. 바로 이 자서전이 나를 새롭게 일으켜 세우고 내 인생을 주도적으로 책임지는 일이라면, 함부로 던져버릴 일이 아니다. 보안관 케인처럼 사랑하는 부인과 미래의 가정, 그리고 마을을 평화롭게 지키는 일이며, 또 유대인의 조상, 아브라함처럼 헤브론 산지의 사방을 바라보는 그 인생의 비전으로 인하여 가나안 땅은 부인 사라와 함께 이루어갈 이스라엘 민족의 후손에 대한 책임을 감당하는 터전이 된다.

그렇다. 자서전은 내 가슴 깊이 감추어져 있는 과거의 비밀을 공개하고, 비겁하게 달아나지 말라고 나에게 소리친다. 무슨 일이든지, 떳떳하게 상대하라고 외친다. 나를 부끄럽게 만들고, 또 나를 분노하게 하는 사건을 과거의 땅에 파묻어놓는 일을 반복하려고 한다면, 그 자서전은 수치스러운 기록에 불과할 것이다. 그러면 싸움의 용기는 어디서 오는가? 그것은 내 가슴에 새겨진 비전으로부터 쏟아져 나온다. 비전의 힘은 과거를 씻어내는 강한 세척력을 지니고 있다. 참으로 놀라운 일이다. 내 가슴에 묻어둔 '자기 스토리'가 강하고 구체적인 비전을 말해준다. 그러므로 자서전의 결론은 미래 비전에 있다. 미래 비전이 없는 자서전은 진정한 자서전이 아니다. 현재의 나를 변화시키는 힘이 없는 자서전 역시 자서전이라고 할 수 없다. 그냥 과거 일이나 떠들어대는 넋두리에 불과하다. 자서전에는 내가 소유하고 싶은 가치관을 듬뿍 담은 내 인생의 비전이 살아 있어야 한다. 그래서 누군가의 자서전을 펼치면, 나는 그에게 이끌려 그가 보여주는 '인생의 언덕'에서 그의 가슴 치는 비전을 바라보게 되는 것이다.

독자에게 드리는 질문

1) 당신의 인생을 미래로 이끄는 에너지는 어디서 오는가?
2) 당신의 미래 비전은 무엇인가? 간단히 설명해보라.

2장

누구나 가슴에 책 한 권을 품고 산다

"이러한 유년기의 경험은 자서전에서 매우 중요한 비중을 차지한다. 사람들 대부분이 유년기에 경험한 일들을 가장 뚜렷이 기억하는 경향이 있기 때문이다. 그 까닭은 이 경험이 기쁨으로 비치든, 슬픔이나 아픔으로 비치든, 내 인생의 첫 경험으로 느껴지므로 그 느낌은 강렬하고 또 오래 기억에 남는다." (본문 128쪽)

01

가슴에 품은 책 한 권의 무게를 생각하라

밥

"이제는 한계에 다다랐다. 아무리 애쓰고 노력해도 지금보다 나은 세상은 올 법하지 않았다. 당에서는 허리띠를 조금만 조이자며 옥수수 뿌리를 먹으라고 했다. 뼈에 가죽만 남은 아이들까지 아편 밭으로 내몰아 백도라지라 불리는 양귀비 진을 채취했다. 나이 지긋한 어른들은 깊은 한숨을 내쉬며 '왜정 때도 이렇게는 안 살았소.'라는 말을 거침없이 내뱉었다. 더이상 착한 아내, 착한 며느리, 착한 엄마가 될 수 없었다. 죽음의 발소리가 저벅저벅 다가오고 있었다. 우리 식구의 차례가 바짝 다가온 것 같은 예감에 나는 몸서리를 쳤다."

　– 김정애, 「밥」

　탈북인 소설가 김정애의 단편소설, 「밥」에 나오는 한 구절이다. 하루 한 끼도 먹기 어려운 '고난의 행군' 기간을 지나는, 한 가정의 절망적인 상황을 그린 이 소설은 그녀가 한국으로 탈북하여 한국 문단에 소설가로 등단하며 처음 발표한 소설이다.

　이 소설의 화자는 소설가 자신이고 그 자신이 경험한 이야기를 풀어놓은 것이다. 이 단편은 그녀의 다른 소설들과 함께 『서기골 로반』(도서출판 글도, 2018)이라는 제목의 소설집으로 출간되었다. 「밥」에는 굶주림에 처한 다섯 식구가 겪는 죽음의 고통과 이를 벗어나려는 몸부림으로 탈북한 이야기를 사실적으로 묘사하고 있다. 실제로 경험하지 않고는 표현할 수 없는 절망의 현실이 그려져 있다. 그래서 고난의 시기에 북한 형제들이 이렇게도 처절하게 살았는가 하는 아픔이 뼈저리게 다가온다. 그들이 겪은 삶의 무게가 가슴을 짓누른다.

　우리는 모두 저마다의 삶의 무게를 느끼며 산다. 가벼운 인생도 있고 무거운 인생도 있을 것이다. 그 인생의 무게를 달아본다면 얼마라고 해야 할까? 그 무게는 무엇을 의미하는 것일까? 짧은 이야기에 불과한 「밥」을 통해 다섯 생명의 무게가 짓눌러오는 느낌은 개인적 고난이나 슬픔만이 아니라 이 가정의 아픔이 동병상련의 아픔이라는 사실이 전해지기 때문이다. 뿐만 아니라, 개인의 고통을 통해 한 나라, 한 민족의 거대한 고통을 느끼기 때문이 아닐까? 여기서 우리는 공감 또는 동질감이라는 감성적 유대관계를 떠올리게 된다. 그 사람이 겪은 사연들이 나의 사연으로 연결되어 같은 연민의 마음으로 읽혀지는 것이다. 즉 인생에 대한 같은 중량감을 느끼며 동지의식을 가지며 깊은 울림, 즉 깊은 영향을 받게 된다.

자신의 인생을 얘기하려면 책 한 권에 담기에는 너무나 파란만장하다고 탈북 형제들은 말한다. 남한에 오기까지 말 그대로 죽을 고비를 서너 번은 넘겼으니 그들의 주장도 과장은 아닐 것이다. 그 이야기를 자서전이라는 책 한 권으로 묶어놓았다면, 그 생애의 무게가 얼마나 무겁겠는가? 인생의 무게는 다시 말해 그의 이야기가 전해주는 의미, 즉 그의 책 한 권이 전해주는 영향력의 무게라고 이해할 수 있다. 여기에는 각자의 인생의 의미를 결정짓는 기쁨의 의미, 슬픔의 의미, 감동의 의미 등이 복합되어 있음을 알아야 한다. 하지만 누구도 자신의 인생을 다 이해하는 것은 아니다. 오히려 이해할 수 없는 부분이 더 많을 것이다. 그 의미를 도저히 이해할 수 없는 영역이 더 클 것이다. 그래서 우리는 그것을 가리켜 운명이라고 덮어버리고 만다. 하지만 덮어버릴수록 그 영향은 더 강하게 전달될 것이다.

내 의지와는 다른 길을 돌아온 나는 얼마나 무거운 책을 품고 살았는가를 누구나 한 번쯤 헤아려보고 싶을 것이다. 그것은 누구에게나 무척 재미난 일이다. 다시 말해, 내가 살아온 인생을 스스로 돌아보는 일보다 즐거운 일이 있겠는가? 그것은 다락방에 올라가 옛날 사진첩을 펼치는 것과 같다. 온갖 추억이 떠오르고 사건과 사람들이 도열해서 나를 맞이하는 느낌이 들 것이다. 혹은 오래된 광을 뒤적거리다가 아버지가 만들어준 썰매를 찾은 것과 같은 희열을 느낄 것이다. 어느 해 겨울날, 아들을 위해 아버지가 며칠을 공을 들여 손수 만들어주신 자그마한 나무 썰매가 그대로 남아 있다면, 나에게 더없이 소중한 선물이고 아버지의 영향력이 아직도 그의 마음 바닥에 따뜻하게 남아 있다는 증거가 될 것이다.

이러한 소소한 기억들을 모아서 하나의 자서전으로 만든다면, 그 무게가 얼마나 될까? 사람들은 얼마나 내 인생을 의미 있게 받아줄까? 또 얼마나 소중하게 여겨줄까? 내 인생의 의미와 그 의미가 표시해주는 체중계의 수치가 얼마를 가리킬지를 먼저 가늠해보자는 뜻이다. 자신의 가치관을 이해하고 자신의 인생에 대해 충분한 이해가 선행되어야 한다는 말이다. 그렇지 않은 상태로 자서전을 쓴다는 것은 자기기만에 불과하다.

고통의 의미, 행복의 의미를 나름대로 계량하는 안목이 있어야 책의 영향력을 계측해볼 수 있을 것이다.

그러나 잊어서는 안 될 한 가지 전제가 있다. 자서전이란 완결된 인생 이야기가 아니라는 사실이다. 오히려 지금도 진행 중인 이야기라는 점에서 자서전은 현재 진행형이거나 미래 지향형이라는 측면을 고려해야 한다. 이미 완결된 자서전이라면 그것은 고인을 위한 전기(傳記)라고 하는 편이 나을 것이다. 그래서 자서전은 지난 인생의 기록이지만, 더 중요한 미래를 위한 기록이 되어야 한다. 그런 의미에서 현재를 살아가는 인생의 무게에 만족해서는 안 된다. 아직 완결되지 않았기에 어떤 인생으로 종결될지 알 수 없다. 즉 책의 무게는 순간, 순간 변하며 계속 의미 있는 영향력을 발사하고 있다.

그러므로 내가 품고 있는 책 한 권으로 만족해서는 안 된다는 말이다. 책을 품었다는 말은 이 한 권의 책으로 누군가를 변하게 만들고 싶다는 의지의 표현이다. 또한 내가 살아온 인생에 대한 의미를 어느 정도 이해하고 인정한다는 고백이기도 하다. 이것은 인생을 바라보는 안목이 어느 수준에 도달했다는 증거이기도 하다. 그래서 누군가 내 말을 경청하고 나를 따르는 움직임을 느끼게 된다. 그만큼 내 말에 힘이 생겼다는 말이다. 그런 의미에서 자서전은 노인의 전유물이 아니다. 오히려 청년과 중년의 사람들에게 권유하고 싶다. 인생의 무게가 더욱 깊어가는 순간에 '미래자서전'을 생각하는 것은 인생의 승리를 안겨줄 마지막 성공 지점을 위한 신의 한 수가 될 수 있다.

당신의 책은 어떤 영향을 끼칠까?

여기서 더 나아가, 우리는 내 가슴에 품고 있는 책이 어떤 책인가도 생각해야 한다. 앞에서도 언급했듯이, 자서전은 기본적으로 긍정적인 의도로 쓰느냐, 아니면 부정적인 의도로 쓰느냐에 따라 영향의 파장이 크게 달라진다. 어떤 경우는 그리움을 가득 담은 자전적 귀향의 글이 되기도 하고, 상대의 비리를 비판하는 고발의 글이 되기도 한다. 그러나 여기서는 내가 쓰고자 하는 자서전이 누군가를 도울 수 있는 그만한 가치가 있느냐를 먼저 따져보자는 것이다. 그래서 어려운 인생을 살아낸 사람들일수록 그 영향력은 황금처럼 빛나는 것이다.

자서전은 아니지만, 한 사람의 위대한 인물의 인생을 통하여 큰 영향을 미친 전기(傳記)가 있다. 『역경을 이겨낸 사람, 조지 워싱턴 카버』(로렌스 엘리엇 지음, 곽안전 역, 대한기독교서회, 1970)라는 책이 그것이다. 한국어로 번역될 때는 『땅콩박사, 조지 워싱턴 카버 전기』라고 제목을 바꾸었다.

이 책은 흑인 노예의 몸으로 태어났으나, 겸손하고 근면한 인성으로 결국 성공한 미국의 한 농작물 연구가의 일생을 다루었다. 그는 미국 남부 일대의 골칫거리인 면화 재배지를 땅콩밭으로 바꾸게 하여 미국 남부의 쓰러진 경제를 다시 일으킨 위대한 흑인으로 추앙받고 있다. 작가 로렌스 엘리엇은 세계적 잡지인 〈리더스 다이제스트〉의 편집자로서 1966년 카버 박사의 전기를 쓰고서 알라스카 언론인 클럽에서 자유재단상을 수상하였다.

이 책은 마치 카버 박사를 바로 옆에서 지켜보듯 자세하게 표현함으로써 독자들의 감동을 일으킨 명저로 남아 있다. 남북전쟁에서 패배하고 노예해방 시대를 맞이했으나, 미국 남부는 광란의 지대였다. 폭도들이 조용한 마을을 약탈하고 흑인 노예들을 납치해서 팔아먹는 행패가 다반사로 일어났다. 그런 혼란기에 아직 10대 어린 소녀인 어머니 메리는 폭도들에게 살해되고 겨우 살아남은 갓난아기 카버 박사의 비참한 운명으로부터 전기는 시작된다.

그리고 1943년 1월 5일 오후 5시, 조용히 눈을 감았을 때, 당시 미국 대통령인 루즈벨트를 비롯하여 많은 세계적 지도자들의 애도 속에 마지막 장례를 치르기까지, 혁명가보다는 조용한 한 줌의 누룩이 되어 살다 간 한 흑인의 일생을 조명했다. 가냘픈 흑인 아기는 겨우 목숨을 부지하며 자랐으나, 결국 위대한 농학자 카버 박사로, 또 선한 신앙인으로 성공하여 많은 영향을 세상에 끼쳤다. 그의 전기는 어느 시대의 사람에게나 "우리 인생은 때때로 먹구름에 가려져 있으나, 그 위에 눈부신 태양이 비추고 있음을 잊지 말라"고 가르치고 있다.

독자에게 드리는 질문

1) 당신의 마음에 품은 책은 그 무게가 얼마나 되는가?
2) 당신의 자서전은 어떤 영향력을 가졌다고 생각하는가?

02

자서전을 시작하는 믿음의 원칙 3가지

벤저민 프랭클린(Benjamin Franklin, 1706~1790)은 미국의 대표적 문필가이고 과학자이자 발명가이며 정치가로서 미국의 역대 대통령들과 함께 나란히 미국의 100달러 지폐에 얼굴이 새겨진 '미국 건국의 아버지' 중 한 사람이다. 그에 관한 이야기는 그의 자서전에 자세히 기록되어 있다.

그는 미국 보스턴의 가난한 집안에서 열일곱 남매 중 막내아들로 태어났다. 그가 제대로 받은 정규 교육은 8세 때부터 2년간 학교에 다니며 읽고 쓰기와 산수를 잠깐 배운 것이 전부였다. 그러나 84세의 나이로 세상을 떠날 때에는 여러 외국어와 문학, 신학, 경제학, 자연과학을 독학으로 마쳤고 사회와 국가에 헌신하는 미국 건국 시기의 지도자로 추앙받았다. 그는 공익적인 일에 자신을 희생하며 타인과 특히 자신에게 부끄럽지 않은 삶을 살려고 고군분투하였다. 그는 아들에게 편지로 자신의 인생 경험담을 들려주었고 그 이야기들을 모아 자서전으로 묶었다. 책에는 그가 평소에 인격을 수양하고 실력을 향상하는 온갖 시도와 노력이 가득했다. 온 생애를 바르게 살려고 끊임없이 노력하며 살아온 그의 진솔한 인생 이야기는 모든 사람의 본이 되었고, 그의 자서전은 대표적 자기계발서로 널리 알려져 있다.

그의 자서전에는 벤저민의 모습이 있는 그대로 표현되어 있다. 가난하고 보잘 것 없는 집안에서 많은 형제 가운데 막내로 자랐지만, 이를 한 번도 비관한 일이 없었다. 양초와 비누를 만들어 파는 가난한 아버지를 도와 틈틈이 독학하며 엄격한 자기 규율을 정하고 매일 꾸준히 인격 수양에 매진하였다. 공부하는 법도 스스로 터득하여 훌륭한 문장들을 외우고 응용하는 일을 쉬지 않았다.

그는 사람 관계나 행동에 있어서 공의와 약속을 중히 여기고 겸양한 모습으로 상대를 존중하고 그의 잘못을 완곡한 어법으로 깨닫게 하는 방법을 연습하여, 모든 토론에서 탁월한 모습을 보여주었다. 이러한 자기계발의 노력 속에서 그는 점차 사람들로부터 인정과 존경을 받는 지도자의 반열에 들어설 수 있었다.

첫째 믿음의 원칙, 나는 정직하다

자서전의 주인공은 나 자신이다. 그러므로 벤저민 프랭클린처럼 어떻게 하든지 나를 성실하게 보여줘야 한다. 소박하고 정직하게 나를 이야기할 수 있어야 한다. 그래야 독자는 자서전 속의 나를 신뢰하고 내 이야기에 귀를 기울일 것이다. 자서전이란 이 세상에 공개되는 날부터 아주 예민한 감각을 지닌 생명체로 홀로 살아간다는 것을 기억하자. 부모를 떠나 살기를 결정한 청년들처럼 주인공인 나는 책 속에서 자립하여야 한다. 자서전은 어느 사이에 나를 떠나 누군가의 손길 아래 페이지를 넘기며 내 인생을 전하는 충성스러운 종이 된다. 그것은 내 이야기를 전하는 메신저로서 충실하게 자기 역할을 할 수밖에 없다는 말이다. 그래서 자서전을 쓰는 작가는 마치 부모가 자식을 믿듯, 자기가 쓴 자서전을 믿어야 하고 나 스스로 더는 교정을 받지 않아도 그 역할을 충실히 잘 해낼 만큼 '나는 정직하다'는 것을 믿어야 한다.

이를 위해서는 나는 누구인가를 진지하게 물어야 한다. 나의 가치관과 세계관이 무엇이고 또 무엇을 사람들에게 말하고 싶은가를 확실하게 알고 있어야 한다. 비록 형편없는 인간으로서 많은 약점과 허점이 있더라도 이를 인정하고 어떤 구차한 변명도 하지 않고 나를 있는 그대로 보여주는 용기를 가져야 자서전을 쓸 수 있다. 그러므로 믿음의 첫째 원칙은

"나는 정직한 사람이다. 그러므로 나를 부끄러워하지 말라"는 것이다. 비록 게으르고 나태하고 거짓을 밥 먹듯 하는 인생을 살고 있어도 그런 나를 떳떳이 보여줄 수 있어야 한다. 독자에게 나의 치부를 보여주기를 꺼려하고 변명만 일삼는다면 이를 극복해가는 아름다운 인간의 본질을 보여줄 기회를 놓치고 만다. 자서전이라는 영역에는 또 하나의 내가 산다. 나를 표현하고 나를 대신하여 말하는 내가 살고 있는 것이다. 그러므로 책 속의 내가 누군가에게 말을 건넬 때, 조금도 꿀리지 않는 것은 책 속에는 거짓이 없는 정직한 내가 지키고 있기 때문이다.

둘째 믿음의 원칙, 나는 변화된다

벤저민은 엄격한 자기 규율을 통해 인격의 수양과 향상을 인생의 목표로 삼고 온 힘을 기울였다. 그 결과 변화된 자신의 모습을 보며 그는 자기만의 만족과 기쁨을 느꼈을 것이다. '변화된 나'라는 의미는 이처럼 인생의 과정을 지나면서 단계마다, 어느 순간마다 만나는 상황과 사건, 혹은 인물을 통해 내가 전에는 경험하지 못했던 것을 깨닫게 되는 것을 말한다.

이런 일은 인생의 전 과정을 통해 나타난다. 나이가 어릴수록 깨달음의 기회가 많겠지만, 나이가 들었다고 해서 그런 기회가 없는 것이 아니다. 오히려 더 많을지도 모른다.

자서전의 가치와 그 혜택은 바로 역경 가운데 깨닫는 지혜를 전하는 데 있다. 이를테면, 어떤 힘든 일을 겪고 나서도 아무런 깨달음의 소득이 없다면 그야말로 인생 낭비가 아닐 수 없다. 하나님은 한 생명을 훈련시키기 위해 많은 프로그램을 준비한 '인생'이라는 혹독한 훈련장을 개설한다고 한다. 이 훈련장의 구호는 "깨닫고 행동하라"는 것이다. 그래서 벤저민은 훈련장의 요구에 걸맞게 훈련 계획을 세우고 인격 수양에 자기 훈련을 게을리하지 않았다. 그는 인격의 기본 조건인 13가지의 도덕적 목표를 세우고 구체적으로 자신을 인격적으로 성숙한 사람이 되려고 애를 썼다. '절제, 과묵, 질서, 결단, 검소, 근면, 진실, 정의, 중용, 청결, 침착, 순결, 겸손' 등의 13가지 인격을 수련하는 것을 목표로 삼았다.

이러한 그의 자기 훈련 프로그램은 미국 내의 여러 기독교 기관들을 통하여 인격을 성숙시키는 기독교적 원리를 연구하여 이를 가르치는 훈련 방법으로 성장하게 하였다. 또한 학교와 홈스쿨을 통하여 가정마다 인격 훈련 프로그램을 실행함으로써 기독교적 사회 개선 훈련으로 등장하기도 했다. 이처럼 벤저민은 미국 사회 구성원들을 인격적으로 한 단계 더 성숙시키는 일에 큰 변화와 영향을 끼쳤다. 벤자민은 자기계발이라는 지극히 개인적 인격 수련을 통하여 장차 미국 국민의 인격을 선진국 국민다운 인격으로 도야하는 일을 건국 초기부터 해온 셈이다.

그런 점에서 자서전은 인격 훈련에 가장 필요한 도구로도 역할을 할 수 있다는 점을 인정하지 않을 수 없다. 그래서 그의 자서전은 청소년들의 필독서로 자연스럽게 자리 잡게 된 것이다. 따라서 자서전에 대한 두 번째 믿음의 원칙은 "나는 변화된다."라는 믿음이다. 그러므로 "내가 기대하는 방향으로 나는 반드시 변화된다"는 것을 우리는 기대할 수 있다. 다시 말해, 자서전을 통해 누구나 나의 성장 과정에서 변화되고 성숙해진 나를 발견할 수 있다는 말이다.

셋째 믿음의 원칙, 나는 새로운 인생을 산다

벤저민은 참으로 다양한 분야에서 그의 재능을 유감없이 발휘하였다. 그는 과학자이자 발명가로서 자신만의 전기 이론을 근거로 여러 가지 생활에 편리한 전기 발명품을 만들어 모두를 놀라게 했다. 전기스토브, 전기 시계 전기 초침, 피뢰침 등, 지금도 놀랄 만한 물건들이 모두 그때 만들어졌다. 그는 사회 공익에도 관심이 많아, 미국 최초의 공립 도서관을 설립하고 펜실베니아 최초의 소방서를 세우기도 한 입지전적인 인물이다. 조금씩 성숙해지고 발전한 '나'라는 존재는 작은 울타리를 넘어 더 큰 세상을 전망하게 된다.

그래서 벤저민처럼 사회 공익을 생각하며 '나'라는 존재가 세상으로 걸어 나가는 것을 경험하게 된다. 이것은 모든 사람의 자연스러운 현상이라고 생각된다. 나에게 있어 소중한 것들을 이웃에게 나누어주고 힘들어

하는 그 이웃에게 힘이 되어주는 일이야말로 가장 보람 있는 일이 아니겠는가? 이것은 모든 사람들이 지향하는 일이다. 인생의 가치를 극대화하는 실제적인 방법이기도 하다. 그럼에도 불구하고 이러한 보람으로 인생을 매듭짓는 사람은 그렇게 많지 않다. 모두는 기존의 삶의 패러다임을 벗어나지 못하고 일상의 삶에 매몰되기 때문이다.

　새로운 인생은 어떻게 찾아야 할까? 방법은 간단하다. 다만 그 변화를 결단하는 내 마음의 힘이 과연 얼마나 강한가에 달린 문제이다. 그 방법이란 '인생 목표의 재설정'이다. 내가 죽기 전에 꼭 이루고 싶은 일은 무엇인가를 돌아보고 이를 버킷리스트에 올려놓는 일이다. 목표가 새로워져야 미래도 새로워진다. 그러므로 자서전에 대한 믿음의 세 번째 원칙은 "나는 새로운 인생을 살게 된다"는 믿음이다. 그러므로 우리는 언제나 새로운 삶을 준비하며 살아야 한다. 지금까지와는 다른 인생, 그러나 보람 있는 인생을 살아가라는 뜻이다.

　자서전을 쓴다는 것은 내 인생에 대한 근원적이고 본질적인 도전이다. 그동안 거의 방치된 상태로 있던 과거의 내 인생을 목욕시키는 것과 같다. 내 마음의 사랑과 열정으로 데운 물에 온몸을 지긋이 담그게 하고 인생의 구석구석을 비누질하여 묵은 때를 벗겨내는 일이다. 머리도 감고 면도도 하고 발바닥의 굳은살도 긁어내면 내 몸은 날듯이 가벼워진다. 자서전을 쓰면서 우리는 자기 고백의 세례식을 행한 것이나 다름없다.

인생의 걸림돌도 장애물도 모두 걷어낸 시원한 자리에서 내 인생의 자서전이 나를 기다리고 있다. 앞서 언급한 세 가지의 믿음의 전제들을 가지고 이제 쓰고 싶은 것을 써가면 그만이다.

독자에게 드리는 질문

1) 당신은 내 인생의 주인공이라고 생각한 적이 있는가?
2) 당신은 당신의 인생에 대해 늘 정직하다고 여기며 신뢰하는가?

03

자서전은 내 인생의 끝이 아니라 시작이다

인생의 끝에서

인생의 끝에서 바라보는 풍경은 적막하다. 모든 가능성이 끊어져 있고 더 나아갈 가능성이 막힌 듯 보인다. 지나온 길을 바라다보는 것은 그것으로 인생을 결산하는 것과 다르지 않다. 감상적인 느낌이 깊어지면서 외로움과 쓸쓸함도 더 깊어지는 마음을 회피하기는 어렵다. 이를 어찌해야 하는가?

어떤 가정에서 있었던 일이다. 아들이 사업을 하면서, 은퇴하여 경제력이 없는 부모님 가정에 매달 생활비를 지원한 지가 10년이 되었다. 아들은 꼬박꼬박 부쳐오던 생활비 지원을 이달부터는 중단하겠다고 통보를 해왔다. 까닭은 코로나 펜데믹으로 사업 수익이 급격하게 줄어들었기 때문이라고 한다. 송 노인은 이렇다 저렇다 할 말이 없었다. 아들의 형편이 어려우니 어떻게 할 방법도 없거니와 그동안 생활비 지원으로 효도한 아들에 대한 고마움도 컸으니, 더 이상 무슨 말을 하겠는가? 그는 단 두 마디밖에 할 수 없었다. "오냐, 잘 알았다. 그동안 수고가 많았다."

송 노인은 그날 밤, 잠이 올 것 같지 않아서 일부러 술 한잔을 하고 누웠다. 그래도 잠을 이루지 못하고 지난 일을 돌아보며 앞으로 살 일을 근심하였다. 가장 좋은 길은 그가 노구를 이끌고 직접 취업에 나서는 일이다. 그러나 구청이나 동회를 돌아다녀도 그의 나이에 기대되는 그런 일은 없었다. 일흔 중반을 넘은 사람에게 상당한 급여가 보장된 그런 일이란 없다. 평생을 교사로 지낸 그의 친구는 연금으로 매달 수백만 원의 수입이 있다고 한다. 그러나 그는 대학 졸업 당시, 교직 지원을 외면한 일이 괜히 후회되어 가슴만 더 막막했다.

이런 상황은 일상에서 흔히 만나는 일이다. 예를 하나 더 들어보자. 중소기업에서 중견 간부로 20년을 넘게 일해온 박 부장은 이제 회사를 떠나야 할 상황을 맞고 말았다. 이사 승진에서 두 번이나 탈락되는 수모를 겪다 보니 더 이상 자리를 견뎌낼 자신이 없었다. 성실하게 일했으나 박 부장의 역할은 이제 여기까지라는 회사의 공식적 통보와 다를 게 없는 결과였다. 박 부장은 며칠 휴가원을 냈다. 아직 아내에겐 얘기를 꺼내지 않았지만, 눈치 백단인 아내가 짐작 못 할 리가 없다. 박 부장은 아내와 함께 모처럼 제주도를 가기로 했다.

자서전은 인생 계획서

이 순간, 송 노인이 할 수 있는 일이 떠올랐다. 그것은 결혼 전에 한 번 써보았던 '인생 계획서'를 다시 써보는 일이다. 남은 재산을 정리하여 거처를 시골로 옮기고 도시 생활을 정리하여 생활비를 대폭 줄이는 방법이 현실적 대안이란 생각이 들었다. 또 그는 70 평생을 살아온 이야기를 아들과 딸에게 들려주어야 하겠다는 생각도 들었다. 자전적 이야기지만 짧게 정리하여 자녀들에게 너희 아버지와 어머니는 어떤 사람이었는가를 전해주고 싶었다. 그리고 앞으로 어떻게 살아갈 계획인지 아버지의 생각을 얘기해주고 싶었다. 막연한 근심에 싸여 있던 가슴이 조금 열리는 기분이 들어 좋았다. 그는 소소한 근심은 떨어버리고 새로운 목표를 설정하기로 했다. 노인이 되었으면 노인의 조건에 맞게 살면 되는 것이 아닌가?

박 부장은 퇴직금을 받아 창업이나, 기존 사업에 투자하는 고전적 방법을 택하지 않을 생각이다. 그는 현재 시점이 새로운 인생이 시작되는 매우 중요한 출발점이기 때문에, 그의 인생에서 이 지점이 주는 의미를 고찰하면서 우선 4개월에 걸쳐 책을 한 권 쓰기로 했다. 대학에서 문학 동아리 활동을 했고 소설 창작에 몰두한 추억이 떠오르며 책 쓰기에 대한 향수를 가지고 있었다. 그래서 그의 회사원으로서의 20년 이야기를 자전적 소설로 써볼 생각이다. 게다가 인사관리 분야의 새로운 개념이 등장하면서 정보화 시대에 걸맞는 인사관리 제도와 기술은 어떤 것인지 전국의 기업을 대상으로 자신의 노하우와 경험담을 공개할 생각이다. 기업 강연이나, 기업별 맞춤형 인사관리 방법의 제안도 가능할 것이다. 이렇게 하여 인사관리 전문가로 인정받는 길을 걷겠다는 계획이다. 그러나 시작에 불과하다. 끝이 아님을 확인했을 뿐이다.

그렇다. 누구에게나 기회는 있다. 자서전이 노인들의 전유물이 아니듯이, 인생 계획서도 젊은이들의 전유물이 아니다. 인생 계획서를 노인들이 쓸 수 있고, 자서전을 젊은이들이 쓸 수 있다. 결국, 자서전은 형식을 달리한 인생 계획서라는 말이다. 자서전은 뚝 떨어진 과거 이야기가 아니라, 미래로 이어가는 현재 진행형의 인생 이야기라는 점을 잊어서는 안 된다. 그래서 자서전이 말하는 인생의 결과는 남은 인생을 위한 양질의 투자금으로 기억하는 것이 좋다. 위기에 끌려다니지 말고, 남은 인생을 위한 설계를 어떻게 해야 하는가를 즐겁게 생각하자.

내 인생의 새로운 시작

내 일상에 충격이나 혼란이 닥쳐오면, 가장 먼저 조치를 취할 일은 자신의 지난 인생을 깊이 성찰하는 정적인 시간을 갖는 것이다. 대개는 현재 위치와 환경에 대한 충동과 변화가 닥치면, 그 자체를 스트레스로 받아들여서 친구나 선배를 찾아 누군가의 얘기를 들어보려고 하지만, 대개는 술이나 진탕 마시며 화풀이 수준에서 시간과 돈만 낭비하고 만다. 누구의 조언을 듣기를 바란다면, 일단 소동이 지나고 나서 침착한 마음으로 그들의 얘기를 듣는 쪽이 좋다. 그러면 그들의 얘기를 수용할 것인지, 참고만 할 것인지를 판단할 수 있다.

인생에 있어 새로운 시작이라는 말은 새로운 여정이 시작되었다는 말이다. 인생의 끝이라고 느껴질 때가 사실은 새로운 일을 시작하는 출발점이다. 영어에서 흔히 졸업을 의미하는 단어로 'commencement'를 사용하는데, 이 단어에는 또 하나의 의미가 있다. '시작'이라는 의미가 그것이다. 다시 말해 시작이라는 말에 포함된 의미는 지난 일이 끝나고 새 일이 시작된다는 뜻을 갖는다. 즉, 과거에 대한 상당한 경험이 이미 축적되어 있다는 것을 암시한다. 그러므로 여기서 우리는 자서전이 가진 또 하나의 기능을 깨닫게 된다. 자서전이란 인생의 한 기간이 끝났지만, 새로운 미래가 시작된다는 의미를 함축한다. 그래서 자서전은 남은 인생을 위한 아주 소중한 경험이 되며 근거가 되는 것이다.

인생의 끝은 누구도 알 수 없다. 언제, 어떤 모양으로 들이닥칠지 모른다. 그리고 끝맺음이 유익한지, 손해일지도 모른다. 그래서 아픔과 절망이 올 수도 있고, 환희와 큰 수입이 창출될 수도 있지만, 결과를 예측하기는 쉽지 않다. 다분히 운명적인 마지막이 되기가 쉽기 때문이다.

그러나 시작은 다르다. 우리는 시작되는 때와 상황에 대해 잘 알고 있으며, 얼마나 준비가 필요한지도 잘 안다. 그러므로 시작을 잘 준비할수록 우리는 위험을 미리 예방할 수도 있다. 인생의 멋진 시작은 어떻게 하는 것이 좋은가? 그 답은 자서전에서 찾을 수 있다. 기본적으로 나의 태생적이거나 후천적 성향을 충분히 객관화하여 장점과 단점을 파악할 수 있다.

왜냐하면, 자서전은 '나'라는 존재를 낱낱이 밝혀두었기 때문이다. 스스로 나를 객관화하여 나를 그려놓는다면, 더없이 소중한 자료가 될 것이다. 그런데, 자서전은 미리 중년이 되기 전에 준비해두는 것도 좋다. 초년기의 경험과 기억이 비교적 선명하게 남아 있기 때문이다. 자서전이라고 하여 반드시 책으로 제본할 필요는 없다. 노트북으로 쳐서 한글 파일이나 PDF 파일에 저장해두면 좋을 것이고, 수정이나 추가가 쉬워 편리할 것이다. 그리고 조용한 시간에 내용을 더 보완하면 점점 풍성하고 아름다운 추억으로 늘 나와 함께하게 될 것이다.

자서전의 제목을 '내 인생 이야기(The Story of My Life)'라고 이름 붙여서(물론 제목은 훨씬 새롭고 독창적으로 붙이면 더 좋다) 보관해두고 수시로 열어본다면, 마음에 기쁨을 줄 것이고, 시도 때도 없이 닥치는 힘든 순간에 큰 힘과 위로가 된다. 더러는 이 기록들이 위기 극복의 아이디어를 주기도 할 것이다.

다만 남에게 노출되었을 때 난처할 수 있으므로, 이런 점을 주의하여 파일을 비공개 처리해두거나 남이 이해하지 못하게 암호로 나만의 머리에 기억하도록 하여 노출 방지에 대비하면 좋을 것이다. 때가 되어 공개되기 전까지는 나만의 '비밀의 장원'으로 보관해두면 세상에서 가장 값진 추억의 숲이 되고 언제든 찾아가는 그리운 내 고향 마을, 내 정든 고향집이 될 것이다. 거기서는 과거의 사람을 만나겠지만, 미래의 사람도 만나게 될 것이다. 상상 속의 새로운 경험이 전개되는 곳이기 때문이다.

독자에게 드리는 질문

1) 당신은 인생의 종점에 서 있는가? 아니면 인생의 출발점에 서 있는가?
2) 당신은 지금 무엇을 시작하고 싶은가?

04

기억의 잡동사니에서 인생의 의미를 찾는다

다락방

내가 자란 곳은 안동에서 팔십 여리나 떨어진 작은 농촌 마을이다. 나는 낙동강 강가에 자리 잡은 너른 한옥집에서 살았다. 한의사이신 아버지는 많지는 않지만 심심찮게 찾아오는 환자 덕분에 분주하셨다. 이따금 시골로 왕진도 다니셨기에 더 바쁘셨다. 누나는 안동에서 학교를 다녔고 나중에 서울에서 약학대학에 입학하여 마을에서 유명해지기도 했다. 나는 초등학교에 다녔지만 친구는 별로 없었다. 아이들은 이 동네, 저 동네에 한두 명씩 떨어져 살았기 때문이다. 강가에는 우리 집처럼 이북에서 온 영섭이네가 살기는 했지만, 며칠에 한 번, 그 집에 놀러 가고는 할 뿐, 늘 혼자 지내는 편이었다. 그래서 내가 가장 좋아하는 곳은 다락방이었다. 강과 마을이 내려다보이는 이곳은 내 방이나 다름없었다.

봄날처럼 날씨가 밝고 화창하면, 다락방은 영화관이 된다. 바깥 꽃밭 풍경이 회칠한 다락방 하얀 벽에 천연색으로 비쳤다. 처음 그 영상을 발견했을 땐 너무나 신기해서 숨이 막힐 듯 기뻤다. 그런 현상이 생기는 까닭은 몰랐지만, 나는 그 움직이는 색상이 너무 좋아, 다락방은 나만의 비밀 장소가 되었다. 그곳에는 그릇이며 상이며 이불 짐이며 여러 생활 도구가 보관되어 있었다. 그것들 하나하나마다 이야기가 숨겨져 있었다. 물건을 만지며 그때 일을 기억하는 것은 어린 마음에 큰 즐거움이었다. 그 가운데 작은 소반이 하나 있었다.

멀고 먼 충청도 보은에서 할머니가 오시는 날이면 우리 집은 잔칫날처럼 분주해지고 즐거웠다. 아마도 아버지가 제일 좋아하시는 듯하셨다. 아버지는 저녁 식사를 마친 후, 탕약 한 그릇을 들고 할머니 방에 들어가시면 어머니는 뒤따라 소반을 들고 가셨다. 늘 기침을 자주 하시는 할머니를 위해 정성껏 준비하신 탕약을 손수 받쳐 들고 가셔서 어머니가 부지런히 갖다 놓은 소반에 놓으시는 걸 지금도 기억한다. 할머니는 그 소반을 좋아하셨는데, 늘 갖고 다니시는 성경을 펼쳐놓으시기에 딱 좋으셨다. 할머니는 그 소반 앞에서 손자를 위해 기도해주셨고 또 가족과 가정을 위해 기도하셨다. 이처럼 다락방의 물건들은 저마다 세상에 존재할 이유가 있었고 저마다 의미 있는 역할을 했다.

삶의 의미

우리는 저마다 이런 추억의 다락방을 하나씩 갖고 있다. 그곳은 기억의 창고다. 온갖 인생의 사건이나 인물들이 가득 쌓여 있다. 이들은 모두 자기를 기억해달라고 소리친다. 그러나 가끔씩이라도 돌아보지 않으면 이들은 휘발성 기름처럼 어느새 기억의 창고에서 날아가 향기도 빛깔도 사라지고 만다. 비록 기억의 잡동사니에 불과해도 그 의미를 발견해서 기억해준다면 삶의 힘과 희망이 살아나는 것을 경험하게 된다.

이처럼 삶의 의미를 찾아보고 싶을 때는 빅터 프랭클(1905~1997)이 저술한 세계적 베스트셀러인 『죽음의 수용소에서』라는 회고집을 들춰볼 필요가 있다. 그는 오스트리아에서 태어난 유대계의 정신과 의사이며 심리학자였다. 그는 특히 우울증과 자살 충동 환자를 다루는 전문의로 환자들에게 많은 도움을 주었다.

그러나 그는 유대인이라는 이유로 온 가족이 나치에 체포되어 3년간이나 네 군데 죽음의 수용소를 전전하며 가혹한 시련을 견뎌야 했다. 그는 그때 정신과 의사로서 그 현장을 몸소 체험하며 죽음을 앞둔 수용자들을 만났고 서로 다른 죽음의 상황 앞에 그들의 삶의 의미에 관한 이야기를 이 책에 담았다.

다행히 죽음의 가스실로 호출되지만 않으면, 수용소 사람들은 어떻게든 살아냈다. 그중에는 굶어서 영양실조로 죽는 사람, 그 고통을 인내하지 못하여 자살하는 사람 등이 있었다. 그러나 예상과는 달리 가혹한 시련과 고통을 견디며 적응하는 사람이 더 많았다고 한다. 먼저 몸이 적응했다. 피부와 근육이 적응하고 혈관이 적응하는 걸 느꼈다고 한다. 모든 공급이 끊어진, 결핍된 상황을 몸이 먼저 알아차리는 것이다. 그 이유는 밝히지 않았지만, 아마도 몸이 스스로 살기 위한 생리적 조치를 취한 것이 아닌가 하는 생각이 든다.

그는 삶의 의욕을 잃고 죽기를 기다리는 절망적인 사람들을 만나 그들을 격려하고 살아낼 힘을 찾도록 상담하는 노력을 쉬지 않았다. 그는 이 과정에서 이 수감자들이 가혹한 환경을 견디고 살아낸 중요한 요인을 발견했다.

그것은 '내가 사는 이유와 목표를 깨닫는 것'이다. 그래서 그는 그가 만나는 사람들에게 그 사실을 스스로 깨닫게 하려는 노력을 기울였다. 무엇 때문에 살아야 하고 무엇을 위해서 살아야 한다는 삶의 의미를 찾은 사람들은 쉽게 무너지지 않았다. 이것은 다시 말해 '내가 삶에 대해 무엇을 기대하는 것이 아니고, 삶이 나에게 기대하는 것이 무엇인가?'를 깨닫는 것이 중요하다는 말이다. 이러한 인식은 나 스스로 살겠다는 의욕을 뛰어넘어, 내 삶을 객관화하여 '나는 무엇인가를 위해 시련을 이기고 살아낼 만한 가치를 가진 사람'이라는 삶의 의미를 더욱 강렬하게 만드는 효과를 가져온다. 이 힘은 내 존재를 내가 책임지겠다는 의지로부터 일어나는 것이다.

자서전에 등장하는 내 과거의 기억은 비록 무질서한 잡동사니로 보이겠지만, 기억마다 삶의 의미를 부여하면, 비로소 내 삶의 행방이 드러나면서, 나는 왜 이렇게 살아왔는가에 대한 의문이 풀리고 내 삶의 가치가 빛나게 된다. 그동안 복잡하고 어지럽게만 보이던 내 인생에 질서가 생기면서 '내가 살아야 할 인생의 의미'가 선명하게 나타나는 것을 깨닫게 된다. 그 의미는 반드시 긍정의 마음에서 돌아나고 긍정의 논리와 긍정의 힘을 받아서 자라난다. 그러므로 삶의 의미를 질문할 때마다, 우리는 올바른 행동과 올바른 태도로 자기 말에 책임을 지려는 답을 준비해야 한다. 그 답은 막연한 것이 아니라, 현실적이고 구체적이어야 한다. 이 답은 그 누구도 아니고 나 혼자만이 할 수 있다는 것을 알아야 한다. 또한 이 과정을 통해 우리는 스스로 '나에게는 미래가 있고 무언가를 기대할 수 있다'는 희망을 갖게 된다.

인생의 의미를 찾는 3가지 방법

거듭 말하지만, 자서전은 단지 과거에 대한 기록이 아니라, 자기계발의 임무가 크다는 것을 알아야 한다. 나의 지난 일들을 기록하면서 아무리 힘들고 어려운 눈물의 골짜기를 지나더라도 그 골짜기에 이르게 한 삶의 의미를 깨달을 때, 고통 중에도 감사와 기쁨을 누릴 수 있으니 이 얼마나 놀라운 일인가?

"그들이 눈물 골짜기로 지나갈 때에 그곳에 많은 샘이 있을 것이며 이른 비가 복을 채워주나이다."
– 시편 84:6

우리는 자서전을 통해 인생에 있어서 '나'라는 존재의 의미와 가치, 그리고 그에 따르는 책임과 행동, 아울러 미래로 펼쳐지는 새로운 인생의 전망을 깨닫는다. 그렇다면 자서전이야말로 내 인생의 자유와 성공을 안겨줄 필수적인 도구임을 인정하지 않을 수 없다. 그러면 자서전을 쓰면서 어떻게 인생의 의미를 찾을 수 있는가? 빅터 프랭클 박사는 인생의 의미를 발견하는 방법으로서 3가지를 주장했다.

첫째는 자기 삶을 바쳐 창의적인 일에 몰입하는 것이다. 무슨 일인가 보람 있고 가치 있는 일에 참여한다면, 내가 왜 이런 일을 하는가? 하고 그 의미를 생각하며 그 일로부터 새로운 가치를 발견할 수 있다. 이로써 무의미한 인생의 낭비가 줄어들고 열정이 가득한 일자리를 만들어갈 것이다. 일을 하지 않고 막연히 인생의 의미를 찾으려고 하면, 그는 몽상가에 불과하다. 그러므로 기왕에 일을 하자면, 창의적인 일에 도전하는 것이 좋다. 이를테면, 경제적 자유를 목표로 언제까지 얼마를 벌겠다는 구체적 계획을 실천하는 일을 하면, 아주 현실적으로 삶의 의미를 확인할 수 있다.

둘째는 내가 사랑하는 사람은 누구이고 정말 사랑하는 일은 무엇인가를 생각하는 것이다. 온 마음을 빼앗는 사랑하는 사람이 있다면, 또 밤을 새워도 지치지 않을 가치 있는 일을 한다면, 누구나 삶의 의미를 찾을 수 있다. 인생에서 사랑하는 사람을 만난다는 것은 큰 사건이다. 또 평생에 가치 있는 일을 만나는 것도 위대한 사건이다. 그것은 나로 하여금 내 인생의 본질적 방향이나 일생의 천직을 만나게 하는 계기가 될 것이다.

셋째는 내 인생을 무너지게 할 만큼 힘든 시련은 나에게 무엇을 말하는가를 묵상하는 것이다. 그 고통에 괴로워만 하지 말고, 그것에 귀를 기울이는 태도는 참으로 귀한 모습이다. 삶의 의미가 온몸으로 울려오기 때문이다. 시련이 주는 의미가 분명할수록 우리는 그 시련을 얼마든지 이겨낼 수 있다. 시련의 의미를 발견할 줄 모른 채, 시련에 파묻힌다면 그것은 인생을 포기하는 것이나 마찬가지이다. 시련으로부터 긍정적인 의미를 강화하기 위해 우리는 감사를 외친다. 그러므로 부정의 의미가 시련을 독차지하지 않도록, 우리는 억세게 긍정의 의미를 붙잡아야 한다. 그리고 감사하다고 외쳐야 한다.

독자에게 드리는 질문

1) 당신의 인생에는 긍정의 의미가 강한가? 부정의 의미가 강한가?
2) 당신이 살아온 날들 가운데 가장 의미 있는 일은 무엇인가?

05

기쁘고 감사한 일만 찾아도 넘친다

감사한 일을 찾아라

지난 일을 생각해보면, 그다지 기뻐할 일도 없고 감사할 일도 없어 보인다. 그렇다고 분노할 일도 없는, 그저 그런 인생 여정이었다고 생각하기 쉽다. 그러나 자세히 들여다보면, '나'라는 존재가 아직 지상에 존재해 있다는 일이 기적이고 축복이라는 생각을 하게 된다. 왜냐하면, 쉼 없이 닥쳐오는 사소한 위험들 속에서 살아 있다는 것이 새롭게 느껴지기 때문이다. 갑자기 심장마비를 일으키는 경우는 다반사이다. 보도를 건너가다가 고장 난 차가 덮쳐 교통사고를 당한 일도 흔하다. 해변에 나갔다가 해일을 만난 사고도 듣는다. 이처럼 우리 인생은 목숨을 앗아가는 우연하고 아찔한 일들로 가득하다. 그런데도 여전히 건강하게 살아왔다면, 우리 삶은 누군가 보호하고 인도하고 있음에 대해 당연히 기뻐하고 감사해야 하지 않겠는가?

자서전을 쓰는 일은 사실상, 감사하고 기뻐할 일이 얼마나 넘치는가를 보여주는 현장이다. 내 평생에 얼마나 많은 일이 나를 기쁘게 하고 또 나에게 감사하는 마음을 갖게 했는가를 생각하면, 흥분하지 않을 수 없다. 내 인생에 영향을 끼칠 만한 충격적이고 비극적인 사건이나 그런 류의 일만 손꼽는다면, 소소하게 기뻐하고 감사할 일은 눈에 들어오지도 않는다. 그러나 글감이나 소재의 수준을 한 단계 낮추어 보면 기뻐할 일들, 감사할 일들이 수두룩하게 쏟아진다. 그래서 슬프고 가슴 아프고 불행한 일들만 골라내어 구태여 따질 필요도 없다. 그 가운데도 불행의 의미를 음미할 가치가 있다면 그 사정을 털어놓는 편이 좋다. 그 일로 인해 깨달은 의미와 교훈을 반전의 기회로 삼을 수 있어 좋다는 말이다. 그렇지 않다면 부정적 분위기가 자서전의 긍정적 흐름을 차단할 수도 있다. 그러므로 우리는 이런 측면을 조심해야 한다.

자서전은 감사하고 기뻐하는 품성 훈련장이다

로마의 웅변가이며 수사학자인 키케로(BC 106~43)는 감사에 대해 이렇게 말한 바 있다. "감사는 가장 위대한 품성일 뿐 아니라 다른 모든 품성의 어버이다." 이 말은 감사야말로 그 품이 얼마나 큰지, 다른 품성들을 탄생시키고 기르는 품성의 어버이라고 부를 만하다는 뜻이다. 그러므로 인격이 고매한 사람들은 누구나 그의 가슴이 감사하는 마음으로 넘치고 감사가 그의 사람됨을 이루는 기초라는 것을 인정하지 않을 수 없다. 그런 의미에서 자서전은 나의 사람됨을 보여주는 하나의 전시장이라고 할 수 있고, 이 전시장에서 빠질 수 없는 분야가 바로 감사인 것이다. 자서전의 주인공은 감사의 품성을 어떻게 만났고 어떤 영향을 받았고 또 감사의 인격을 어떻게 훈련받았는가를 보여주어야 한다.

미국 리전트대학의 경영학 교수인 마이클 지가렐리(Michael A. Zigarelli)는 특별히 크리스천의 인격에 대한 연구를 통해 '크리스천 품성지수'라는 측정 도구를 만들어 크리스천들이 자기 품성을 스스로 계측하여 나름의 믿음 훈련을 실천하도록 제시한 바 있다. 그는 그의 저서인 『예수의 품성을 가진 크리스천(Cultivating Christian Character)』(김창범 역, 국제제자훈련원, 2005)에서 감사에 대해 많은 주장을 했는데, 그의 이야기를 간략하게 소개한다.

"감사의 품성을 기르는 것은 크리스천의 다른 품성들을 만들어가는 첫째가는 수단이다. 다시 말해 감사는 한 사람의 품성을 급격하게 변화시키는 영향력을 발휘한다. 그래서 감사는 인격 훈련의 수단이며 해답이 된다. 품성의 수준과는 관계없이 감사는 우리에게 많은 품성의 특성을 계발하기 위해 매우 능률적이고 효과적인 수단을 공급하는 강력한 성질을 갖고 있다. 좀 더 내적 평안을 느끼기 원하는가? 감사하는 마음으로 일하라. 좀 더 인내심을 갖기를 원하는가? 감사함으로 일하라. 좀 더 긍휼한 마음을 갖기 원하는가? 그러면 감사하라."

"고대 철학자들도 키케로와 같은 감사의 논리를 주장해왔고 성경이나 코란의 해석학자들 역시 감사를 모든 덕성의 중심으로 삼았다. 또 현대 심리학자들도 감사에 대해 연구한 결과, 감사가 도덕적 행위를 유발하고 친사회적(pro-social) 태도를 갖도록 독려한다는 사실을 밝혀냈다고 한다. 좀 더 구체적으로 얘기하자면, 감사는 염려, 우울 등, 전반적으로 부정적인 기질과 연관되기보다는, 삶의 만족, 활력, 행복, 낭만적 생각, 희망, 열정 그리고 타인을 정서적이고 실제적으로 도와주려는 의지와 긍정적으로 연관되어 있다는 것이다. 결국, 감사는 우리 인생의 모든 영역에서 잔잔하게 파동을 일으키는 효과를 생산한다. 그래서 감사는 행복, 인간관계, 내적 평안, 만족 등의 가장 깊은 갈망들을 채워준다."

기쁨의 중요성에 대해서도 깊이 인정해야 한다. 특히 크리스천 인성 훈련가인 달라스 윌라드의 주장을 이렇게 소개했다. "기쁨은 크리스천의 중요한 품성이다. 예수를 닮아가도록 우리 마음을 촉진하기 때문이다. 그의 선하심이 우리 속에 실제화되기 때문에 하나님의 뜻을 실현하게 하는 위대한 힘이 된다. 그래서 기쁨은 우리에게 순종하는 능력을 부여한다."

또한 영적 훈련과 영적 성장에 관한 여러 책들이 한국 교회에 소개되어 널리 알려진 리처드 포스터도 이렇게 언급했다. 꼭 기억해둘 말이다. "기쁨은 발동기와 같다. 무엇이든 모두 앞으로 나아가게 만든다. 그리고 기쁨은 에너지를 생산하고 우리를 강하게 만든다. 이 기쁨은 변함없이 꾸준해야 한다. 그래야 에너지를 방출하는 발동기가 된다." 습관적이며 변함없는 기쁨이 되어야 보상을 받을 수 있다는 말이다. 이따금씩 기뻐하는 기쁨은 아무런 능력이 없다는 말이다. 엔진이 꺼져버린 발동기처럼 아무런 소용이 없다. 이러한 주장은 긍정의 믿음을 강조하는 자기계발 전문가들의 주장과 일치한다. "조금의 부정적인 표현도 하지 말고, 또 의심하지 말고 목표 성취를 믿고 긍정하라."

이러한 이야기를 통해 볼 때, 자서전이야말로 감사와 기쁨의 훈련장이 된다는 점을 주목할 필요가 있다. 인생 전체를 뚫고 흐르는 마음의 깊은 물길이 감사와 기쁨으로 가득히 채워지도록 만드는 가장 효과적이고 확실한 방법은 '자서전 쓰기'에 있다. 과거를 회고하면서, 우리는 어떤 시련 속에서도 긍정의 시각으로 감사와 기쁨의 마음을 견지하는 자세를 가져야 한다. 이것이 자서전을 쓰는 사람의 기본적 태도이다. 과거의 일마다 긍정적으로 평가하여 기뻐하고 감사한다면, 그 일이 미치는 영향 역시 긍정적 의미를 파생시키는 결과를 가져올 것이다.

자서전은 기뻐하고 감사하는 마음으로 써라

자서전을 읽을 때는 누구나 가벼운 마음으로 읽는다. 어떤 권위자의 복잡한 논문을 읽는 것이 아니다. 어느 오후 한나절, 시원한 나무 그늘에서 누군가의 살아온 이야기를 듣는 것과 같다. 그가 만약 심각한 이야기를 들려주려고 한다면, 우리는 피하고 싶을 것이다. 바쁜 일과를 마치고 평안한 홈스위트홈의 휴식을 맞으려는 순간, 우리의 기대는 기분 좋은 긍정의 마음을 만나는 것이다. 물론 거기에는 인생의 값진 경험과 교훈도 있다. 그러나 누군가를 시기하고 비난하는 이야기는 적합하지 않다. 또 자신의 앞날에 대한 부정적 전망도 나타날 자리가 아니다. 자서전은 그저 겸손한 모습으로 자기 이야기를 조심스럽게 들려주면 된다. 그러면 독자도 마음에 공감하며 감동과 치유의 울림을 느끼게 된다. 이곳이 바로 자서전이 있을 자리이다.

그러므로 글을 쓰려면 저자 자신이 글을 쓸 준비가 되어 있어야 한다. 주제가 무엇이든, 글이 전개되는 곳에는 늘 저자의 따뜻하고 정직한 마음이 지키고 있어야 한다. 자서전 역시 마찬가지이다. 글은 글을 쓰려는 의지와 표현하는 마음 사이에는 조금의 간극도 없어야 물 흐르듯이 써지는데, 그 근원은 곧 감사의 마음에서 출발한다. 내 인생에서 일어난 일과 만나는 사람들에게 감사의 마음이 흘러들어야 글이 반응을 일으키며 독자에게 그 실체의 진실이 감동으로 나타난다. 사랑받는 자녀와 사랑받지 않는 자녀가 그 반응에서 서로 다른 결과를 보이는 것과 같다. 즉, 감사하는 자녀와 감사하지 않는 자녀로 나타나는 것이다.

그런 점에서 자서전은 감사의 기록이며 기쁨의 기록이다. 비록 인생이 빈약하고 보잘것없어 보여도 그 인생의 마디마디 배어 있는 감사의 진실이 자서전을 풍요하게 만든다. 이러한 인식으로 자서전을 시작한 작가는 이제 남은 인생을 더욱 감사하는 마음으로 충만하게 채울 준비가 되어 있다. 그러나 감사의 마음이 준비되어 있지 않는 작가는 자서전이 아니라 단순한 기록물을 쓰며 무미건조한 인생을 감당하지 못하는 처지로 전락한다. 자서전은 어떤 태도로 시작하는가? 감사하는 마음으로 시작하라. 그래야 내 인생이 살아나는 기쁨을 체험한다.

독자에게 드리는 질문

1) 당신의 인생은 어떤 감사로 가득한가?
2) 자서전을 쓴다면, 기쁨과 원망 중 어느 쪽 마음으로 쓰겠는가?

06

인생을 아름답게 비추는 나의 손거울

메기의 추억

우리나라에 〈메기의 추억〉이라는 노래를 처음 들여온 사람은 미국 선교사로 알려져 있다. 그리고 처음으로 대중에게 노래를 알린 사람은 〈사의 찬미〉로 유명한 소프라노 윤심덕(1897~1926)이었다. 그녀는 이 〈메기의 추억〉이라는 곡을 최초로 취입한 인물이다. 또 당시로는 드물게 미국 유학을 다녀온 윤치호(1865~1945)가 가사를 번안하여 소개하였다. 그 가요가 바로 〈메기의 추억〉이다. 지금도 전 국민의 애창곡으로 즐겨 부르는 오래된 노래다.

이 가요의 원래 제목은 〈When You and I were Young, Maggie〉다. '당신과 내가 어렸을 때, 메기!'라는 이 노래는 1864년에 한 시인의 아내를 위해 발간된 시집, 『단풍잎(Maple leaves)』에 수록된 상기 제목의 시에 곡을 붙인 것이다. 이 시에는 슬픈 이야기가 담겨 있다. 한 청년과 한 소녀의 슬픈 사랑의 이야기이다. 이 아름다운 가곡은 지금까지도 추억되며 대한민국 전 국민의 자서전적 인생의 의미를 전해주고 있다. 아마도 1940년대 전후에 태어난 사람으로서 누군가 자서전을 쓴다면 이 가곡에 대한 추억을 빼놓을 수 없을 것이다.

이 시를 쓴 시인 조지 W. 존슨(George Washington Johnson, 1839~1917)은 캐나다 토론토에서 태어나 성장하였고 스무 살이 되어 대학을 졸업하고 캐나다 온타리오주 해밀턴에서 교사 생활을 했다. 이 학교에서 그는 장차 그와 결혼하게 될 여학생 메기 클라크(Maggie Clark)를 운명적으로 만났다. 이들은 스승과 제자의 관계였지만, 조지는 21살, 메기는 18살로 불과 3살 차이였다. 조지가 먼저 메기에게 사랑을 느꼈고 메기도 조지를 사랑했다. 이들은 사랑에 빠져서 호숫물이 나이아가라 폭포로 흐르는 곳, 물레방아가 보이는 시냇가를 자주 찾았다. 그곳 높은 언덕, 멀리 해밀턴 마을이 보이는 곳에 앉아 푸른 보석처럼 아름다운 온타리오 호수를 내려다보며 젊은 날을 즐겼다.

그 무렵, 메기는 폐결핵을 앓고 있었으나, 그때만 하여도 두 사람은 폐결핵에 대한 상식이 별로 없었으며 병의 위험에 개의치도 않았다. 다만 아름다운 사랑을 나누었고 해밀턴에 거주하던 메기의 가족과도 교제의 자리를 자주 가졌다. 당시 메기의 건강은 좋아 보였기에, 두 사람은 결혼식을 올리고 조지의 새 직장이 있는 클리블랜드에서 신혼살림을 차렸다. 그러나 메기는 애달프게도 1년이 되지 않아, 병세의 악화로 1865년 5월에 세상을 뜨고 말았다. 메기는 해밀턴의 '화이트 처치' 교회 묘지에 안장되었다. 이곳에는 메기를 돕다가 같이 폐결핵에 걸렸던 메기의 여동생 메리도 묻혀 있다.

메기가 아직 건강할 때, 조지가 메기를 위해 지은 시 가운데 하나인 「When You and I were Young, Maggie」는 참으로 놀라운 시가 아닐 수 없다. 조지는 메기와 백년해로(百年偕老)하리라 예상하고 그 옛날 사랑을 나누던 고향을 다시 찾은 시인의 감회를 상상하며 노래했다. 조지는 그렇게 두 사람의 사랑이 오래 변함없을 것이라고 굳게 믿고 있었다. 그래서 두 사람의 사랑을 늙어서 회상하는 투로 이 시를 쓴 것이다. 시는 이렇게 끝난다.

그리고 나이가 들고 머리는 잿빛이구나. 메기야,
이제 인생의 시련도 거의 끝나가는구나.
우리의 지나간 날들을 노래하자. 메기야,
너와 내가 아직 어렸을 그때를.

그러나 메기가 먼저 세상을 떠난 뒤, 이 시를 읽는 조지의 마음이 어떠했을까? 그는 메기를 추억하며 이 시를 친구인 작곡가 제임스 오스틴 버터필드(James Ausin Butterfield, 1837~1891)에게 건네고 곡을 붙여달라고 부탁하였다. 병의 슬픔보다는 젊은 날의 기쁨을 노래한 이 시에 곡이 붙여졌을 때, 노래는 순식간에 세계적인 가요가 되었다. 그 후 가사는 가수마다 조금씩 달라졌지만, '당신과 나는 어렸을 적에 서로 사랑했다'는 주제는 변함없었다.

저 아랫쪽 풍경을 찾아서
오늘도 언덕을 헤매었다오. 메기
시냇물과 삐걱대는 낡은 물레방아는
옛날과 다름없었다오. 메기
당신과 내가 어렸을 때, 메기
나는 당신만을 사랑한다고 했었고,
당신도 나만을 사랑한다고 했었지. 메기
- 1925년, 존 맥코믹의 노래 가사 중에서

발라드풍의 노래로 유명해진 조지도 시인으로서 대학에서 영문학을 가르쳤다. 그는 그 후 다시 결혼했다고 한다. 그러나 그는 평생 메기를 그리워하며 지내다가 1917년, 78세 나이로 사망했다고 전해진다. 캐나다 온타리오주의 해밀턴에는 이제는 남의 집이 된 메기 가족의 집이 남아 있지만, 교회 묘지 외에는 두 사람의 사랑을 기억하게 할 만한 흔적은 보이지 않는다.

자서전은 그리움의 손거울

메기의 추억은 한 편의 자서전과 같은 가곡이다. 아름다운 사랑과 슬픈 사별의 이야기가 들려오는 이 가곡은 두 어린 부부의 사랑을 비추어주는 예쁜 손거울로 보인다. 그렇다. 자서전은 과거를 아름답게 비추어주는 그리움의 손거울이다. 자서전에는 모든 그리운 것들이 담겨 있다. 자서전과 그리움은 떼어놓을 수 없는 천생배필의 관계이다. 자서전을 쓰려면 반드시 어린 시절, 힘들고 꿈이 많았던 청년 시절, 왕성하게 일했던 장년 시절을 찾아가야 한다. 그 시절, 만났던 사람들과 쏘다녔던 거리 등이 그리움으로 남아 있는 것을 발견한다. 특히 첫사랑의 마음은 그리움을 더욱 뜨겁게 달구는 요인이 된다. 눈에 익숙한 산과 들과 강이며, 학교며, 집과 골목들이 그리워진다. 그러면 이 그리움은 무엇을 의미하고 무엇을 전해주는 것일까?

첫째로 그리움은 무엇보다 우리 마음에 화해를 안겨준다. 어린 마음에 갈등을 일으키며 마음에 작은 상처로 남아 있는 기억들과 화해를 나누게 한다. 그것들은 지나간 일이고 차라리 그리운 일들이기 때문에, 갈등은 어느새 흔적을 남기지 않고 사라질 것이다. 밉고 원망이 되기보다 오히려 그리운 것이다. 화해의 마음에는 용서하는 마음이 중심으로 작용하고 긍휼한 마음이 영향을 미친다. 그런 관용의 마음, 즉 너그러움이 함께 드러나면서 나는 누군가와 고향을 그리워하는 향수(鄕愁)에 빠지는 순간, 화해는 시작된다.

둘째로는 우리의 외로운 마음에 위로의 말을 전해준다. 그리운 고향을 떠올릴 적마다 위로와 힘이 느껴진다. 마치 어머니 품에 안기는 듯한 편안을 안겨준다. 이때 고향이라고 함은 내가 태어난 어떤 지역만을 의미하지는 않는다. 내가 돌아가고 싶은 어떤 분위기, 심리적 고향을 의미한다. 이 고향은 늘 낯선 타향에서만 인생 여행을 하는 나에게 위로가 되고 격려가 되고 응원이 된다.

셋째로 화해와 위로를 안겨주는 고향을 향한 그리움은 현실의 아픔을 치유하는 결과를 가져온다. 이 치유는 마음의 갈등과 상처와 스트레스 등의 의식적 혹은 무의식적 아픔을 만져주는 효과를 안겨준다. 일반적으로 잃어버렸던 사랑을 되찾았을 때, 그 치유 효과는 엄청나다.

그러므로 그리워하는 마음이 있다면, 그것은 메마른 내 심정이 싱그럽고 촉촉한 고향의 풀밭을 걷고 싶다는 욕구를 반영하는 것이다. 〈메기의 추억〉은 우리 모두의 추억이 담긴 노래, 젊은 날의 그리움이 담긴 노래로 남아 있다. 자서전 역시 나에게 화해를 안겨주고 나를 위로해주고 또 나를 치유하는 그리움의 책으로 오래 기억될 것이다. 자서전은 내 고향을 얼마나 그리워하고 사랑하는가에 대한 귀중한 증거가 되고 내 인생에 힘이 되고 격려가 된다는 말이다. 고향으로 가는 길은 남은 인생을 소중하게 만들어가려는 에너지를 충전하는 길이다. 그래서 그것이 귀향(歸鄉)이 되든지, 낙향(落鄉)이 되든지, 우리의 마음은 따뜻한 어머니 품으로 돌아간다는 의미를 실감하게 된다. 자서전은 어느 날 어머니가 내 손에 쥐여주시던 손거울이다. 마당 꽃밭을 비춰보라고 내민 손거울에 꽃밭을 담으려고 뒤돌아서 손거울을 보던 생각이 난다. 어머니의 웃으시는 표정과 수국(水菊)이 어울려 손거울 가득히 담긴 것을 기억한다.

독자에게 드리는 질문

1) 당신의 인생정원에는 어떤 꽃이 피어 있는가?
2) 당신의 마음에는 어떤 그리움이 강하게 남아 있는가?

자서전은 과거로 떠나는 1인의 여행담이다

행복에도 공식이 있을까?

이제 자서전에 대한 다양한 이야기를 마쳐야 할 시간이 되었다. 자서전이란 무엇이고, 왜 써야 하는가를 나는 지금까지 말해왔다. 자서전에 대한 마지막 이야기를 남겨놓고 있다. 그것은 유년의 내 고향을 여행하며 내 인생의 시작 자체를 긍정의 수원지(水源池)로 만들어놓는 일이다. 그렇게 함으로써 남은 인생이 어떤 부정의 세력에게도 넘어가지 않고 긍정의 영향 아래 놓이게 된다. 이 문제를 해결해야 나는 비로소 행복한 어른이 된다는 말이다.

하버드대학의 성인발달연구팀은 아주 장기적인 추적을 통해 행복 문제의 여러 측면을 연구하였다. 1930년대 말에 하버드를 입학한 268명의 삶을 72년 동안 추적하면서 행복에도 공식이 있는가를 물었다. 행복과 성장이라는 주제에 집중하며 점점 노년이 되어가면서 변화되는 삶의 양상 속에서 행복한 사람과 불행한 사람의 조건을 밝혀내려고 집중하였다. 평생에 걸쳐 계속되며 아직 끝나지 않은 이 연구를 책임진 조지 베일런트(George E. Vaillent) 교수는 그 중간 결과를 『행복의 조건(What Makes Us Happy?)』(조지 베일런트 저, 이덕남 역, 프런티어, 2010)이라는 책으로 발간했다. 그는 이 책에서 하나의 잠정적 결과로서 이런 예상을 했다. "행복한 삶의 열쇠는 무엇인가? 그것은 원칙을 지키거나 문제를 피하는 것이 아니라, 인생의 고통과 그 전제(예를 들어 죽음이나 질병, 주어진 환경 등—편집자)들을 진심으로 받아들이고 겸손한 자세를 취하는 것이다." 그리고 이 연구팀은 자서전과 연관시켜도 좋을 매우 주목할 만한 의견을 제시했다.

현재 성인이 된 하버드 졸업생들의 삶에서 행복한 집단과 불행한 집단을 비교해볼 때, 확연한 차이는 유년기의 기억에 있다고 했다. 행복한 유년기를 보낸 하버드 졸업생들은 정신적 질환을 예방하며 더 나아가 조기 사망이나 만성적 질환까지 막을 수 있었다. 그러나 불행한 유년기를 보낸 졸업생들은 행복한 유년기를 보낸 이들보다 불의의 죽음(사고, 자살,

간경변, 폐암, 폐기종 등으로 죽음)을 당할 확률이 3배나 높았다. 행복한 유년기를 보낸 사람들은 자기감정을 존중하고 안도감을 느끼면서 행복한 노년에 이를 수 있었지만, 불행한 유년기를 보낸 이들은 몸에 습관화된 불신과 의존성 때문에 삶을 고통으로 이끄는 결과를 가져왔다.

이러한 유년기의 경험은 자서전에서 매우 중요한 비중을 차지한다. 사람들 대부분이 유년기에 경험한 일들을 가장 뚜렷이 기억하는 경향이 있기 때문이다. 그 까닭은 이 경험이 기쁨으로 비치든, 슬픔이나 아픔으로 비치든, 내 인생의 첫 경험으로 느껴지므로 그 느낌은 강렬하고 또 오래 기억에 남는다. 어린 마음은 어른보다는 방어기제가 덜 성숙되어 외부의 어떤 공격도 감당하기는 어렵다. 그래서 그 상처는 깊고, 그 영향도 오래 가는 것이다. 따라서 성인이 다 되어 자서전을 쓴다고 해서 그 아픔이 쉽게 치유되는 것은 아니라는 예상도 가능하다. 그러나 그렇지 않다. 성인은 아이에 비해 인격적으로 완성되어 있으므로 유년의 상처를 이겨내고 원망이라는 감정의 함정에서 빠져나올 수 있는 이성의 의지가 강하기 때문이다. 그러므로 우리는 미성숙한 채로 아직도 내 가슴에 웅크리고 있는 그 아이를 불러내어 이해하고 위로하고 안아줄 인격적 긍정의 힘이 있다는 믿음을 가져야 한다.

그러므로 유년기에 내 고향에서 보낸 나날들은 행복한 시간이었다고 인정해야 한다. 비록 가정이 가난하고 힘들고 부모님이 학식이 부족하여 자식을 늘 욕설과 매로 다스렸다고 해도 이를 관용하는 마음으로 받아들일 필요가 있다. 그 가혹한 운명은 내가 품고 용서해야 승리할 수 있는 내 인생의 마지막 경쟁자이다. 내가 이겨내지 않으면 안 된다. 남은 내 인생에 반드시 부정적 영향을 미치기 때문이다. 그렇다면, 그리운 내 고향이라는 품 안에서 그 아픔과 원망의 기억을 녹여버려야 한다. 내 인생에 간섭하고 들어와, 행복한 내 삶 위에 그 옛적 감정을 잿가루로 뿌리는 행패를 더는 두고 볼 수만은 없지 않겠는가?

나 홀로 과거로 여행을 떠나라

이제 우리가 할 일은 과거로 홀로 떠나는 것이다. 과거의 시간에는 내가 미처 기억하지 못하는 아픔의 상처들이 아무런 조치를 취하지 않은 채, 방치되어 있다. 이들을 만나기 위해서라도 과거로의 여행이 필요하다. 그것은 나 혼자 떠나는 추억의 여행이 될 것이다. 그것이 바로 '자서전 쓰기'인 것이다. 자서전을 어떻게 쓰느냐에 대해서는 다음 장에 설명하겠다. 이 장에서는 과거 유년으로 떠나는 여행으로서 '자서전 쓰기'에 대해 말하려고 한다. 그리운 유년 시절을 소개하는 대표적 소설이 있다. 그 책은 '한국에서의 소년시대'라는 부제를 붙인 독일어판으로 먼저 발간된 이미륵(1899~1950)의 『압록강은 흐른다』(한국어판, 전혜린 역, 명문당, 1987)이다.

이미륵은 서울의전(현 서울의대) 3학년 재학 중에 기미독립만세 사건에 연루되어 일경의 추적을 받게 되자, 어머니의 강권으로 지금으로부터 100년 전, 고향 땅 해주를 떠나 압록강을 건넜다. 다행히 그는 어머니의 기대대로 독일에 도착하여 온갖 어려움에도 불구하고 의과대학을 다닐 수 있었다. 어느 정도 생활이 정착되자 그는 인종 차별이 심한 유럽에서 의사 노릇보다는 수의사의 길을 택했다.

그러나 그가 견디기 힘든 것은 친절한 독일인 친구들의 위로에도 불구하고 격하게 다가오는 향수(鄕愁)를 견딜 수 없었다. 그래서 친구들의 권유로 고향 이야기를 쓰기로 했다. 향수를 치유하는 방법으로 독일 문단에 발표한 그의 글은 미려하고 고매한 필력을 인정받게 되었다. 결국 그는 독일 패전 후, 1946년 독일 최고의 출판사인 파이퍼에서 그의 자서전이요 첫 소설집인 『압록강은 흐른다』를 발간했다. 책은 나오는 즉시 베스트셀러가 되었고 영역되어 미국에도 진출하였다. 독일 교과서에도 명문(名文)으로 소개되었다. 그러나 대학에서 강의를 하던 그는 성공의 꽃을 피우지 못하고 6.25 동란이 나던 해에 쓸쓸하게 운명하고 말았다.

황해도 해주, 고향 집에서 일찍 돌아가신 아버지, 꿋꿋이 그 고향을 지켜낸 어머니에 대한 그리움, 그리고 누이들과 가정부 구월이, 사촌 형 수

암이에 대한 그리움 등이 차오르며 그는 고향과 유년 시절에 대한 향수를 감내하기 어려웠다. 특히 사촌 형에 대한 지극히 개인적 그리움은 『압록강은 흐른다』는 명작을 잉태시키는 힘이 되었다.

흔히 그리움을 어떤 미약한 감상에 불과할 것으로 생각하겠지만, 이미륵 박사의 가슴을 뚫고 흐르는 압록강은 이미 한 개인의 그리움을 넘어섰다. 독일인들의 가슴에도 압록강은 동일하게 흐르고 있다는 사실에 우리는 놀라지 않을 수 없다. 이미 여러 세대가 지났지만, 그리움의 힘은 그의 글을 만나는 독자들의 가슴마다 이미륵의 압록강을 그리움의 강으로 흐르게 하였다. 당시 독일인들은 이미륵의 글 덕분에 극동의 한국이라는 나라와 문화에 대한 관심이 상당히 컸다고 한다.

놀라울 정도로 순화된 이미륵의 소년 시대 자서전은 그 표현마다 섬세하고 잔잔하게 다가온다. 이미륵의 겸손하고 고매한 성품이 그대로 느껴진다. 그가 얼마나 고향을 그리워하는지, 등장하는 사건과 인물들이 오래전부터 아는 사이처럼 격의가 없다. 이 책에는 이미륵이 경험한 한국의 가정문화, 세시풍속, 종교, 교육, 1900년대 일제강점 시기의 상황 등이 잘 소개되어 있다. 격렬하게 표현하지 않아도 낮은 소리로 조용히 속삭이는 그의 책은 고향을 찾아온 이미륵의 기뻐하고 감격하는 마음의 바닥을 느끼게 한다. 고향의 속살을 하나하나 뒤지며 맛도 보고 냄새도 맡아보는 그의 세심한 마음을 읽을 수 있다.

누구나 자서전을 쓴다면 이렇게 써야 하지 않을까, 하는 생각이 든다. 고향 이야기를 이렇게 얘기한다면 긍정의 마음이 저절로 우러나올 것이다. 본문 11장에 이런 묘사가 있다. 일본 순사가 일제에 저항하는 마을 분위기를 검시하기 위해 집집마다 순찰을 돌았다. 이 일로 어머니와 가족과 머슴들은 들떠 있었으나, 이때 아버지는 순사가 뭘 요구하든지 그대로 해주고 반항하지 않도록 주의를 줬다. 그리고 이미륵은 그 후 집안 분위기를 이렇게 묘사했다. 위기의 바람이 지나갔지만, 글은 차분했다.

"아버지는 묵묵하기만 했다. 집사람들은 모두 잠잠했다. 바깥채의 마름들이며 어머니며 누나도 모두 침묵만 지켰다. 밤이 퍽이나 깊었는데도 나의 양친과 순옥이는 술잔을 앞에 두고 모여 앉아서는 이씨 왕조의 임금에 대한 이야기를 했다. 아버지는 마지막으로 전 왕실이 우리를 보호하기 위해서는 너무나 약해졌다고 말했다. 우리는 새 왕조가 나타나서 다시 지배할 때까지 조용히 기다려야 한다고 했다. 아버지는 나에게 계속해서 학교에 다닐 것이며 세상사에 관해서는 관심을 갖지 않도록 주의하였다."

이미륵은 그의 소년 시대에 대한 자서전적 소설을 한 권 씀으로써 고향을 다녀왔다. 자서전을 통한 그의 고향 방문은 그의 고통스런 향수병을 치유하는 결과를 가져왔고 미래에 대한 구체적 전망을 가지게 했다.

그는 그 후 실제적인 자신의 인생 계획을 세우고 한국 방문도 염두에 두었다고 한다. 그는 대학에서 민속학과 중국학을 가르쳤고 독일 문단에서의 활동도 컸다고 한다. 모든 이의 가슴을 뚫는 자서전 한 권으로 자신의 과거를 다녀온 뒤, 그는 마음의 평온을 회복하였다. 이미륵의 『압록강은 흐른다』는 과거로 떠난 1인 여행담인 셈이다.

독자에게 드리는 질문

1) 당신에게는 돌아가고 싶은 고향이 있는가?
2) 당신의 유년기는 행복했는가? 무엇이 당신을 행복하게 만드는가?

3장

내
인
생
에

던
져
야

할

7
가
지

질
문

"사소하고 작은 일에도 기쁨을 느끼는 것은 인격 속에 기쁨이 들어와 있기 때문이다. 즉 기쁨이 인격화되었다는 말이다. 억지로 노력하지 않아도 기뻐하는 마음은 자연스러운 마음의 표현이다. 남의 잘못을 잘 용서하는 너그러움은 그 마음이 기쁨으로 가득하기 때문에 가능하다. 또 삶의 목적이 분명하고 목표가 구체적일 때, 기쁨은 더욱 높게 나타난다." (본문 166쪽)

01

질문1 : 살아온 날들을 요약할 수 있는가?

7가지 질문을 던지는 까닭

자서전을 쓰기 위해 이제 문 앞까지 온 셈이다. 문을 열고 들어서서 살아온 날들을 바라본다. 그러나 인생은 간단하지 않다. 막상 쓰려고 하면 복잡하게 얽혀 있는 온갖 사연들이 발목을 잡는 느낌이 든다. 필요한 것, 필요하지 않은 것, 그리고 중요한 것, 중요하지 않은 것들이 뒤죽박죽 섞여 있어 당황스럽다. 이런 상태를 나란히 세워 순서를 줄 수 있다면, 이야기는 좀 수월하게 풀릴 수 있다. 그래서 쓰레기더미 같은 기억들 앞에 물어보는 일부터 시작하자는 것이다. 7가지 질문이 그 첫 시도다. 즉 뒤

엉킨 기억에 질서를 잡는 방법이다. 이 질문들은 이야기의 줄거리를 만들어가는 기초적 인도자가 된다. 질문에 대해 기억을 더듬어 한곳에 모아둔다면 실제로 자서전 집필에 들어가서 그 자료들이 편리하고 유익하다는 것을 느낄 것이다. 뿐만 아니라, 내 인생의 흐름이 대체로 어떤 특징을 가졌는가도 깨달을 수 있다.

이제 첫째 질문에 도전해보자. 내가 살아온 인생을 요약할 수 있는가? 내가 살아온 이야기를 짧은 스토리로 만들어보자는 것이다. 이것은 내 인생의 큰 줄거리를 대강 짐작하게 하는 좋은 방법이다. 여기서 익숙한 나 자신의 이야기라고 하더라도 좀 더 친숙해질 필요가 있다. 내 이야기가 글로 만들어지는 과정을 거쳐야 하기 때문이다. 어떤 일에 대한 오래된 기억과 그에 따라 움직이고 변화해온 생각의 흐름을 글이라는 문장으로 바꾸어놓는 일은 마음처럼 쉽지 않다. 그래서 우리는 자서전을 쓰더라도 논리적이고 합리적인 단계를 밟아서 가능하면 더 효과적이며 질서가 있는 글쓰기를 감당하려는 것이다. 다시 말해 글쓰기에는 순서가 있다는 말이다. 따라서 순서를 밟아가면 글쓰기가 훨씬 쉽고 재미있다. 그 순서의 첫 단계가 자신이 살아온 이야기부터 간단히 마음 끌리는 대로 정리해보는 것이다.

벌써 3년이나 지났다. 어느 한여름, 평소에 잘 알고 지내던 한 탈북 형제의 요청으로 그들 일행을 만난 일이 있다. 한 여성의 탈북 이야기를 책으로 출판하고 싶다는 것이다. 삼각지 한 식당에서 만난 이 여성은 함경북도 국경에 있는 고향을 떠난 지, 15년이 지났다고 한다. 이런저런 얘기 끝에 나는 그 여성에게 한 가지 질문을 던졌다. "그러면, 하고자 하는 이야기를 요약해서 말할 수 있습니까?" 그녀는 거침없이 대답했다. "어렵지 않습니다. 수없이 마음으로 얘기하고 또 얘기한 것이므로, 제 마음에 깊이 새겨져 있습니다."

"나는 함경북도 새별에서 태어나고 자랐어요. 우리 마을에선 밤이 낮보다 더 환한 중국 도시가 보였는데 참 가고 싶었지요. 고난의 행군이 시작되자, 우리 집도 굶어 죽게 되어, 중국에서 장사하겠다고 탈북했어요. 그러나 인신매매범에게 끌려서 중국 농촌에 팔려갔습니다. 거기서 시집살이를 하며 딸 하나를 낳고 살아갈 때, 외롭던 나는 예수를 알고 예수의 은혜 속에 살았습니다. 그러나 어느 날, 불시에 들이닥친 공안에게 체포되어 북으로 압송되었지요. 다행히 딸은 중국 보육원에 맡겨두었어요. 북한에서는 조사를 받느라고 죽을 고생을 다하다가 마침내 악명 높은 전거리 수용소에 갇혔습니다. 꼬박 3년을 버텼습니다. 모진 고난을 딸을 생각하며 견뎠지요. '살아남아야 한다'가 내 마음의 구호였어요. 수없이 죽어 나가는 주검들 속에 기도하며 이겨냈습니다. 3년 만에 형기를 마치고 건강한 몸으로 석방되었습니다. 기적입니다. 매일 밤 자정에 화장실

쪽문을 열고서 별빛을 보며 주님께 기도했습니다. '살아서 나가, 딸과 함께 한국에 가게 해달라'고 기도했는데, 그대로 이루어졌습니다. 북한 수용소에서 죽을 고생을 한 이야기, 그 속에서 살아나게 하신 주님 은혜를 증거하고 싶어요."

자서전을 쓰든지, 소설을 쓰든지, 필자는 자신이 쓰고자 하는 글의 요지를 잘 파악하고 있어야 한다. 자신이 어떤 글을 써야 할지 목표가 애매하고 모호하다면, 글을 시작해서는 안 된다. 글의 취지가 분명해질 때까지 기다려야 한다. 글의 줄거리나 글을 써야 할 이유가 분명해지면, 그의 가슴에는 비로소 글에 대한 열정이 일어난다. 내가 살아온 인생을 요약한다는 의미는 비단 줄거리를 요약한다는 의미만이 아니라, 내 인생의 특징이 무엇인지, 무엇을 가장 말하고 싶은지가 선명하여, 말하지 않고는 견딜 수 없는 상태가 되었다는 말이다. 그래서 내 생각을 책으로 쓰고 싶어지는 것이다. 자기표현의 욕구가 커지면 글을 쓸 명분도 분명해진다.

먼저 내 인생의 줄거리를 적어보자

1장과 2장에서 언급한 자서전의 의미와 가치를 기억하면서 먼저 자기이야기(self story)를 써보자. 몇 줄이 되든지, 몇 장이 되든지 자유롭게 이야기하듯 지난날의 기억을 더듬어 써보자. 잘 쓰려고 하지 않아도 좋다. 구어체 그대로 써보면, 내 이야기에 대한 어떤 느낌을 느끼게 될 것이다. 이것은 내 인생에 대해 내가 무엇을 느끼는지, 어떤 생각이 드는지를 알게 한다. 이 느낌이나, 이 깨달음은 매우 중요하다. 아무런 선입견이 없이 현재 있는 그대로의 자기 반응을 관찰하는 것이 중요하다. 그러는 동안, 나는 내 인생에 대해 몇 가지 특징을 만나볼 수 있다. 우선 재미있다든지, 지루하다든지 하는 느낌이 온다. 물론 구체적이기보다, 추상적이고 개념적이지만, 의미는 있다. 아마도 이런 생각의 틀이 자서전을 구상하는 밑바탕이 될 것이다. 그것은 내가 내 인생에 대해서 가지는 기본적인 태도인 것이다. 몇 가지 생각들을 정리해보자. 이런 과정을 통해 내 인생에 접근하는 태도가 결정된다.

첫째, 나는 나의 인생을 사랑하는가? 아니면 사랑하지 않는가? 그 까닭은 무엇 때문인가?

둘째, 나는 내가 살아온 인생을 긍정적으로 생각하는가? 아니면 부정적으로 생각하는가? 그러면 왜 그렇게 생각하는가?

셋째, 나는 나의 인생을 행복하다고 생각하는가? 아니면 불행하다고 생각하는가? 그렇다면 왜 그렇게 생각하는가?

넷째, 나는 내 인생에 대해 분명한 목표를 가지고 있는가? 아니면 아직도 목표가 불분명한가? 어느 쪽에 속하든 목표에 대한 내 생각은 무엇인가?

내가 스스로 기록한 나의 스토리는 가감도 없고 가식도 없다. 가능하면 정직하고 솔직하게 기록했다는 점에서 진정한 나의 모습이라고 하여도 좋다. 이것이 자서전의 출발점이다. 특히 중요한 점은 서툴더라도 내 삶의 의미와 가치가 나타나 있어 내 인생의 원초적 모습을 만날 수 있다. 아마 나 스스로 놀랄 수도 있다. 내가 그렇게 살아왔는가를 알면 어리석게 느껴지기도 하고 이기적인 사람으로 보이기도 하겠지만, 더 중요한 것은 그 후 나는 어떤 모습으로 변했는가를 아는 데 있다. 내 인생이 발전하는 모습을 보게 되는지, 아니면 후퇴하는 모습을 보이는지를 발견하게 될 것이다.

누구나 살아온 지난 인생을 돌아보면 후회스럽게 보이기 마련이다. 만족스러운 인생이란 환상에 불과하다. 인생의 과정들이 비틀거리며 목표를 상실하여 어찌할 바를 모르는 듯하다. 이 책의 필자 역시 인생을 방황하며 살았다. 이 책을 쓰게 된 동기도 나 자신이 방황하며 살았기에 실패의 길을 걷고 있을지도 모르는 사람들을 도우려는 것이 첫 번째 목표인 것이다. 초년기에 막연히 명예를 좇아 문인이 되려고 했을 뿐, 살아가기 위한 구체적이고 현실적 방법에 대해 알아보려고도 하지 않았다. 다행이랄까, 대책 없이 스물다섯에 시인으로 등단했지만, 교직에 들어가는 길, 이외는 취업이 어려웠다. 하지만 신경쇠약 증세를 보이며 사회활동의 어려움이 나타나, 학생을 가르치는 교직도 적합하지 않았다. 나이 예순이 되기까지 나는 여러 직종에 전전하면서 방황했다.

　결국, 목표를 상실한 사람의 인생은 어떠한가를 나 자신이 생생하게 보여주었으니, 참 남루하기 그지없다. 그러나 실패의 의미와 그 고통, 특히 아내의 고통을 잘 알기에, 자서전이라는 자기 고백을 통해 자신의 실패를 극복하는 방법으로써 자기계발서를 저술하게 된 것이다. 이 책은 어느 면에서는 실패를 통해 실패를 미리 예방하고 긍정의 길을 찾아 성공의 길을 안내하고 있다. 아래 스토리는 필자 자신이 살아온 인생을 요약해본 것이다.

　"나는 사춘기 이후로 나의 우울증은 심해졌고, 고독에 빠져 사회적 교류를 거의 끊다시피 살았다. 그런 가운데, 청년기를 살며 취업하면서 '적극적 사고방식'과 같은 자기계발서를 읽고, 은사 중심의 신앙을 추종하며 부정적 의식을 벗어나려고 애를 썼다. 나이가 들면서 육신의 아버지를 통해 하나님 아버지를 발견하는 신앙적 귀의는 나에게 변화를 가져왔다. 육신의 아버지 속에 계신 하나님 아버지의 모습을 찾았다는 깨달음을 얻었다. 장년이 되어서야 선교사로서 책임과 가장으로서 가족에 대한 사랑 등을 절감하면서 긍정적이고 성실한 믿음을 추구했다."

　나에게 있어 청소년기 시절은 불운한 기간이었고 나의 평생은 그 부정적 영향을 벗어나지 못하고 직업적으로 방황을 거듭했다. 경제적 대책이 없었기 때문이다. 내가 자서전을 쓴다면 이러한 우울한 분위기를 벗어나기 어려울 것이다. 그럼에도 불구하고 나는 그 극복의 기회를 유년의 때에서 찾고 싶었다. 스스로 과거 유년 시절로 돌아가 강한 기쁨과 그리움을 빛으로 삼는 일을 모색할 것이다. 나의 스토리는 어둠을 뚫고 비추는 햇빛이 되어 나의 인생을 삼키려는 부정적이고 어두운 구름을 몰아내는 승리의 전사로 우뚝 서게 할 것이다.

독자에게 드리는 질문

1) 내가 살아온 이야기의 줄거리를 요약해보자.
2) 이야기 가운데 중요한 키워드, 3가지를 찾아보자.

02

질문2 : 어떤 여정을 거쳐 살아왔는가?

인생은 생각지 못한 일들로 많은 에피소드를 만들어낸다. 남들은 알아차리지 못하지만, 내 가슴에는 깊은 상처가 되어 평생에 가시가 되는 사건이 있다. 또 그 반대로 사소한 일로 큰 기쁨을 만나기도 한다. 남이 알지 못하는 일이 나를 기쁘게 한다면, 그것이야말로 나에겐 큰 사건이 아닐 수 없다. 아주 사소한 일이 생명을 살리는 크나큰 일이 되기도 한다. 그러므로 같은 시대를 살았다고 해도 인생의 여정(旅程)은 저마다 다르다. 크루즈는 큰 항구만 들러 여행지에 고객들을 내려놓지만, 고객 한 사람, 한 사람은 또 다른 작은 일정이 있기 마련이다. 그래서 내 인생에는 뭔가 의미를 둔 중요한 여정은 따로 있으며, 그 여정으로 인하여 내 인생은 새로운 시나리오를 경험하게 된다.

나는 어떤 여정의 인생을 살았는가? 이 질문은 자서전의 골격, 즉 틀을 만드는 기본 글감을 제공한다. 이 골격을 발견하기 위하여, 이 글감을 만나기 위하여 우리는 몇 가지 자료를 뒤져 보아야 한다. 그중에 가장 중요한 자료는 기억의 자료다. 기억을 일으키기 위한 구체적 동기는 그 일이 일어난 시기를 추정하는 것이다. 이 시기를 추정하고 특정함으로써 당시 상황이 영화처럼 기억을 작동시킨다. 그래서 자서전은 대개 연대순으로 이야기를 전개하곤 한다.

태어나면서부터 현재에 이르기까지 일이 일어난 순서대로 기술하는 것은 아주 자연스러운 방법이다. 그러나 이것을 처음부터 자세히 기술하는 것은 어렵고 부담스러운 일이다. 여기에는 쉬운 방법이 있다. 가장 먼저 떠오르는 사건부터 메모하는 일이다. 내 마음이 기억하는 뚜렷한 사건부터 기록하는 것이다.

이를테면 결혼한 날, 첫아이가 태어난 날, 대학을 입학한 날, 졸업한 날, 첫 직장에 출근한 날, 부친께서 돌아가신 날, 모친이 병원에 입원한 날, 아내를 처음 만난 날 등 쉽게 떠오르는 날들을 메모해두고 이날과 연관된 일들을 기억해내는 것이다. 메모해둔 사건들을 기억 가운데서 파생시켜나가는 것이다.

이렇게 일어난 일의 내용을 기억나는 대로 메모해두는 것이 좋다. '기억의 창고'라는 이름의 수첩이나, 노트를 준비해두고 생각나는 대로 기록해두는 것이다. 기억이란 불완전한 것이므로 불완전한 대로 메모해두면 언젠가는 불현듯 기억이 날 수 있다. 그러면 또 메모해두고 때를 기다린다. 그리고 보면, 자서전을 집필하기 전에 준비할 일이 참으로 많다는 것을 알 수 있다. 그것은 무질서하게 벽장에 쌓아둔 기억들을 먼지를 털어내고 깨끗이 닦아서 책상 위에 가지런히 펼쳐놓는 일이다. 그 기억들은 저마다 감정을 이끌어 작은 스토리를 쏟아낸다.

3장의 이야기는 이제 자서전의 실제 작업을 위하여 준비할 것들을 하나씩 설명할 것이다. 이대로만 준비된다면 자서전은 100일 만에 얼마든지 완성할 수 있다. 사람들은 책을 쓰고 싶은 욕구가 넘치지만 집필하는 준비 방법을 몰라서 차일피일 미루다가 결국 쓰지 못하고 포기하고 만다. 그러므로 자서전 쓰기, 즉 주제가 분명한 책 쓰기는 두려운 일이 결코 아니다. 가장 첫 번째 준비사항은 인생 여정의 길목을 찾아 이름을 붙여놓는 일이다. 말하자면, 여정의 지도를 연대기적으로 정리하는 것이다.

인생의 여정표 만들기

뚜렷이 기억나는 사건부터 메모장에 기록한다. 사건의 이름은 간단히 붙인다. 이를테면, 결혼일, 장남 탄생, 부친 별세, 모친 교통사고, 대학 합격, 대학 졸업 등을 나열한다. 적어도 4~50개의 사건명이 기록될 것이다. 그 사건들을 연대별로 집합해본다. 내가 출생한 해부터 10년 단위로 사건들을 묶어본다. 1966년생이라면, 1960년대, 1970년대, 1980년대, 1990년대, 2000년대, 2010년대, 2020년대로 묶으면 주목할 만한 사건들이 어떻게 분포되었는가를 보며 여러 가지 상황과 인물들이 생각난다. 내 인생을 조감해보는 아주 소중한 기회를 갖게 된다.

왜 이 시기에는 힘든 일들이 몰려 있을까? 또 이 시기에는 어떻게 좋은 일들이 연속으로 일어났을까? 그 시기의 배경을 생각하며 부지런히 메모해두면 자서전 집필에 큰 도움이 될 것이다. 여기서 한 가지를 덧붙이자면, 사건마다 행복의 수치를 매겨보자는 것이다. 최고 점수를 5점, 최하 점수를 5점으로 하여 +5에서 −5까지 사건마다 점수를 붙여보는 것이다. 그리고 이 여정의 상황을 한 장의 종이에 올려놓으면 나의 인생 여정표(旅程表)가 완성되는 것이다. 그리고 내 인생의 행복 정도가 평균 수치로 나타난다. 물론 이 수치는 주관적 느낌에 불과하다. 그럼에도 불구하고 내 인생의 사건들이 저마다 차지하는 의미는 무시할 수 없다. 이미 내 마음속에 영향을 미치고 있기 때문이다.

A1 용지 한 장을 펼쳐놓고 도표를 작성해보자. 중간 정도의 위치에 수평으로 줄을 하나 긋는다. 그리고 왼쪽 끝에 〈출생〉이라고 쓰고 출생 연도를 기록한다. 그리고 오른쪽 끝머리에 〈현재〉라고 쓰고 현재 날짜를 기록한다. 그다음으로 뚜렷이 기억나는 사건들을 이름을 붙여 하나씩 도표를 그려나간다. 내가 살아온 인생의 자취가 그 의미를 나에게 보여준다.

나의 인생 여정표

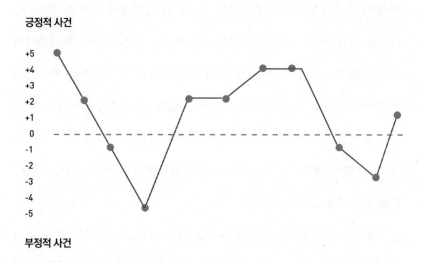

도표의 굴곡을 통하여 내 인생이 살아온 생생한 현장을 실감한다. 그때 그 얼굴이 보이고 그 목소리가 들려온다. 자서전이 이미 내 마음속에서 잉태되는 기운을 느낀다. 그러나 전체적으로 부정적 시기가 많이 차지하고 있다면, 이런 경향을 깨닫고 남은 미래의 인생에 이런 부정적 의식이 투영되지 않게 하는 조치가 필요하다. 그것은 습관의 개선과 긍정을 강화하는 자기계발의 과정에 노력을 기울여서 변화의 기회를 만들어 내라는 명령으로 받아야 한다.

소소한 행복의 재구성

지난 인생에서 우리는 주로 큰 사건들만 찾았다. 그러나 진정한 행복은 일상 가운데 만나는 작은 일들, 즉 소소한 행복에서 찾을 수 있다. 아침상을 차려주시는 어머니의 정성스런 손길과 구수한 된장국 냄새에서 잊지 못할 행복을 느낀다. 그날 아침, 학교로 뛰어가는 아들을 바라보시며 활짝 웃으시던 모습은 지금도 잊을 수 없다. 자서전은 이처럼 기억 속에는 사라졌지만, 아직 따뜻한 추억이 남아 있다면 상상으로 그 분위기를 재구성하여야 한다. 그래야 자서전의 현장감이 살아나고 독자들은 나름의 공감대를 넓힐 수 있다.

그렇다고 소설가처럼 장면과 대화를 실감 나게 묘사하라는 것은 아니다. 서툴고 거칠어도 그때그때 저자는 자기식대로 풀어가면 된다. 자서전을 쓰는 사람들 대부분은 책이란 것을 처음으로 써보는 입장이기 때문에 여간 긴장되고 힘든 일이 아니다. 그럴수록 그따위 부담감은 던져버리고 밥이 되든, 떡이 되든 한 번 질러보는 용기를 가지는 것이 중요하다. 글보다는 입담 하나로 해버리자는 것이다. 녹음기에 구수한 목소리로 사투리 그대로 녹음을 하듯이 글을 써가면 되는 것이다. 오래전 월간 〈뿌리깊은 나무〉가 할머니, 할아버지의 생애를 있는 그대로 구술체로 담아 출판하여 큰 관심을 끈 적이 있다. 인생의 마디마디, 구석구석을 보여주는 재미는 자서전을 더욱 맛깔스럽게 만들어줄 것이다.

책은 진실을 담고 있는 한, 그 가치는 살아 있는 법이다. 저자가 자서전을 집필하고자 하는 목적과 의지가 분명하다면, 책의 표현 형식은 아무런 장애가 될 수 없다. 그러므로 책을 쓰는 저자는 불굴의 작가적 의지와 긍지를 가져야 한다. 내가 살아온 인생 여정을 잘 알고 있고 그 여정마다 담겨 있는 의미를 충분히 이해한다면 자서전 이야기는 이미 독립된 이야기로 자기 소리를 낼 준비가 다 되었다는 뜻이다.

독자에게 드리는 질문

1) 당신의 인생은 어떤 모양의 여정을 거쳐왔는가?
2) 긍정적 사건과 부정적 사건을 종합할 때, 당신의 인생은 몇 점짜리인가?

03

질문3 : 나에게 영향을 끼친 사건은 무엇인가?

인생을 결정짓게 하는 것

천지의 조화나 사람의 삶을 이끌어가는 초월적인 힘 앞에 인간은 무력하다. 이 알 수 없는 힘을 흔히 운명, 혹은 숙명이라고 부른다. 그래서 사람에게는 저마다 정해진 운명이 있어 이를 어쩌지 못하고 따라야 한다고 생각하는 이들이 많다. 이것을 두고 전생에서 지은 업보에 따른 인연이 현생에 나타난 결과라고 생각하는가 하면, 세상과 인간을 창조하신 하나님의 계획에 따른 일이니 주어진 삶의 조건을 원망하지 말고 감사하며 살아야 한다는 주장도 있다. 어떤 경우든 이미 정해진 삶의 자리를 원망하거나 부정할 일은 아니다. 그러나 현재의 '나'를 존재하게 한 운명적 사건, 결정적 사건이 있다면, '그것이 무엇인가?'를 알 필요는 있다. 왜 하필이면 나에게 그런 일이 있었는가? 이런 의문을 던지는 것은 당연한 일이다. 바로 그 사건이 오늘날의 나의 실제적 존재 원인이 되었기 때문이다.

그러므로 자서전의 중심은 이 결정적 사건을 거의 벗어날 수 없다. 이 사건을 어떻게 이해하고 어떤 의미를 부여하는가에 따라, 현재를 살아가는 '나'라는 존재의 의미도 가치도 달라질 수 있다. 바로 이 지점에서 현재와 과거를 이어주는 의미의 든든한 끈이 필요하다. 그것이 우리가 쓰고자 하는 자서전인 것이다. 물론 자서전은 난해하기만 한 어떤 인생을 이해하기 위해 현재의 지점에서 출발하는 것이 피할 수 없는 엄연한 현실이지만, 현재의 위치에서 과거를 이해하고 인정하며 포용하는 과정으로서 인간에게만 주어지는 또 다른 현실이며 희망의 기회가 되기도 한다. 그래서 우리는 인생의 방향을 결정지은 운명적인 사건에 대해 진지한 질문을 던지지 않을 수 없다.

오늘날 내가 살아가는 인생은 누가 이렇게 만들었는가? 그 무엇이 나를 여기까지 끌어다 놓았는가? 앞에서 인용한 바 있는 조지 워싱턴 카버 박사의 운명은 참으로 기가 막힌다. 그는 열세 살에 불과한 흑인 소녀 메리의 몸에서 태어나, 미국 남북전쟁의 결과로 노예 해방이 선언되었으나 이를 부정하는 백인 폭도들에 의해 죽을 고비를 넘겨야 했다. 흑인들은 여전히 잔인하게 짓밟히는 시기를 겨우 숨 쉬던 그도 살아내야 했다. 어머니 메리는 폭도들에게 잔인하게 유린당한 채 죽어갔고, 갓난아기에 불과한 조지는 말을 타고 달려가던 한 폭도의 손에서 내던져졌으나, 다행히 어느 여인의 품에 안겨졌다. 그가 아기를 내던진 이유는 간단했다. 노예매매상에게 넘기기에는 상품 가치가 너무 없었기 때문이다. 그 후 조지는 형 짐과 함께 한 마음씨 좋은 백인 부부에게 구출되어 그 집에서 양육되었다. 집주인의 성씨인 카버라는 성을 받아 이름이 붙여졌다. 조지는 너무나 병약하여 바람에 휘청거리는 풀잎 같았다. 카버 부부의 정성어린 양육 덕분에 조지는 잘 자랐고 하나님이 인도하시는 대로 잘 성장하여 미국 남부 지역을 부유하게 만든 세계적 농식물학자가 되었다.

어려서부터 하나님은 조지에게 놀라운 재능을 주셨다. 그것은 그의 아름다운 성품과 함께 조화를 이루며 위대한 결과를 가져왔다. 그 재능이란 지치지 않는 그의 호기심을 말한다. 집 근처에 있는 숲을 자주 드나들며 풀과 꽃과 나무들의 생태를 살피고 많은 질문을 던지며 스스로 연구에 몰두했다. 집 주변에 핀 장미들과 여러 화초를 잘 돌보아서 그 마을에선 어린 조지가 정원사로 소문이 날 정도였다. 게다가 조지는 얼굴도 모르는 어머니가 불운하게 세상을 떠났다는 얘기를 듣고도 그다지 절망하지 않을 만큼, 매사를 낙천적으로 생각했다. 조지는 선하신 어머니가 천국에 계신 것을 믿었기 때문이다. 낙천적이고 겸손하고 친절한 성품은 주위 사람에게 호감을 주었다. 그래서 형 짐과 함께, 흑인 노예 출신이라는 자신의 처지를 한 번도 비관한 적이 없었다. 그는 오히려 끊임없이 샘솟는 호기심을 채우기 위해 학구적 열망을 가지고 흑인에게는 주지 않는 학교 교육의 기회를 스스로 만들어내고야 말았다. 그리고 마침내 대학에서 농학박사 학위를 받고 많은 흑인 농부를 양성하는 일에 전념하였다. 여기서 우리는 더할 수 없는 처참한 현실을 긍정적으로 이겨낸 조지의 성품을 주목하지 않을 수 없다.

조지의 비극적인 출생 이야기는 조지를 절망감에 빠지게 할 뿐 아니라, 백인에 대한 증오심으로 넘치게 하여 결국 그가 불량배가 되거나 갱단의 하수인으로 살아가도록 하지 않았을까 하는 선입견을 가지게 한다. 어쩌면 그런 불행은 누구나 예상하는 결과였지만, 조지의 인생은 그와는 정반대로 카버 박사라는 이름으로 미국만 아니라, 전 세계적으로 존경받는 명예로운 인물이 되게 하였다. 이러한 인생 반전은 그의 운명적인 불행을 심각하게 여기지 않는 흑인 특유의 낙천적 성품이 가져온 결과이기도 했지만, 어려서부터 가르쳐온 카버 부부의 철저한 기독교 신앙관이 그에게 하나님을 의지하는 믿음을 갖도록 양육한 결과라고 생각된다. 카버 박사의 시련을 이기는 기질적 끈기는 절망을 이겨내는 덕목으로서 많은 사람들이 그의 전기를 통해 배우고자 하였다. 그는 항상 조용하게 행동하면서도 겸손과 친절을 통해 상대를 이해시키고 설득하여 누구나 그러한 성품에 감동하였다. 아마도 카버 박사는 인종 차별이라든가, 노예 비하 의식이라든가 하는 전통적인 백인들의 관습에 저항하는 최선의 길은 흑인의 우수성을 은연중 드러내는 것이라고 믿었을 것이다.

인성과 인격의 힘

이것으로 미루어 볼 때, 인생을 결정짓게 하는 것은 겉으로는 분명히 한 인생을 뒤집어놓는 큰 사건에서 비롯된다는 점을 인정하지 않을 수 없다. 그러나 카버 박사의 인생에서 배울 수 있듯이 어떤 사건도 하나의 작은 성품 앞에서 위력을 죽이고 공손한 모습으로 변화된다는 점도 동시에 깨달아야 한다.

앞에서 이미 소개했던 이미륵의 자전적 소설집 『압록강은 흐른다』에서 우리는 이러한 점을 잘 이해할 수 있다. 외부로부터 밀려온 어떤 환경적 조건이 나를 내던진 충격은 상상할 수 없이 크지만, 이 충격의 부정적 힘을 긍정적 힘으로 조용히 변화시켜가는 인격의 힘을 발견하는 것은 참으로 놀라운 감동이 아닐 수 없다. 우리는 그 감동을 카버 박사로부터 이미 받았지만, 이미륵 박사로부터도 받을 수 있다는 점이 놀랍다. 이미륵 박사는 2차 세계대전이 끝난 후, 독일이 인정하는 한국의 문장가요, 수의 사요, 또 동양 역사와 문화의 전문가로 알려져 있었다. 무엇보다 그는 조용하고 분별력이 있으며 겸손하고 사려 깊은 한국의 대표적 지성인으로 독일 문화계에 알려져 있었다.

그러나 이 박사가 독일로 온 것은 자발적으로 온 것이라기보다는 조국 조선에서 쫓겨난 것이다. 서울의전(서울의대) 3학년을 다닐 때, 기미 독립만세운동(1919)이 일어났다. 전국적인 항일운동이 서울의전에도 전해져 이 박사는 어쩌다가 친구에게 끌려 이 일에 관여하게 되었다. 말하자면 적극적인 참여를 한 것이 아니라, 소극적 입장에 있었다. 그러나 상황이 진전되면서 서울의전 학생시위조직의 중심부에 서게 되었다. 3월 1일 오후 2시경, 탑골공원의 기미만세 사건으로 알려진 시위운동을 먼발치에서 바라보았고 그도 길거리에서 삐라를 주워들고 군중을 향해 선언문을 낭독하기도 했다. 처음에는 방관하던 중무장한 일본 경관들이 발포를 시작했다. 시위가 전국 방방곡곡에서 일어났고 온 나라에서 사람들은 피를 흘렸다. 그러나 그의 가까운 친구가 체포되고 심문을 받는다는 소식이 전해지자, 그는 곧 서울을 떠나 고향 집에 내려갔다. 이제 곧 일경들이 들이닥칠 것이라는 예감이 들었다. 그는 두려움과 절망감을 느끼지 않을 수 없었다. 어머니는 모든 것을 각오하고, 아들에게 고향을 떠나라고 재촉했다. 이 기미만세 사건이 그의 일생에 있어 가장 큰 사건이었다. 일경의 추격을 따돌리고 될수록 먼 곳으로 가야 했다. 이때 어머니는 아들을 위해 이미 큰 결단을 내렸다. 아들을 구라파로 보내기로 하였다. 그도 아버지의 갑작스러운 별세 이후에 고향을 떠나서 먼 나라로 가고 싶다는 생각을 막연히 해본 적이 있었다. 위기에 처한 아들에게 어머니는 이렇게 말했다.

"너는 자주 낙심하기는 하였으나, 그래도 충실히 너의 길을 걸어갔구나. 나는 너를 무척 믿고 있다. 용기를 내라! 너는 쉽사리 국경을 넘을 것이고 또 결국에는 구라파에 갈 것이다. 이 에미 걱정은 말아라. 나는 네가 돌아오기를 조용히 기다리겠다. 세월은 그처럼 빨리 가니, 비록 우리들이 다시 못 만나는 한이 있더라도 슬퍼하지 말거라. 너는 나의 생활에 많고도 많은 기쁨을 가져다주었다. 자! 내 애기야, 이젠 혼자 가거라."
　– 이미륵, 『압록강은 흐른다』, 165쪽

　그리운 고향을 생각하며 향수(鄕愁)의 마음을 달랠 길이 없었겠지만, 그는 아마도 어머니의 말을 생생하게 기억했을 것이다. "내 애기야, 이젠 혼자 가거라." 기미만세 사건이 안겨준 작별, 사랑하는 조국, 사랑하는 어머니와의 작별은 그의 인생을 송두리째 뒤집어놓았다. 그는 소년 시대를 회고하는 자전적 소설을 쓰고서 깊은 향수병(鄕愁病)을 다시 뒤집어놓았다. 기미만세 사건은 이 나라와 이 민족을 압제한 비극적 사건이었지만, 그도 그의 어머니도 이에 굴하지 않았다. 일제의 기대와는 달리 기미만세 운동은 오히려 이 나라를 일으키는 큰 힘이 되었다.

　때때로 우리 인생을 막아서는 큰 사건 앞에 나는 어떤 모습으로 서 있었던가를 정확하게 기억해보자. 구체적으로 그때 일을 메모해두는 것도 잊지 말자. 발생한 원인으로부터, 시작된 동기와 진행된 내용과 마무리된 상황을 구체적으로 그려보자. 그로부터 내 생활이나, 습관이나 사고방식이 어떻게 달라졌는가를 살펴보자. 특히 부정적 영향은 없었는지, 긍정적인 면은 어떠한지를 면밀히 기억해보자. 그 사건은 아마도 내 일생에 걸쳐 곳곳에 다양한 흔적을 남겼을 것이다.

독자에게 드리는 질문

1) 당신의 인생에 큰 영향을 미친 사건은 무엇인가? 3가지만 들어보라.
2) 당신의 인성과 인격을 변화시킬 만한 일이 있었다면, 차분히 설명해보라.

04

질문4 : 내 인생에서 가장 기뻤던 시절은 언제인가?

이 질문은 내 삶의 에너지가 분출되는 근원을 찾아내기 위해 던지는 질문이다. 그래서 '내 인생의 기쁨이 발생하는 곳을 기억하자'는 것이다. 기쁨은 삶의 에너지를 생산하고 공급하는 발동기라고 앞서 언급한 바 있다. 그러므로 기쁨은 계속 살아 있어야 하고 발동기는 꺼져서는 안 된다. 내 인생에서 가장 좋았던 시절을 마음에 기억하는 것은 기쁨의 발동기를 설치하는 일이다. 그래서 정말 즐거운 일이다. 그 일은 조금도 어려운 일이 아니다. 그것을 나만의 스토리로 만들어 기억하면 된다. 우울하고 탈진된 시간에 새로운 기운을 공급받는 비상조치도 할 수 있다. 나에게 기쁨을 공급해주는 기억은 내 인생의 발동기라는 사실을 잊지 말자.

유년의 기쁨

나에게 있어 가장 좋았던 시절은 역시 유년 시절이다. 초등학교를 다니던 시골 마을의 추억은 가장 아름다운 시절로 남아 있다. 봄, 여름, 가을, 겨울이 모두 그 나름의 색깔을 지니고 온갖 이야기를 만들었으니, 그 기쁨은 더할 나위 없다. 낙동강과 그 모래밭과 땅콩밭, 멀리 강 건너로 보이는 끝없이 펼쳐진 높고 낮은 야산들이 유년 시절의 기쁨을 일으키는 내 마음의 발동기였다.

그중에도 강 건너편 빨간 양철지붕을 올린 2층 높이의 건물은 늘 신비한 모습으로 남아 있다. 아마도 양잠하는 집 같았는데, 서양 집처럼 색다르게 보여 가까이 가보고 싶었지만, 강을 건너야 하고 너무 멀어 보였다. 우리 학교는 마을 위쪽에 자리 잡고 있었고 그 뒤로는 나지막한 야산이 펼쳐져 있었다. 넓은 운동장이 펼쳐져 있었지만, 아이들은 산을 오르내리며 마음껏 돌아다녔다. 우리 학교와 마을에서 일어난 일만 해도 추억은 차고 넘친다.

늦가을 어느 날, 교장 선생님은 전교생을 모아서 모두 산으로 올라갔다. 산토끼를 잡으러 동원된 것이다. 100명이 채 안 되는 작은 학교에서 산토끼잡이는 큰 행사였다. 북쪽과 서쪽으로 아이들을 줄을 세워놓고 소리를 지르게 하여 산토끼들이 놀라서 자기 굴에서 뛰쳐나오게 했다. 토끼잡이를 아이들은 제일 재미있어했다. 정작 아이들은 산토끼잡이의 결과에 대해 알고 싶어 하지 않았다. 몇 마리를 잡았는지, 어디로 가져갔는지는 관심도 없었다. 그저 소리치며 뛰어다니는 것이 좋았다.

또 겨울에는 쉬는 시간이 되면 너 나 할 것 없이 모두 양지바른 학교 판자벽에 나란히 서서 좌로, 우로 밀치기를 했다. 그러면 밀려 나온 아이들은 다시 줄 끝머리에서 더 힘껏 밀어대며 소리쳤다. 그 추운 날도 아이들은 땀을 흘리며 즐거워했다.

어느 해 5월이었는데, 아마 3학년 때였던 것 같다. 갑자기 보은에서 큰어머니가 오셔서 우리 교실을 방문해서 공부하는 내 모습을 유심히 들여다보시던 모습이 떠오른다. 어른이 되어서야 큰어머니의 학교 방문이 주는 의미를 알았다. 아주 어려서 병치레를 하며 연약하기만 했던 내 모습을 보았던 큰어머니로서는 내가 이제는 건강하게 잘 크고 있는지, 궁금했을 것이다. 그날 기뻐하시던 큰어머니의 웃음이 새삼스럽다.

제일 즐거운 추억은 역시 가을 운동회날이다. 우리 집은 운동회 전날이 더 바빴다. 우리 집은 가난한 실향민 가족이었는데, 어머니의 남동생은 국밥집을 했다. 운동회 전날은 운동장 한 귀퉁이에 큰 솥을 걸어놓고 대파를 썰어 넣은 개장국을 끓였다. 한 솥 가득히 국을 끓여놓아도 운동회가 끝날 무렵이면 솥은 바닥을 보였다.

정월 대보름날이 오면 마을에선 큰 행사가 열렸다. 두 마을의 청년들이 저마다 상대편 마을로 쳐들어가, 마을 사람들이 잿더미 위에 수수깡으로 만들어놓은 곡식 모형들을 짓부수었다. 그러면 높은 담 위에서는 부녀들이 물을 준비했다가 그들에게 뿌렸다. 심지어 오줌물도 뿌린다고 한다. 온 마을이 소리를 질러대며 한바탕 마을 싸움을 벌였다. 물론 마지막엔 두 마을의 풍년을 기원하며 막걸리 잔치로 끝을 맺었다. 이 민속 행사가 어린 마음에 너무나 신기하고 재미있었다.

한여름이 되면, 야심한 밤에 동네 여인네들은 냇가를 찾았다. 이 냇가에서도 목욕 터로 알려진 한 곳은 깊은 웅덩이를 이루어 한 차례 소낙비가 지나가면 물이 넘쳤다. 이곳엔 어머니와 누나도 자주 찾았다. 동네 목욕탕이나 다름없는 이곳은 아마도 나이 드신 아주머니들이 지키는 것 같았다.

시월이 오면 온 동네 아이들에게 기다려지는 일이 있다. 그것은 야산을 돌아다니며 시제 지내는 산소 앞에서 기다란 절편 떡을 얻어먹는 일이다. 하얗고 긴 쌀떡을 따뜻한 채로 먹는 맛은 정말 좋았다. 논두렁에 누워 하늘 높이 떡을 치켜들고 아이들과 장난치던 일이 떠오른다.

잠깐의 기쁨을 오래 간직하는 습관

아버지의 계획에 따라, 나는 갑자기 시골 학교에서 도시 학교로 전학을 왔다. 처음에는 대구에서 공부했으나, 나중에는 부산에 정착하게 되었다. 아버지는 아들의 교육을 위해 용단을 내리신 것이다. 그런데 아버지는 아들의 환경 적응을 위해 담임 교사가 지도하던 과외 그룹에 나를 넣어 주었다. 나는 상위 그룹의 성적을 내더니 전교 1등을 하기도 했다. 그래서 당시 세칭 일류 중학교에 입학하여 안정된 학업을 이어갔다.

그러나 중학교 2학년이 되었을 때, 내 인생은 커다란 충격에 휩싸이며 방황의 길을 걸었다. 혹독한 인생의 겨울을 너무 이른 시기인 사춘기에 맞게 되었다. 가장 나를 힘들게 한 것은 친구 관계였다. 아직 시골 학생티를 벗지 못한 나는 도시 학생인 친구와의 사이에 격차를 느꼈고, 앞에서 이미 언급했듯이 우울증 증세를 보였으니, 나도 내 마음을 잘 알 수 없었다. 더구나 이성에 대한 예민한 관심은 나를 더욱 마음 깊은 곳으로 가두었다. 나에게는 공부가 문제가 아니었다. 뭔가 그립기도 하고 외롭기도 한 내 마음을 갈피 잡을 수 없었다.

그런 중에도 다행이랄까, 공부는 늘 상위 그룹을 지켰다. 고등학교 과정도, 대학 과정도 톱을 지켰으나, 마음은 갈피를 잡지 못하고 방황했다. 심지어 신경쇠약 증세를 보이며 취업도 어려운 형편이 되었다. 그런 중에 스물다섯의 나이에 시인으로 등단하고, 경쟁이 심한 신문사 공채 기자직도 무난히 합격하는 기쁨을 누렸다. 그러나 내 인생의 모든 계획이 처음에는 성공하는 기쁨을 누리는 듯했으나, 그 기쁨은 지속되지 않았다. 이런 현상이 나의 평생의 과제가 되었다. 이 문제는 우울증과 자기 폐쇄라는 날벼락 같은 운명을 경험하게 하며 아직도 그 충격을 벗어나지 못하고 있다는 증거로 남아 있었던 것이다.

그러면 이 문제의 해결 방법은 없는가? 첫째로는 내 마음의 비밀을 털어내는 것이다. 다시 말해, 의식의 대청소를 시행하는 것이다. 그러면 어떻게 털어내는가? 마음의 비밀을 공개하는 것이다. 상담을 통해, 글을 통해, 가족을 통해, 마음의 아픔을 나누는 기회를 가지면 좋을 것이다. 특히 아우구스티누스의 『고백록』은 청년기의 방탕한 생활을 털어냄으로써 영적 회개에 이르는 길을 보여주었다. 그의 대담한 고백은 모든 것을 잃게 했지만, 다시 그 이상의 것을 소유하게 했다.

둘째로는 빈 마음에 새로운 기쁨을 채워 넣는 것이다. 쉬지 않고 기쁨의 기억이라는 발동기를 돌리라는 말이다. 이러한 2가지 방법은 자서전을 집필하면서 모두 해결이 가능하다. 그런데 자서전을 쓰는 과정에서 나에게 안겨진 가장 어려운 과제는 지속적인 기쁨을 유지하는 습관을 갖는 것이다. 앞서 지적했듯이 기쁨의 발동기가 꺼지지 않도록 내 인생의 순간들을 잘 관리하는 일이 중요하다.

기쁨의 스토리를 써라

자서전을 집필하면서 기억나는 기쁨의 순간을 놓치지 않는 것이 중요하다. 그 기쁨의 원인과 내용을 하나의 스토리로 메모해두면 좋을 것이다. 사소하고 작은 일에도 기쁨을 느끼는 것은 인격 속에 기쁨이 들어와 있기 때문이다. 즉 기쁨이 인격화되었다는 말이다. 억지로 노력하지 않아도 기뻐하는 마음은 자연스러운 마음의 표현이다. 남의 잘못을 잘 용서하는 너그러움은 그 마음이 기쁨으로 가득하기 때문에 가능하다. 또 삶의 목적이 분명하고 목표가 구체적일 때, 기쁨은 더욱 높게 나타난다. 그러나 늘 기뻐할 수는 없다. 몸과 마음이 탈진 상태에 이르고 부정적 분위기가 나를 둘러쌀 때, 기쁨은 사라진다.

이런 상황을 위하여 우리는 기쁨의 스토리를 준비해야 한다. 이 기쁨의 스토리는 내 자서전 속에 이미 준비되어 있다는 것을 알아야 한다. 기쁨은 순전한 즐거움의 결과이다. 어떤 환경에서도 매일 마음에 기쁨을 누리는 것이 진정한 기쁨이다.

"30년 동안 미국 대법원의 대법관을 지낸 홈즈는 혹시 다른 직업을 고려한 적이 있었는가라는 질문받았을 때, 이렇게 말했다. '내가 아는 어떤 목사님이 장의사처럼 행동하지만 않았어도 나는 아마 목회자의 길로 갔을 겁니다.' 그리 듣기 좋은 말은 아니지만, 그의 말은 목회자나 신앙의

연륜이 깊은 성도라고 할지라도 그들의 삶에서 기쁨을 찾기란 어렵다는

뜻이다."

　　— 마이클 지가렐리, 『예수의 품성을 가진 크리스천』, 87쪽

독자에게 드리는 질문

1) 당신은 살아오면서 기뻐한 날이 얼마나 있었는가?

2) 기쁨을 다시 회복하기 위해 스스로 노력한 일이 있었는가?

05

질문5 : 나에게 영향을 준 사람, 좋아하는 사람은 누구인가?

우연한 만남

『땅콩박사』라는 제목의 조지 워싱턴 카버 전기를 읽은 지는 20년이 채 되지 않는다. 오십 중반에 읽었으니 참 늦은 만남이었다. 왜 그렇게 말하느냐 하면, 이 책은 청소년을 위한 기독교 서적으로 분류되었기 때문에, 다 큰 어른이 읽기에는 적당하지 않을지도 모른다고 생각했다. 그러나 결과는 정반대로 나타났다. 우연하게도 내가 들렀던 기도원 서가에서 이 책을 발견하고, 『땅콩박사』라는 제목에 끌려 읽었을 뿐이다. 첫 페이지부터 몰입되어 이틀 만에 다 읽고 카버 박사가 누군지 인터넷까지 뒤져보았다. 인성과 인격 면에서 더없이 훌륭한 분이었고 그의 전기는 이미 미국 청소년들의 필독서임을 알았다. 당시 나는 기독교인의 품성에 대해 큰 관심을 가졌던 무렵이었다. 당연히 카버 박사의 겸손하고 친절하고 긍정적인 인품은 배워야 할 분야이기도 했다. 무엇보다 참담한 현실에서도 굴하지 않고 성공의 길을 걸어간 그의 놀라운 일생에 감동하지 않을 수 없었다.

이미 언급했듯이 카버 박사는 쓰레기처럼 버려진 가련한 흑인 노예의 갓난아기였을 뿐이었다. 2남 1녀 중 막내로 태어났으나 형 짐과 둘만 살아남았다. 그는 성장하면서 여러 좋은 사람들을 만나 그들로부터 인도적인 도움과 긍정적인 영향을 받아 마침내 흑인 농학자요, 식물학자이며 발명가로서 '위대한 미국인의 명예의 전당'에 올려진 위대한 인물로 변화되었다. 이른바 "개천에서 용 난다"는 말대로 맨바닥에서 일어나 성공한 인물이 되었다. 그가 타계하기 몇 해 전, 〈타임〉지는 그의 놀라운 재주를 알고 그를 가리켜 "검은 레오나르도 다빈치"라고 불렀다. 또 당시 세계적 인물인 간디와도 교류하며 비폭력적 삶을 실천하며 세상을 변화시켰다.

카버 박사에게 영향을 끼친 사람들

보잘것없는 흑인 노예의 아이였던 조지 워싱턴 카버 박사가 일약 세계적인 인물로 성장하기까지는 혼자의 노력으로만 그렇게 될 수 있었던 것이 아니다. 여러 선한 이웃들이 그를 돌보고 가르치고 일으켜주었다. 그러므로 인간의 앞날은 그를 사랑하시는 하나님 아버지의 손길에 따라 결정된다는 말을 그는 진심으로 믿었다. 깊은 신앙심의 원천도 선한 인격의 자원도 모두 그가 존경하고 좋아하는 사람들로부터 배운 것이다. 이것이 그가 세상 앞에 조금도 원망하거나 불만을 가질 수 없는 이유이다. 오로지 겸손과 친절로 세상 앞에 보답해야 할 책임과 사명만 그에게 있었던 것이다.

그는 태어나자마자 죽어가고 있었다. 이름조차 없는 가련한 아기 신세로부터 그를 구해낸 사람은 그의 양부모를 자처한 모지스 카버와 수잔 카버라는 백인 부부였다. 그들은 온 정성을 다해 가냘프고 허약한 그를 키워주었고 '카버'라는 성씨까지 인정해준 선한 이웃이었다. 조지는 장로교 신자인 그들을 기억하며 평생 감사했다고 한다. 조지 역시 평생 장로교 교인으로서 교회에 출석하며 그들이 가르쳐준 소중한 믿음의 유산을 지켜갔다.

조지는 공부하기 위해 도시에 있는 링컨학교를 다닐 때, 그를 도와준 마리아 왓슨 흑인 아줌마와 그의 남편을 역시 기억하지 않을 수 없을 것이다. 그들은 아프리카 감리교인으로서 기독교인의 덕성을 가득히 품고 있었고 그것을 조지에게 남김없이 나누어주었다. 모지스 부부의 집을 떠나 배우기 위해 조지가 유색인종을 위해 세운 링컨학교를 찾아가 기초교육을 받을 때, 그들은 조지에게 가정생활에 대해서도 진정을 다해 가르쳐주었다.

그들도 자녀가 없었기에 조지를 아들로 여겼던 것이다. 무엇보다 하나님의 선하심을 말씀대로 가르쳤다. 또한 청결함, 근면함, 손님 대접, 요리법 등 가정생활에 필요한 덕목들을 가르쳤다. 이러한 덕목들은 조지가 나중에 오두막에서 혼자 살아갈 때, 장로교 교인으로서 긍지와 겸손을 실천하는 좋은 습관이 되었다. 이때 마리아 왓슨 아줌마는 조지로 하여금 흑인으로서 왜 공부를 해야 하는지에 대한 의미와 동기를 마음에 깊이 새기게 하였다.

"조지! 세상에 나아가거라. 네가 배운 것을 우리 동족에게 가르쳐주어라. 그들은 조금이라도 배우지 못해서 굶주리고 있다."

조지는 고학으로 스스로 돈을 벌면서 경제 문제와 학교 공부를 감당했다. 이 가운데서도 그는 성실한 교인으로 살았고, 교회를 통해 돕는 손길을 만났다. 루시 아줌마를 통해 세탁업을 배웠고 밀홀랜드 부인을 통해 심프슨 미술대학에서 그림 공부를 했다. 또 미술대학의 버드 교수를 통해 아이오와 농과대학을 다니게 되었고 거기서 만난 리스턴 부인과 윌슨 교수 덕분에 인종 차별을 당하지 않는 안정된 대학 생활을 마치고 연구원으로 공부를 계속할 수 있었다.

그 무렵, 그에게는 위대한 한 인물이 나타났다. 그는 이제 막 노예해방의 선언으로 태어난 400만의 미국인 흑인에 대한 커다란 비전을 가지고 있었다. 그것은 그들에게 생존을 위한 지식과 진취적인 기상과 기회를 전해주는 것이었다. 그의 이름은 당시 흑인사회의 리더이며 사상가이고 교육자인 부커 T. 워싱턴(Booker T. Washington, 1865~1915)이었다.

부커는 명연설가였다. 곳곳을 다니며 흑인종이 살아남기 위해 경제력을 가져야 하고 경제력을 갖기 위해 기술을 익혀야 한다고 외치며 흑인의 '실력 양성론'을 주장하였다.

이런 취지로 그는 앨라배마주 터스키기에 기술학교를 세워 공업과 농업 분야의 인재를 양성하는 일에 전념하였다. 이때 그는 조지에게 교수로 와달라는 초청장을 보냈다. 조지는 당장 그의 요청을 수락하였으나, 아이오와 대학교는 허락하지 않았다. 그러나 조지의 결단을 꺾을 수는 없었다. 두 사람의 만남과 두 사람이 이룩한 흑인사회의 변화 운동과 미국을 부강하게 하는 농업 기술의 개량은 미국 흑인만 아니라, 미국 전체를 빈곤에서 풍요로 전환시키는 큰 계기를 만들었다. 그들의 자세한 이야기는 전기에 잘 소개되었다.

조지는 마리아 왓슨 아줌마로부터 들은 충고를 잘 기억하고 있었다. "네가 배운 것을 우리 동족에게 가르쳐주어라." 조지는 타스키기 대학에 몰려드는 농민들만 아니라, 직접 농업 현장을 찾아가는 이동 수업을 실시했다. 흑인 농부들은 변화되기 시작했고, 미래에 대한 자신감과 꿈을 회복하였다. 조지는 미국 남부의 병충해로 퇴락해가는 주 작물인 면화 농사를 중단하고 땅콩을 재배하도록 했다. 땅콩 농사는 미국 남부의 경제를 단번에 상승시키며 새로운 시대를 열었다.

자서전은 인생 성공의 공식을 보여준다

사람의 인생은 그가 만나는 사람으로 인하여 큰 변화를 맞이한다. 그래서 어떤 사람을 만나고 그로부터 어떤 영향을 받았는가가 인생의 방향과 내용을 결정한다. 이것은 비단 만나는 사람에게만 국한된 것이 아니다. 우연히 읽은 책 한 권이 사람을 변화시킬 수도 있다. 책이 사람의 생각을 변화시키고 행동을 변화시키며 운명도 변화시킨다. 이뿐 아니라, 생각지 않은 갑작스러운 사건이 사람의 운명을 바꾸는 경우도 비일비재하다. 카버 박사의 전기를 읽으며 재미있는 인생의 성공 공식을 볼 수 있다.

첫째는 카버 박사의 느리면서도 꾸준하고 낙천적인 품성이 그를 성공의 길로 안내하는 것을 보게 된다. 인내와 끈기와 감사가 그의 인격을 형성하는 가장 강한 요인이다. 둘째는 남을 도와주기를 좋아하는 친절하고 겸손한 태도가 이웃을 감동시키고 새로운 사람을 만나게 해준다. 셋째로는 한 가지 좋은 일을 계속 성장시키면 더 좋은 일을 향해 새롭게 길이 열리는 기적을 만난다. 넷째, 개인적 근면함과 진실함이 마지막에는 국가적 공익에 기여하는 일을 이룩한다. 카버 박사는 어려서는 어느 시골 동네의 장미꽃을 돌보는 노예 출신의 고아에 불과했으나, 좋은 사람들을 만나면서 인생의 지위가 상승되고 영역이 확장되는 진정한 성공의 길을 걸었다.

남은 인생을 성공한 인생으로 살아가려면, 어떻게 해야 하는가? 먼저 나는 누구를 만났는가를 돌아보라. 그는 성공한 사람인가? 실패를 되풀이하는 사람인가? 그들을 면밀히 살피고 나는 누구로부터 영향을 받았는가를 생각해보라. 특히 우리는 성장기일수록 사람의 영향력에 아주 예민하다. 누군가를 좋아하고 닮아보려고 애를 쓴다. 그 대표적 사례가 연예인의 팬클럽이다. 남자 가수나 여자 가수를 우상처럼 따르려는 그 열정을 부정적으로 볼 필요는 없다. 누가 뭐래도 그 연예인이 그들이 세상에서 가장 좋아하는 사람이기 때문이다. 그러나 분명한 공통적 성공 공식은 "성공하려면 성공한 사람을 만나라. 성공을 위해 끊임없이 노력하는 사람을 만나라"는 것이다. 긍정적인 생각은 긍정의 문을 열어주고 부정적인 생각은 부정의 문을 열어준다. 이 단순하고 분명한 공식은 지금도 우리의 운명을 이끌어간다.

1) 당신이 정말 좋아한 사람, 영향을 받은 사람은 누구인가?
2) 당신이 주로 만나온 사람들은 긍정의 사람인가? 부정의 사람인가?

06

질문6 : 내 인생에서 가장 잘한 일은 무엇인가?

칭찬은 고래도 춤추게 한다

인생에서 가장 잘한 일을 찾는 일은 자서전의 글감을 찾는 일에 있어 매우 중요한 자리를 차지한다. 집필자로서는 명예로운 일이고 하나의 업적에 해당되는 일이기 때문이다. 그러면 잘한 일이란 무엇인가? 그것은 누군가로부터 칭찬을 받을 만한 일을 말한다. 그만큼 보람 있는 일이고 또 칭찬이나 박수를 받을 일을 말한다. 그렇다고 흔히 위인전에서 만나는 인류에 공헌하는 위대한 일만 얘기하는 것이 아니다. 사소하고 작은 일이라도 내 마음을 흡족하게 하고 양심에 기쁜 일이라면 잘한 일이 아니겠는가? 지난 인생에서 그런 일들을 기억해내는 것은 인생을 더 특별하게 만들고 따뜻한 온기로 채울 것이며 또 인생을 메마르지 않게 할 것이다.

길거리에서 종이 박스를 줍는 어떤 할머니는 함께 살아가는 유기견 '미미' 때문에 하루하루 사는 일이 즐겁다고 한다. 가족이 없이 떠돌아다니던 '미미'를 돌봐준다는 것이 외로운 할머니에게 삶의 의미와 보람을 안겨주기 때문이다. 이처럼 작고 사소한 일이 내 생명의 심장을 뛰게 한다면, 바로 이것이 세상 사람들이 험한 세상을 살아가는 이유가 아니겠는가? 비록 보잘것없어 보여도, 거기에는 삶의 의미가 존재한다. 그러므로 누구나 나는 내 인생에서 어떤 보람을 느끼며 사는가를 진지하게 물어보아야 한다. 이 질문은 나에게 내 삶의 참다운 가치를 발견하게 하는 순간을 가르쳐준다. "그래, 참 잘했다." 내가 나를 칭찬하는 순간, 나도 일어나 춤을 추게 된다.

캠 블랜차드의 『칭찬은 고래도 춤추게 한다』(21세기북, 2014)는 책은 한국에서만 120만 권이 팔린 베스트셀러다. 초판 발간 이후 16년이 넘도록 꾸준히 팔려온 자기계발서이다. 이 책은 범고래 한 마리가 3톤이 넘는 그 육중한 몸을 공중에 날리게 하는 조련사의 특별한 훈련 방법과 과정을 현장에서 본 그대로 소개하면서, 그 가장 핵심 기술은 긍정적 칭찬에 있다고 밝히고 있다. 저자는 이 칭찬이야말로 개인과 집단을 변화시키는 위대한 힘을 가졌음을 보여주었다. 범고래가 신이 나서 춤을 추는 모습을 보이는 것은 범고래가 조련사에게 보이는 신뢰감의 표현이라는 것이다. 조련사의 말에 의하면 특별한 훈련이 필요한 것이 아니라, 조련사가 범고래에게 위험한 존재가 아니라는 믿음을 심어주기까지 조련사는 그저 참고 함께 놀아주면 된다는 것이다. 어떤 행동을 강요하거나 압박해서는 안 되고 그저 오래 함께 지내는 인내심만으로 범고래는 변화되는 것이라고 했다. 그 조련 기술은 일명 '고래 반응(Whale Done Response)'이라 불리는 훈련법에 있었다. '고래 반응'이란 범고래가 쇼를 멋지게 해냈을 때는 즉각적으로 칭찬하고, 실수했을 때는 질책하는 대신 관심을 다른 방향으로 유도하며, 중간중간에 계속해서 격려하는 것이 핵심이다.

나 역시 칭찬을 기다리는 범고래와 같다. 인생이라는 대양을 헤엄치며 다니지만, 그 넓은 인생 바다를 건널 적에 누군가 나를 응원한다면, 내가 참 잘하고 있다고 칭찬한다면, 나는 힘든 줄 모르고 헤엄쳐 건널 것이다. 그래서 누가 나를 칭찬하는지, 나의 어떤 생각과 행동이 나를 칭찬받게 만드는지를 돌아볼 필요가 있다. 자서전에 그러한 나의 모습을 자세하게 그려둔다면, 나에게 힘이 되고 언제라도 고래처럼 뛰어오르는 도약을 보여줄 계기를 제공한다.

어릴 적 내 고향에는 여름철이면 동네 아이들이 즐겨 찾는 곳이 있었다. 시냇물이 강으로 흘러드는 곳에 깊은 웅덩이가 생겨, 아이들에겐 신나는 동네 수영장이 되었다. 그런데 초등학교 3학년이 되도록 나는 헤엄을 칠 줄 몰랐다. 그 좋은 물놀이를 즐길 줄 모르고 물가에서만 놀았다. 그러던 어느 날 용기를 내기로 했다. 웅덩이로 몸을 던져넣기로 한 것이다. 그러나 웅덩이로 뛰어들어갔지만, 몸은 밑으로 가라앉았다. 발버둥을 치면서 올라왔지만, 또 가라앉았다. 덜컥 겁이 났다. 그러나 소리칠 수 없었다. 물에 빠졌다는 사실이 소문이라도 난다면 창피한 일이었다. 그래서 허우적거리며 발버둥만 쳤다. 바로 그때, 같은 반 친구인 장다리가 나를 유심히 보더니 텀벙 물속으로 뛰어들어, 나를 건져 올렸다. 키가 크다고 해서 장다리란 별명이 붙은 그는 나에게 와서 "괜찮아? 겁먹으면 안 돼. 천천히 발을 움직이면 몸이 뜨는 걸 느낄 거야." 하면서 나를 위로해주었다. 나도 모르게 눈물이 나왔지만, 용케 참아냈다. 그러나 그날 얼마나 놀랐는지, 그에게 고맙다는 말도 채 하지 못했다.

그런 일이 있고 나서, 내가 처음으로 헤엄쳐 동네 웅덩이 물을 건넌 것은 이틀 후였다. 내가 웅덩이를 헤엄쳐 막 건넜을 때, 내 친구는 진정한 박수로 나에게 칭찬을 표시했다. 그 순간, 그의 박수는 진정으로 나를 안아주는 것 같았다. 비록 개헤엄에 불과했지만, 나는 그때부터 헤엄을 칠 수 있었고 늘 그를 따라 강가의 위험한 곳도 겁 없이 다녔다. 그는 내 생명을 구한 은인이었고 내가 가장 좋아하는 친구이며 또 내가 잘하는 일에 늘 박수를 보냈기 때문이다. 나는 그를 신뢰했고 그 역시 나를 좋아했다.

북한 형제들의 생명을 구하다

나는 나이가 예순이 지나서야 북한의 현실에 눈뜨기 시작했다. 한 시
민단체에서 봉사하면서 이 나라의 좌경화가 가져올 위험과 북한 체제가
가져온 '고난의 행군'의 비극적 사태를 알게 되었다. 이 자리에서 자세히
밝히기는 어렵지만, 탈북자 가족을 구출하는 일에 작은 수고를 바치는
일이 기쁘고 보람이 있었다. 위험한 현장에서 탈북자들을 돕는 선교사들
을 지원하는 일이 내가 책임진 사역이었다. 북한에서 넘어온 탈북자에
대한 정보가 입수되면, 상황을 파악하고 구출팀과 연결해주고 재빨리 구
출 비용을 현장에 전달하고 그 과정을 지켜보았다. 매번 위험이 따르기
때문에, 계획의 마지막 순간까지 무사 탈북과 안전한 한국 도착을 위해
간절히 기도하지 않을 수 없었다.

그것은 마치 웅덩이에 빠진 나를 구해내던 장다리의 모습을 기억나게
한다. 깊은 물에서 내가 생명을 구원받은 일에 대해, 이제야 그 고마움을
갚을 수 있게 되었다는 생각이 떠올랐다. 북한 형제의 생명을 구하는 일
은 나를 위한 하나님의 계획이 아닌가 하고 생각했다. 그래서 탈북 난민
을 구출하는 이 프로젝트는 나에게 있어 더없이 보람찬 일이요, 내가 가
장 잘한 일이라는 생각을 가졌다. 다음은 몇 년 전 필자가 쓴 칼럼이다.
북한 탈북자와 근로자들을 돕는 일이 지금 생각해도 참 잘한 일이라고
느끼게 해준다.

"북한 근로자들은 가끔 인편으로 오는 서신에 목을 맨다. 당에서 관리하는 정기적인 우편물 배달이 있지만, 근로자들은 이것을 잘 이용하지 않는다. 서신의 내용이 철저하게 검열되기 때문에 하나 마나 한 소식통이라고 신뢰하지 않는다. 그래서 근로자들은 저마다 자기 방법을 찾아 이용한다. 대개는 평양으로 들어가는 사람들을 통해 은밀하게 전달한다. 가장 손쉬운 방법은 송금하는 인편을 통해 서신을 전달하는 것이다. 그러다 보니 시간이 걸리기 마련이다. 통상 열흘 이상의 시간이 필요하다.

고향에서 보내온 서신의 봉투를 기쁨으로 뜯는 강영한(43, 가명) 씨의 손은 떨린다. '철이 아빠에게 보냅니다.'라는 첫 구절을 읽으면서 벌써 평양에서 들려오는 아내의 목소리를 느낀다. 독특한 억양과 음색까지 또렷이 기억이 나서 가슴이 뛴다. 편지를 받아본 지가 넉 달이 넘는다. 아프다던 막내는 건강한지, 가족을 먹여 살리는 아내는 얼마나 힘들어하는지, 궁금한 일들이 한꺼번에 밀려온다. 편지를 보다가 갑자기 그는 울컥 흐느끼며 편지에 자신의 얼굴을 묻는다. '야, 보고 싶구나.' 하고 가만히 속삭인다. 5살 막내가 자기 손바닥과 발바닥의 윤곽을 흰 종이에 그려놓았다. '아빠' 하고 금방이라도 안겨들 것 같이 막내딸 얼굴이 떠오른다.

편지에는 온갖 사연이 담겨 있지만, 중심 내용은 건강과 경제 문제로 귀결된다. 북한 근로자들이 러시아나 중동 땅에서 온갖 고생과 수모를 당하면서도 침묵으로 견디는 이유가 오로지 고향의 가족 때문인 것이다. 당에 상납금을 바쳐야 하는 것 외에도, 수단 방법을 다해 돈을 벌어야 하는 이유가 여기에 있다. 명시되어 있지는 않지만, 북한으로 돌아오지 말라는 가족의 외침이 편지 가운데 넘쳐난다. 북한 상황이 어려우니 들어오지 말고 그곳에서 살며 생활비를 보내 달라는 것이다."

– 칼럼 〈북한통신–고향에서 보내온 편지〉

이들을 어찌 돕지 않을 수 있는가? 필자로서는 가슴 찢어지는 연민의 마음과 동포애를 느끼며 이들을 돕는 일은 가장 잘한 일이란 생각을 갖지 않을 수 없다. 저마다 자신의 인생을 아름답게 만드는 일들을 몇 가지 정도 모두 경험했을 것이다. 사회와 이웃에게 도움을 주는 공익적 일이라면, 그것을 자세히 기록해두어라. 당신은 칭찬받을 만한 일을 해낸 것이다. 당신의 인생을 장식할 가장 아름다운 꽃들이 당신의 가슴에 피어날 것이다.

독자에게 드리는 질문

1) 당신이 정말 좋아한 사람, 영향을 받은 사람은 누구인가?
2) 당신이 주로 만나온 사람들은 긍정의 사람인가? 부정의 사람인가?

질문7 : 가장 그리운 것은 무엇인가?

자서전은 그리움의 기록

자서전이란 사실상 그리움의 기록이다. 지난 인생의 모든 기록은 그리
움으로 남아 내 가슴을 뛰게 만든다. 많은 사람이 살아온 이야기를 쓰고
싶어 하는 까닭은 그리워하는 사람을 잊어버리기 전에 기록으로 남겨두
고 싶기 때문이다. 특히 탈북 형제들을 만나면 그들이 지금 가장 하고 싶
은 일은 지난날들의 이야기, 그중에도 내 고향 북한 땅을 세밀하게 기록
해두고 싶어 한다. 거기서 만났던 고향 사람들의 이름이며 얼굴 모습이
며, 그 모든 것을 이야기하고 싶은 것이다. 남한에서 태어난 내 어린 자

녀들에게 전해주고 싶은 것이다.

"탈북 형제들이 겪는 가장 가슴 아픈 일은 그리움이다. 고향을 그리워하는 향수와 가족을 보고 싶어 하는 애끓는 마음을 무엇에 비교할 수 있겠는가? 3만여 명의 탈북 가족들이 남한 땅에 정착하는 동안, 남북의 가족은 이리저리 찢기는 아픔을 겪는다. 보고 싶은 부모 형제들을 만나지 못한 사람들이 당하는 슬픔의 깊이는 그 누구도 짐작조차 못 할 것이다. 신앙 고백적인 탈북수기인 『빛이 그리워』를 남기고 북한으로 다시 끌려간 '주 에스더' 선교사는 그의 책에서 고향을 '제비가 찾는 그리운 강남'이라고 노래했다. 탈북자들은 누구나 마음의 강남을 안고 산다.

사람은 저마다 자기 정체성의 뿌리가 있다. 이 뿌리가 뽑힌 사람이 가장 불쌍하다. 그래서 하나님은 고아, 과부, 나그네를 불쌍히 여기라고 하셨다. 인생의 뿌리가 뽑힌 그들에게 새로운 뿌리를 내릴 수 있도록 도우라는 말씀이다. 3만여 명의 탈북 형제들도 고향과 부모, 형제라는 가족의 뿌리를 잃어버린 사람들이다. 이처럼 영적으로나 육적으로 자기 뿌리에 관한 본질적인 상실감에 시달릴 때, 그것을 회복하고자 하는 심리적 반응으로 그리움의 병을 앓는 것이다."

– 칼럼 〈북한통신-그리움의 병을 앓는 사람들〉

어른으로 장성한 사람들이 가장 그리워하는 것은, 앞서 누차 얘기했듯이 유년 시절이다. 거기에는 고향이 있고, 부모와 형제들이 있고, 또 허물 없는 친구와 무엇보다 첫사랑이 있다. 그때는 아직 어렸지만, 감성의 촉감은 가장 예민하여 모든 일이 생생하게 살아난다. 몇 해 전, 여든이 넘으신 선배께서 수필집을 내셨다고 나에게 보내왔다. 책은 고향 이야기로 가득했다. 그리운 사람, 그리운 풍경, 그리운 사건들, 이런저런 고향의 에피소드가 수필집을 가득 채웠다. 놀라운 것은 고향 이야기 속에 등장하는 모든 것들이 엊그제 보고 온 것처럼 너무나 구체적이고 생생하다는 점이다. 여든이 넘으셔서 기억력이 감퇴되었으리라 생각되었지만, 아니었다. 마치 내가 현장을 직접 보는 듯 세밀하게 기억의 영상을 보여주었다.

"어느새 해가 지고 별이 뜨고 있었다. 서쪽 하늘은 황혼을 마무리라도 하듯 지평선 저쪽으로 누런 줄을 띠고 있었다. 물론 학교 오후 수업은 모두 빼먹고 말았다. 그러다가 누가 흔드는 바람에 눈을 뜨니 누나의 큰 얼굴이 내 눈앞에 있었다. 내가 겁에 질려 벌떡 일어나니 누나는 내 손목을 잡았다. 아까는 미안했다고 사과를 했다. 그리고 내 손에 무엇을 쥐여주는데, 종이에 싼 그것이 무엇인지 모르지만, 나는 어깨를 들썩이며 울었다. 누나도 거기 앉아 울었다. 누나는 당부하는 말로 다시는 공장을 기웃거리지 말라고 했다. 나는 고개를 끄덕였지만, 울음이 멈춰지지 않았다. 누나와 함께 산을 내려오면서 손에 쥔 것을 펴보니 큰 눈깔사탕이었다."

　－ 김기동 수필집, 『이야기가 있는 산』

자서전을 집필하는 일을 어려워할 필요가 없다. 일단 어떤 주제 속에 내 기억의 탐조등이 켜지면, 거침없이 써가는 경험을 할 수 있다. 그리움들은 저마다 살아나 자기 이야기를 조금도 막힘없이 들려주기 때문이다. 그래서 그리움의 스토리를 주제별로 묶어놓으면 마르지 않는 글감이 되어 내 영감에서 샘솟는 것을 느낄 것이다. 나는 최근 문학지 〈문학과창작〉(2021, 가을호)에 고향을 주제로 하는 5편의 시를 발표한 일이 있다. 시골에서 경험했던 풍경과 이미지가 60여 년이 지나도록 나의 뇌리에 그대로 남아 있다는 것이 놀랍게 느껴졌다.

아버지를 따라 왕진을 갔다.
자전거 뒷자리를 차지하고
뉘엿뉘엿 해 질 무렵에 고개 넘어
안골 동네로 아버지를 따라갔다.
(중략)
가난한 살림에 몸까지 병든 아저씨가
수고하셨다고 많이 드시라며 못내 안쓰러워한다.
늦은 밤, 서둘러 어둑한 외양간 집을 나섰다.
자전거에 매달려 멀리멀리 달려가도
아버지 등에서는 아직 쇠죽 냄새가 났다.
밤길은 쇠죽을 삶은 듯 깊고 아늑했다.

– 김창범의 시, 「밤길」

그리움은 사랑과 열정과 목표의 원천

그리움을 이겨내지 못하면, 그것은 병이 되어 부정적 의식을 키우고 마음을 좌절로 이끌어가지만, 건강한 그리움은 나를 점차 성숙된 사랑으로 이끌고 그 힘은 실제적인 열망의 에너지로 승화되어서 내 인생의 굳건한 목표로 세워진다. 그러므로 지금 내가 지난 인생을 그리워하는 마음은 무엇을 그토록 원하는가를 스스로 살펴볼 필요가 있다. 지금 생각해보면, 나는 청소년기에 누군가에 대한 그리움을 이기지 못하여 혼자서 많이 울었다. 자학적으로 그 울음을 즐기는 모습이었다. 청소년기에 보여준 나의 건강하지 못한, 이런 우울한 증상은 그 후 청년기와 장년기에도 나타나 가끔 나를 슬프게 하였다. 나는 얼마든지 털어버릴 수 있는 이 어두운 마음의 상처를 훌훌 털어내지 못하고 혼자 끙끙거린 것이다.

사람마다 그리움의 내용이나 형식, 또 그 깊이가 다 다르겠지만, 그것이 각자에게 미치는 영향은 결코 간과할 일이 아니다. 깊은 슬픔을 벗어나지 못하여 내 인생의 소중한 시간과 에너지를 헛되이 소모할 수도 있다. 음주와 방탕함으로 슬픔을 이기려고도 할 것이다. 그러나 이때 그리움을 건강한 에너지로 순치시키는 지혜로운 방법은 누군가에게 솔직하게 나를 고백하는 것이다. 이럴 때, 가장 좋은 방법은 전문가의 심리 상담을 받는 것이다. 종교나 신앙적 접근은 그 다음의 작업이다.

　내가 평생에 걸쳐 그리움의 콤플렉스에 빠져서 허우적거리는 모양은 어릴 적에 헤엄칠 줄 몰라서 웅덩이에 빠졌던 내 모습과 너무나 유사하다. 더 이상 미적거려서는 안 되는데도, 나는 그리움의 부정적 양상을 덮어쓰고 지냈으니, 이 얼마나 어리석은 일인가? 그러나 나에게는 장다리와 같은 친구의 도움이 없었다. 나는 혼자 몸부림치며 웅덩이를 벗어나려고 애를 썼다. 오랜 시간에 걸쳐 매달린 신앙적 관심도, 시 창작의 작업을 회복한 일도, 이 일과 연관이 되었다는 사실은 나중에야 깨닫게 되었다. 다행히 시를 30년 만에 다시 쓰면서 유년의 그리움을 창의적으로 승화시키는 작업을 할 수 있었으며, 그리움의 부정적 영향을 해소해갈 수 있었다. 처음부터 시 창작을 마음의 치유를 목적으로 시작한 것이 아니었다. 다시 말하지만 내 이성적 의지와는 상관이 없었다. 내 몸과 마음이 먼저 요구한 일이었다.

　자서전은 바로 이러한 측면에서 내 오랜 기억들을 새롭게 태어나게 한다. 너무 오래되어서 곰팡이마저 생긴 기억들을 깨끗이 씻어내는 기능적 역할을 해내는 것이다. 그리하여 그리움은 아름다운 사랑(반드시 이성과의 사랑에만 국한하지 않는다.)을 만드는 에너지가 되고, 내가 진정으로 쏟아야 할 일에 열정을 투자할 줄 알게 되고, 그리고 내가 성취해야 할 고매한 목적과 목표를 선택하고 세울 줄 알게 한다. 즉, 가치 있는 인생이 무엇인지를 알게 해준다. 그러므로 자서전은 모든 그리움을 마지막 결론으로서 언급할 가치가 있는 것이다. 즉, 그리움을 건강한 모습으로 되돌려놓는 작업을 마지막으로 잘 해낸다면, 자서전은 그 본래의 역할을 잘했다고 자랑해도 좋다. 이로 인하여 인생의 의미가 자서전 전체에 살아 있음을 우리는 기뻐할 것이다.

독자에게 드리는 질문

1) 지금까지 살아오며 가장 소중하고 그리운 것은 무엇인가?
2) 당신의 인생에 있어서 결코 양보할 수 없는 가장 가치 있는 일은 무엇인가?

4장

마음속 이야기가 100일 만에 책이 된다

"당신이 책을 쓰기에 적합한 이유는 '당신만의 이야기를 가졌기 때문이다.' 어디서도 들어보지 못한 그 새로운 경험을 이야기로 듣고 싶어 하는 독자들은 지금 당신의 이야기를 듣고 싶어 하고 그 이야기를 들려주고 싶어 하는 출판사는 당신의 이야기를 책으로 출판하기를 학수고대하고 있다. 이것이 현실이다." (본문 230쪽)

01

고비마다 숨겨진 인생 스토리와 키워드를 찾아라

자서전을 대하는 2가지 태도

우리는 이제 본격적인 자서전 집필 단계에 들어섰다. 지금까지 나는 자서전의 의미와 필요성, 자서전이 우리 인생을 움직이게 하는 기능과 역할을 설명하려고 노력했다.

이를 통해 결과적으로 내 인성과 인격이 변해야 하고 성숙에 이르러야 한다. 이것이 자서전의 참된 목표가 아닌가? 그래서 자서전을 대하는 태도로서 우리는 아래 2가지를 견지하는 것이 좋다.

첫째는 자서전에 등장하는 사건이나 인물에 대해 늘 긍정의 의미를 부여하고 긍정의 시각을 가져야 한다. 아무리 비극적이고 고통스러운 상황이라도 그 상황에 부정적 의미의 옷을 입혀서는 안 된다. 그 순간, 우리는 악마와 일대 결투를 벌이고 있다는 사실을 명심해야 한다. 비극을 비극으로 인정하고 고통을 고통으로 인정하면, 우리는 자연적으로 실패한 인생을 살고 만다. 그렇다고 성공이 사라진 현실을 인정하지 말라는 주장이 아니다. 다만 성공을 위한 준비 단계일 뿐이라고 새로운 의미를 부여하자는 것이다. "성공이 올 때가 되었다. 때가 되면 성공은 나와 함께 저 고지에 우뚝 설 것이다. 성공이 우리에게 곧 올 것이다. 나에게 이제는 고통이란 없다. 실패란 말은 아예 꺼내지 말자." 이렇게 당당히 외쳐야 한다.

둘째로 거듭 말하지만, 자서전은 지나간 이야기가 아니라는 점을 명심해야 한다. 비록 자서전 속에는 과거 이야기만 쓰여 있지만, 옛날 책이 아니다. 자서전은 오늘의 책으로 읽어야 하고 미래의 책으로 배워야 한다. 자서전에는 나의 성장 기록이 세세히 쓰여 있다. 나 자신의 몸만 자라는 것이 아니라, 내 의식과 정신이 성장해온 과정을 읽을 수 있다. 오늘날 내가 존재하는 까닭을 알고 나의 정체성을 깨닫는 근거가 자서전 가운데 들어 있다. 과거에 내가 경험했던 일을 통해 미래의 남은 인생을 위해 훌륭한 인성과 인격을 만들어가는 것이 내가 자서전을 쓰는 목적이다. 나 자신이 깨우친 교훈을 자녀에게 전하고 또 후손에게 전하는 일이야말로 가장 아름다운 일이다.

이러한 2가지 관점에서 자서전을 계획하고 집필한다면 좋을 것이다. 이제 4장 전체를 통해 실제로 원고를 집필하는 방법과 기술을 제시하려고 한다. 필자의 이러한 의도가 과연 당신에게도 잘 적용될지 의문이 들지만, 나는 이 방법이 당신에게 용기를 줄 뿐 아니라, 당신의 남은 삶을 긍정적으로 변화시킬 것이라고 믿고 싶다. 자서전은 당신을 성공시키려는 것이 아니라, 이미 성공한 당신의 인생을 보여주려는 것이다.

고비마다 인생 스토리를 메모하라

3장에서 요구했듯이, 먼저 우리 자신이 살아온 내 인생의 전체 스토리를 기억나는 대로 요약해보자고 제안을 한 바 있다. 마음에서 떠오르는 대로 몇 줄도 좋고, 몇 장도 좋다. 이것이 준비됐으면, 인생의 기간을 연대순으로 나누어서 각 기간마다 일어난 주요 줄거리를 하나씩 스토리로 간략하게 메모하기를 바란다. 이것은 앞서 준비 과정에서 요구되는 '여정표' 만들기의 계속 작업이기도 하다. 이 스토리는 연대순으로 써가되, 사건의 크고 작음에 따라 자연스럽게 집필하는 것이 좋다. 말 그대로 형식에 매이지 않고 자연스럽게 스토리를 써놓는 것이다. 당연히 좋은 일도 있고 나쁜 일도 있다. 힘든 일도 있고 쉬운 일도 있다. 그러나 어떤 것을 스토리로 선택할지는 어디까지나 집필자의 생각에 달려 있다. 무엇에든 구속받지 아니하고 자유롭게, 하고 싶은 이야기를 나의 이야기, 나의 스토리로 기록해보자는 것이다. 이 스토리는 당신의 자서전을 구성하는 플롯(plot)으로 충분히 역할을 할 것이다. 또 기억을 파생적으로 연상시켜 나아가게 하는 생생한 촉매제가 될 것이다.

이 스토리를 먼저 쓰는 이유는 이제 출발하게 될 과거 여행을 위해 가장 명확한 이정표가 되기 때문이다. 과거 여행은 기억의 여행이고 생각의 여행이다. 만약 자칫 잘못된 생각의 골짜기에 들어서면 빠져나오기가 어렵다. 그때를 위해 스토리는 집필의 흐름을 절제시키고 방향을 정확하게 끌어주는 역할을 한다. 만약 그 스토리가 내 인생의 고비를 결정하는 중요한 내용을 포함하고 있다면, 나는 자연스럽게 흥분하고 깊은 감동에 사로잡힐 것이다.

당연히 스토리는 길어지고 더 구체적으로 접근될 것이지만, 잠시 감정을 가라앉힐 필요가 있다. 뿐만 아니라, 연상적으로 일어나는 기억으로 인하여 집필을 중단하기가 어렵기조차 할 것이다. 그러면 구태여 억지로 중단할 필요는 없다. 강제 중단이 그 감정을 기억에서 아예 방출해버릴 수도 있기 때문이다. 그래서 기억의 흐름이 점차 가라앉을 때를 기다려도 좋을 것이다.

아무튼, 고비마다 나의 인생 스토리가 나를 기다리고 있다는 사실을 반드시 기억해두자. 연대순으로 사건이나 인물에 대한 핵심적인 이야기를 대강 준비하는 것이 바로 스토리 기록이다. 이 기록은 토지를 측량할 때 땅에 박아놓은 붉은 말뚝과 같다. 이 말뚝을 경계 지점으로 하여 토지의 넓이와 규모를 미리 전망해볼 수 있다. 스토리를 하나둘 완성하면서 나는 내 자서전의 규모나 성격을 짐작할 수 있다. 아마도 그 스토리의 종류가 최소한 20개에서 50개에 이르기도 할 것이다. 그 스토리가 몇 개가 되든지 상관없이 연대순으로 번호를 매겨서 탁자에 늘어놓은 후, 깊이 생각할 과제가 한 가지 있다.

그것은 이 스토리가 내 자서전에 소개할 이야기인지, 아니면 내 마음에만 담아둘 이야기인지를 생각하는 시간을 갖는 것이다. 이 스토리가 공개됨으로써 내 주변 사람에게, 무엇인가 영향을 미친다면, 그 결과가 어떠할지를 따져보는 것이다.

그 내용에 따라 성명이나 지명, 상호 등을 감출 수도 있다. 아니면 사건 자체를 숨겨야 할지도 모른다. 그러나 진실과 정직이라는 자서전의 근본적 취지에 어긋날 수도 있다. 여기에는 저자로서 고민과 신중함이 따른다. 그래서 누군가의 이름이나 명칭을 공개하는 일은 누구에게나 부담이 되는 일이다. 그래서 지명을 바꾸기도 하고 A 씨, B 씨라고 가명을 쓰기도 한다.

키워드(key word)는 요즘 인터넷 세대에 들어와 자주 쓰는 용어다. '어떤 문장을 이해하거나 문제를 해결할 수 있는 실마리가 되는 말'이라는 사전적 의미처럼, 어떤 사건이나 사물이나 인물에 대해 전달할 수 있는 대표적 이미지나 의미를 말하는 것이다. 스토리를 메모하고 나서, 한 번쯤 그 스토리를 한 단어로 만들어보는 수고를 권유하고 싶다. 예를 들어 보자. 얼마 전 어느 지인의 탄생 스토리를 전해들은 일이 있다. 이 스토리의 키워드는 무엇이 적합할까?

"경상도 어느 두메산골에서 내가 태어났을 때, 어머니는 열일곱의 시골 처녀에 불과했다. 철이 없는 열여덟 청년이 갑자기 아들을 낳았으니, 아버지는 이 일을 감당할 수 없어 도망가고 말았다. 나는 태어났지만, 축복받을 자리에 있지 않았다.

정작 나이 어린 부모님보다 외가 쪽 할아버지와 할머니의 걱정이 태산 같았다. 어머니는 이 일을 어찌 감당해야 할까? 며칠 뒤, 아버지는 소식을 들은 할아버지와 할머니 손에 이끌려 외가가 있는 시골집으로 돌아왔다. '박 영감님, 걱정할 일이 아닙니다. 아들 손자를 두었으니 우리 집안에 경사가 났습니다.' 할아버지의 웃음 가득한 한 말씀에 외할아버지도 마음이 놓였다."

그래서 내 친구는 자신의 탄생이 비극적인 일이 될 수도 있었으나, 오히려 양가의 기쁨이 된 경사스러운 일이 되었다며 자신의 인생은 '경사'로 시작되었다고 했다. '불행한 탄생'이 '기쁨의 탄생'으로 반전되었으니, 키워드 역시 '경사'로 하는 것이 적합할 것이다. 같은 사건이라도 보는 시각에 따라 키워드도 전혀 달라지는 것을 알 수 있다. 키워드는 이처럼 긍정적 의미를 대표해야 한다. 인생의 스토리마다 짤막하게 의미를 부여한 것을 '키워드'라고 할 수 있다.

각 스토리를 써놓고 키워드까지 붙이고 나면, 내 자서전은 어느 정도 윤곽을 갖추어간다고 할 수 있다. 아마도 이 작업에 뿌듯한 인생을 산 듯한 느낌을 가질 것이다. 그리고 수십 개의 많은 키워드의 흐름을 보면서, 내가 살아온 인생의 특이한 방향성을 깨닫게 되고 오늘날 가져온 결과를 비로소 이해하고 감사하는 긍정적 마음을 가질 것이다. 그러나 그와는 반대로 느껴진다면, 내 남은 인생을 긍정으로 끌어가는 마지막 노력을 쉬지 않아야 한다. 자서전은 가치 있는 인생을 살았다는 구체적 증거를 우리에게 보여준다. 스토리와 키워드를 통해 내 인생이 얼마나 보람이 있고 가치가 있는 인생을 살아왔는가를 보여주기를 누구나 기대할 것이다.

이 책이 당신의 소박한 기대를 성취하는 좋은 계기가 되리라고 믿는다. 엘리엇이 집필한 조지 워싱턴 카버 박사의 묘비에는 아래와 같이 새

겨져 있다. 그 일생을 키워드로 표현한다면, '겸손', '성공'이라고 부르고
싶다.

"그는 그의 명성에다 재물을 더할 수 있었으나, 아무것도 취하지 않고
오직 세상 사람을 위하여 봉사함으로써 행복한 생을 누리며 세상 사람들
의 존경을 받았다."

독자에게 드리는 질문

1) 당신이 겪은 인생의 고비마다, 사건마다 짧은 스토리를 메모하라.
2) 각각의 스토리에서 중심적인 컨셉트를 표현하는 키워드를 메모하라.

02

인생의 가치를 주제로 책의 제목을 찾아라

이제 책의 제목을 정해야 할 단계에 왔다. 책의 집필 시간이 점점 더 가까이 왔다는 신호로 들린다. 그런데 책의 제목을 붙이기에 앞서 먼저 결정할 과제가 있다.

그것은 자서전의 성격을 스스로 규정해야 할 과정이 남아 있다는 점이다. 앞에서도 이미 밝혔듯이, 자서전은 사용 목적이나 내용과 형태에 따라 여러 가지로 나누어볼 수 있다.

이런 측면에서 자서전은 일반 서적과는 구별되는 특징을 가졌다는 점을 알게 된다.

독일 주부들의 3가지 소원

독일 주부들이 이루고 싶은 소원을 들어보면, 어느 나라, 어느 시대에서나 평범한 주부라면 누구나 이루고 싶은 소박한 꿈과 크게 다를 게 없다. 첫째는 자녀들이 엄마보다는 훌륭하게 되기를 원하는 것이다. 그래서 저분이 아무개라는 성공한 사람의 어머니라는 소리를 듣고 싶은 것이다. 둘째는 좋은 남편을 만나 인생의 마지막까지 부부의 연을 다하고 백년해로하기를 원하는 것이다. 이혼을 밥 먹듯 하는 요즘의 세태와는 크게 다른 모습이다. 그리고 셋째는 두 권의 책을 만들어 시집가는 딸에게 안겨주고 싶은 것이다. 한 권은 엄마로서 살아온 평생의 이야기를 딸에게 들려주려고 한다. 가족을 위한 짧은 자서전을 쓰고 싶은 것이다. 엄마의 마음에 형성된 따뜻한 가정, 아름다운 가정이란 어떤 것인가를 딸에게 들려주고 싶은 것이다. 다른 한 권은 그동안 가정을 지켜온 엄마 나름의 가정 경영 기술, 즉 비법을 책으로 만들어 전하고 싶다고 한다. 이를테면 외할머니라든가, 먼 친척으로부터 전해들은 가족 전통의 몇 가지 요리 레시피라든가, 또는 가족과 친척이나 친구들과의 아름다운 관계를 유지하는 방법을 딸에게 남겨주고 싶은 것이다. 이제 엄마가 될 딸에게 들려주고 싶은 이런 이야기는 결국 자서전이라는 색다른 매체를 통해 전해질 것이다. 이것이 자서전만의 아름다운 모습인 것이다.

이처럼 자서전에는 일반 책에서 발견하기 어려운 주제를 찾을 수 있다. 그것은 인생 경험이라는 주제다. 만약 세상 사람들이 경험하기 어려운 일들을 겪었다면, 세상 독자들이 관심을 가질 만하다. 오래전 대우그룹의 창업자로 한국 경제를 견인한 고 김우중 회장은 1987년, 100만 부나 팔린 베스트셀러인 『세상은 넓고 할 일은 많다』라는 자서전을 발간하였다. 1967년, 10평 남짓한 사무실에서 직원 5명과 함께 자본금 500만 원으로 시작한 무명의 무역업체가 매출 71조 원에 이르는 한국 재계 2위의 그룹을 이루었으니, 고 김우중 회장의 무역과 세계 경영 이야기는 청년들에게 뜨거운 비전을 제공하기에 최고의 책이 아닐 수 없다.

자서전은 결국 가난과 절망에서 일어난 인간 승리의 이야기, 즉 성공 스토리를 담은 책이다. 그런 이야기라면 누구나 독자의 관심을 얻을 수 있다. 실패를 딛고 성공에 이르는 다양한 방법들 가운데, 특히 전문 분야를 개척하고 그 방법과 기술이 세계적으로 인정받기까지 각고의 노력을 기울인 이야기는 독자들이 기다리는 책이 아닐 수 없다. 고 김우중 회장의 자서전 역시 열정적인 청년의 기상으로 세계 경영을 성취해낸 기록을 구체적으로 전달함으로써 독자의 공감을 얻은 것이다. 독자들은 누구나 성공하고 싶어 한다. 빈곤과 싸우며 삶의 함정에서 벗어나기를 바라는 많은 독자에게 자신이 경험한 소중한 경험을 나누어줄 수 있다면, 이보다 고마울 일이 있겠는가? 자서전은 이런 측면에서 다른 책이 할 수 없는 일을 해내는 것이다.

내 인생의 가치를 담아라

베스트셀러가 되려면, 두 가지가 충족되어야 한다. 즉 책의 내용과 책의 제목이 갖추어져야 하는 것이다. 가장 먼저, 책의 내용에 독자들이 읽고 싶어 하는 이야기가 담겨야 한다. 독자들이 실행하고 싶고, 닮아가고 싶은 성공 스토리가 그것이다. 일생을 바쳐 증명된 노하우를 친절하게 밝히는 그런 이야기가 공감을 일으킬 것이다. 그것이야말로 가장 가치 있는 이야기이기 때문이다. 그다음으로, 성공의 의미와 가치를 담은 책 제목을 가져야 한다. 아무리 좋은 내용을 가졌어도 독자들이 읽어주지 않으면, 그 책은 아무런 의미도 가치도 없다. 그러므로 독자를 끌어당기는 좋은 제목을 찾아야 한다. 제목이 책의 성공 가능성을 8할까지 끌어올린다고 평생 편집 기획을 맡아온 한 전문가가 증언하고 있다. 자서전은 내 일생의 경험을 들려주는 책인데, 기왕이면 좋은 제목을 붙여야 한다. 이것이 나를 성공하게 하는 인생의 마지막 관문이 아니겠는가?

그러면 제목은 어디서 가져올 수 있는 것일까? 이를 위해 우리는 이미 준비를 마쳤다. 그것은 앞에서 다룬 인생 스토리와 인생 키워드에 있다. 자서전의 핵심 줄거리가 이곳에 압축되어 있으므로 바로 이곳에서 제목을 찾으면 된다. 내 인생의 의미와 가치를 잘 표현한 스토리와 키워드를 들여다보면, 책 제목이 떠오를 것이다. 『세상은 넓고 할 일은 많다』(1987)

라는 고 김우중 대우그룹 회장의 자서전 제목은 참 잘 붙인 제목이다. 이 제목은 우리 청년들에게 세상에는 성공의 기회가 많다는 것을 가르쳐주고 있다. 그러므로 열정을 쏟아부을 그 기회를 성공의 기회로 삼아, 고 김 회장처럼 세계 시장을 향해 마음껏 성공의 가도를 달려가라는 격려와 응원의 목소리가 담겨 있다.

제목을 만드는 방법 몇 가지

책이 독자의 손에 잡히기까지의 시간과 과정이 중요하다. 일단 책이 독자의 손에 쥐어져야 하고 펼쳐져야 한다. 이러한 선택과 결정은 우선 인터넷의 여러 미디어 경로를 통해, 각종 광고나 서평을 통해, 또 서점의 매대를 통해 이루어진다. 이 과정에서 제일 먼저 노출되는 것은 책의 제목이다. 그 어디서든 독자가 찾는 카테고리 가운데 책의 제목이 올려져 있어야 한다. 그래서 그 책이 독자의 마음을 끌어당긴다면 독자는 우선 그 책을 잡을 것이고, 그 결과는 또 다른 요소들에 의해, 즉 표지 디자인이나 목차 내용, 그리고 머리말이나 추천사 등에 의해 한 걸음 더 나아가게 된다. 그리하여 마침내 독자는 구매할까, 말까를 고려하게 된다.

이 단계에서 출판사가 행하는 반전의 카드가 있다. 분명히 읽힐 내용인데, 팔리지 않는다면 이것은 십중팔구는 제목의 문제라고 생각하고 제목을 교체하는 과감한 카드를 던진다. 그래서 제목만 바꾸었는데, 베스트셀러 대열에 올라서는 경우를 종종 본다고 한다. 이것은 책 제작에 있어, 제목이 얼마나 중요한 결과를 가져오는가를 생생하게 보여주는 사례라고 하겠다.

출판계의 기적을 가져온 『칭찬은 고래도 춤추게 한다』라는 제목의 책이 처음 번역되어 발간되었을 때, 제목은 '칭찬의 힘'이었다. 그러나 너무나 당연하고 밋밋한 이 책의 제목에 키워드인 '춤추는 고래'를 등장시키자 상황은 급반전되었다. 의외로 책은 베스트셀러 대열에 올라서서 마침내 100만 부가 넘는 놀라운 판매가 이루어졌다.

그러나 잠시 생각해보자. 자서전은 상업적인 성공을 지나치게 기대할 분야는 아니다. 그러므로 집필자가 지나치게 제목에 신경 써야 할 까닭이 없다. 책의 주제가 잘 소화되어 있다면, 무난한 제목이 좋을 것이다. 지나치게 튈 것은 없다. 잠잠하게 집필자의 마음을 담아주는 제목이라면 만족하지 않겠는가? 그래서 제목은 가능하면 편집부의 의견을 구하여보고 의견을 정리하는 것이 좋을 듯하다.

책의 제목은 독자 심리와의 한 판 승부가 달린 현장이다. 독자의 마음을 사로잡는 제목 하나가 책의 내용에 접근하는 강력한 티켓이 된다는 것을 우리는 잘 안다. 그래서 저자는 좋은 제목을 찾는 일에 혈안이 되어 덤빈다. 한번 틈을 내어 서점을 방문하여 매대에 올려진 책들의 표지를 사진으로 찍어보라. 그리고 진열된 사진 속의 책 표지를 보면서 나라면 이 책의 제목은 이렇게 바꾸면 좋겠다는 연구를 해보는 것이 제목에 대한 감각을 훈련하는 실제적 방안이 될 수 있다. 그리고 부제에 대해서도 생각해보고 표지 디자인도 살펴보는 기회를 가져보라. 신간들이 쏟아지는 대형서점 매대는 그야말로 치열한 전쟁터임을 실감할수록 제목에 대한 관심도 역시 높아지는 걸 느낄 것이다.

그러면 이 책의 제목은 어떻게 만들어졌을까? 궁금할 것이다. 첫 제목은 매우 실용적이고 실제적인 제목을 생각했다. '100일 만에 완성하는 자서전 쓰는 법'이라고 붙였다. 군더더기 없이 아주 분명하게 책의 내용과 목적을 잘 전하는 제목이었다. 그러나 원고를 써가면서 책의 내용이 구체적으로 드러났다.

이 책은 '자서전 쓰는 법'이라는 기본적 목표는 벗어나지는 않았지만, 자서전의 의미와 가치 등을 강하게 부각시키면서, 살아온 날들과 앞으로 살아갈 날들이 더없이 소중하게 느껴졌다. 그래서 '살아온 날들과 살아갈 날들을 위하여'라는 제목을 달았다. 자기계발 도서에 흔히 붙이는 실용적 제목을 극복하고자 했다.

이 책은 분명히 '자서전 쓰는 법'을 주제로 다루었으나. 인생이라는 광대한 세월을 조망하는 의미와 가치, 그리고 기쁨을 전달하는 것에 더 무게를 두었음을 독자에게 알리고자 했다. 그래서 다음과 같은 캐치프레이즈를 표지에 내세웠다. '아름다운 흔적을 세상에 남기고 싶다면, 당신이 감동한 이야기를 전하라. 한 권의 자서전을 집필하라.'

독자에게 드리는 질문

1) 당신의 책에 제목을 붙여보라. 후보 제목 3가지를 선정하라.
2) 지난 세월을 바라볼 때, 당신의 마음에는 어떤 그리움이 강하게 남아 있는가?

03

장(章) 제목과 꼭지 제목을 달고 목차를 완성하라

자서전은 반드시 장(章)으로 나눌 필요는 없다. 연대별로 사건이 일어난 순서대로 이야기를 풀어가면 된다. 그래서 시인 김지하의 자서전 『흰 그늘의 길』(김지하 저, 학고재, 2003)은 백여 개에 가까운 소제목만 나열되어 있을 뿐, 장으로 분류하지 않았다. 그러나 독자가 책에 대한 내용과 순서를 쉽게 이해하도록 친절을 베푼다면, 크게 장으로 구분하는 것도 좋은 생각이다.

연대순으로, 혹은 사건별로

장(章)으로 구분하는 가장 좋은 방법은 첫째, 단순한 연대별 구분, 둘째, 나이별 성장 순서에 따른 구분, 셋째, 사건의 발생 순서로 나눈 구분 등이 있다. 그러나 자서전을 크게 구분하려면, 인생 전체를 하나의 사건으로 조감해보는 노력이 필요하다. 즉 태어나서 자라고 성장하고 장성한 뒤, 큰일을 이루고 늙어가는 모습으로 그려볼 수 있다.

이것은 마치 이야기의 일반적 전개 과정인 기승전결(起承轉結)의 순서와 흡사함을 느낀다. 그래서 자서전은 흔히 5장으로 구성하여 그 내용을 구분한다. 그러나 내용의 중요성이나 전개에 따라 10장까지도 가능할 것이다. 그러므로 여기서 얘기하는 것은 그저 하나의 예일 뿐, 반드시 이렇게 하라는 것은 아니다.

1장은 서론적 이야기로서, 소위 프롤로그(prologue)에 해당된다. 프롤로그는 소설이나 서사시의 서곡을 지칭하지만, 반드시 그 의미나 형식을 따를 필요는 없다.

다만 자서전을 시작하는 입장에서 독자들의 관심이나 호기심을 일으킬 만한 이야기로 시작하면 될 것이다. 그래서 프롤로그는 사실상 장(章)이 시작되기에 앞서 머리말로 올려놓는 글을 말한다. 그러므로 1장은 본격적인 본문의 첫 시작이다.

따라서 자서전을 쓰게 된 배경이나, 그 집안의 역사나, 가문의 내력, 혹은 고향의 지리나 풍광을 언급해도 좋을 것이다. 이야기는 자연스럽게 유년의 이야기로 흘러갈 수 있다. 탄생의 배경과 가족 이야기가 나올 것이다. 또는 내 인생에서 가장 힘들고 고생스러운 순간을 맨 앞에 내세워 독자의 관심을 유발할 수도 있다. 큰 사건을 내세워 차츰 본문으로 끌어들이는 효과를 발휘할 수 있다. 그러나 연대별 순서나 성장기별 순서에 따라 탄생과 유년기 시절부터 청소년기의 이야기를 차례대로 다룰 수도 있다.

그 내용은 이미 스토리로 메모되어 있으므로, 스토리 가운데 첫머리에 적합한 몇 가지 스토리를 묶어서 1장을 구성하면 될 것이다. 그리고 장 제목으로 그 주제에 맞는 제목을 준비하면 될 것이다. 제목에는 글에 대한 독자의 궁금증을 유발할 만한 이야기를 담으면 좋을 것이다. 가능하면 키워드를 사용하는 방법도 연구해볼 필요가 있다.

2장부터 4장까지는 성장한 후 겪는 본격적인 인생 여정에 관한 이야기들이다. 이때를 위해 준비해둔 스토리 메모를 우선 연대별로, 사건의 순서대로 나열해보면, 장별로 어떤 구분이 생기고 스토리가 연결되는 지점을 발견할 것이다.

이 지점들이 이야기가 발생하고 발전하는 중요한 역할을 하기 때문에 주목할 필요가 있다. 이 지점은 인생의 전체적인 전개 과정에 있어 어떤 의미 있는 사건과 연결되어 있음을 알 수 있고, 그 전후의 사정을 세밀히 고찰하여 메모해두면 나중에 본문을 적어나갈 때 가치를 깨닫게 될 것이다.

여기서 우리가 반드시 고려해야 할 사항이 있다. 우리는 인생을 살며 일어난 사건이나 일상을 빠짐없이 기록해둘 수는 없다. 마치 처음부터 마지막까지 영화를 찍듯이 기록으로 남길 수는 없다. 그래서 주제를 이끌어주는 스토리가 주인공이 되게 하고 다른 스토리는 가능하면 제외시키자는 것이다.

이것은 무슨 뜻이냐 하면, 스토리에 흐르는 하나의 주제가 자서전의 흐름을 주도하도록 하고, 나머지 관련성이 적은 이야기는 생략함으로써 주제가 더 강하게 부각되도록 하자는 말이다. 예를 들어, 어머니가 돌아가신 사건을 다룬다면, 어머니의 임종과 장례를 치르는 일에 주제를 집중하고 다른 소소한 일은 제외시켜서 독자들이 어머니에게만 집중하도록 만드는 것이다. 그러나 장례와 관련하여 그에 못지않는 유산 상속 문제가 발생했다면, 이를 무조건 제외시킬 수는 없을 것이다. 조금 복잡한 일이지만, 나중에 일어날 가족 간의 갈등이 생겨난 원인으로서 상속 문제는 중요한 의미가 되기 때문이다.

이처럼 장(章)의 제목은 인생의 중요한 고비마다 집중했던 주제를 떠올리게 한다. 가령, 열다섯 살의 한 고아가 치킨집 종업원으로 들어가 이십 년이 지나서 전국적인 치킨 체인점을 운영하는 사장이 되었다면, 그의 성공담을 책으로 만드는 것은 당연하지 않겠는가?

이때, 그 책의 주제는 한 외로운 소년이 어떻게 그 불행을 이기고 부자가 되었는가에 집중하면 될 것이다. 장(章) 제목도 그 고비와 과정을 설명하는 내용이 포함되면 될 것이다. 아래 장 제목은 필자가 어느 유튜브에서 청취한 한 체인점 업주의 성공 이야기를 바탕으로 임의로 만들어본 것이다.

1장 : 보육원에서 혼자 자라다. (한 고아의 절망과 희망의 이야기)

2장 : 야생에서 코뿔소가 되다. (열다섯에 보육원을 나와 식당 배달원으로 살아간 이야기)

3장 : 뜻밖의 행운, 파트너를 만나다. (치킨점에서 정식 종업원으로 일한 이야기)

4장 : 프랜차이즈 경영의 달인이 되다. (독립 치킨점을 만들어 점주가 된 이야기)

5장 : 준비된 더 큰 미래를 보다. (전국 체인점을 통해 더 큰 비전을 갖게 된 이야기)

이렇게 장 제목을 정리하고 나면, 집필자의 기분이 어떨 것 같은가? 자서전의 목차를 훑어보면 자서전의 전체가 완성된 것이나 다름없다는 기분을 느낄 것이다. "시작이 반이다."라는 말처럼 이미 자서전이 내 손에 쥐어진 듯하다. 기쁨의 발동기가 작동이 되면서, 가슴엔 책에 대한 열망이 차오르는 걸 느낀다.

꼭지 제목이 완성되면 목차가 완성된다

장(章)은 몇 꼭지의 묶음 글로 구성된다. 여기서 꼭지는 장(章) 다음의 항(項)이나 절(節)에 해당되는 글을 말한다. 보통 2천 자 전후, 즉 10p 크기의 글씨로 줄 간격 160%로 하여, A4 용지 2.5매에 해당하는 분량을 한 꼭지라고 한다. 200자 원고지 10매 정도에 해당된다. 한 장(章)에는 이런 꼭지가 대개 7~8개 정도 붙어 있다. 꼭지에 붙는 제목은 별다른 명칭이 없지만, 그저 소제목이라고 불러도 좋고 아니면 꼭지 제목이라고 해도 좋을 것이다. 그러나 원고의 분량을 이렇게 한정할 필요는 없다. 사정이나 상황에 따라 얼마든지 조정할 수 있다. 하지만 가능하면 원고의 기준 분량을 정해놓고 지켜가는 것이 글쓰기가 편리할 것이다.

꼭지는 자서전을 구성하는 실제적인 글이다. 글의 소재는 이미 스토리라는 이름으로 책의 자료 안에 적립되어 있다. 스토리에서 장의 제목만이 아니라 꼭지의 제목까지 추출할 수 있다. 이때 꼭지 7가지, 혹은 8가지는 서로가 연결된 느낌이다. 왜냐하면, 시간적으로 연속된 일들이고 또, 하나의 장 제목 아래 모여서 같은 주제를 다루기 때문이다. 각 꼭지가 다루는 주제는 큰 범주에서는 공통점이 있지만, 실상은 꼭지마다 내용이 전혀 다르다. 이런 꼭지가 40개 정도가 준비되면 한 권의 책이 완성되는 것이다.

꼭지의 내용을 집필하는 단계는 아니지만, 일찌감치 그 스토리의 윤곽이 정리되었기 때문에 꼭지 제목을 붙이기는 어렵지 않다. 지나온 일을 거듭 생각하면서 멋진 제목을 붙여보자. 앞장에서 제시한 제목을 만드는 6가지 법칙을 참고하여 만들어보면 스스로도 재미가 날 것이다. 아마 40개 전후의 꼭지 제목이 완성되었을 때, 집필자의 마음엔 이미 출판된 책 한 권이 놓여 있다는 기쁨을 느끼게 될 것이다. 그토록 보고 싶었던 내 인생 이야기가 내 앞에 펼쳐진 걸 실감하게 된다. 그야말로 꿈과 같고, 기적 같은 일이 벌어진 것이다. 그동안은 나도 마음에 품어온 내 책을 한 권쯤 쓰고 싶다는 욕구는 있었지만, 정작 어떻게 시작해야 하는가를 몰라서 마음의 주변만 거닐 뿐, 뛰어들지는 못했다.

가슴을 뛰게 하는 책 제목이 선명하게 프린트된 표지와 그다음 페이지에 잘 정리된 멋진 목차가 나를 기다리고 있다. 마흔 개나 되는 꼭지 제목들이 다섯 개의 장 제목 아래 가지런히 정렬된 모습은 마치 때를 기다리는 무장한 병사들과 같아 보인다. 컴퓨터 프린터에서 방금 전해 받은 참고 자료에 불과하지만, 이제 각 꼭지 제목들이 자기 이야기를 풀어가면 속도감 나게 자서전의 평원을 정복해가는 것은 그렇게 어려운 일이 아니다. 여기저기서 재미나는 정복의 이야기들이 내 인생의 평원에서 들려오기 시작할 것이다.

꼭지 제목의 완성과 함께 목차가 이루어졌으면 책은 9할 정도 끝난 상태라고 보아도 좋다. 책 제목이 정해지면 책의 8할은 마친 것으로 봐도 좋다는 한 유명 편집자의 단언을 생각해보면, 과언이 아니다. 이제 남은 일은 원고를 집필하기 위한 작업만 하면 된다. 실제로 책 쓰는 일은 두 달 남짓이면 완료된다. 나머지는 출판사의 몫이다.

독자에게 드리는 질문

1) 책의 내용 전체를 고려하여 5장(章) 안팎으로 나누고 각각 제목을 붙여보라.

2) 각 장의 내용을 다시 6꼭지 안팎으로 나누고 꼭지 제목을 붙여보라.

04

꼭지를 풀어갈 인물과 사건, 사례를 정리하라

추억의 창고, 사진첩을 뒤져라

지금까지 우리는 지난 인생을 기억 가운데서 추적해온 셈이다. 불확실하기는 하지만 기억만큼 지난 일에 대한 확실한 근거도 없을 것이다. 여기에는 단순한 기억만 아니라, 감정을 동반한 느낌이 있기 때문에 기억은 더욱 생생해지고 마치 입체 음향처럼 다가온다. 그래서 우리는 지난 일을 기억해내어 스토리로 복원하고 순서를 맞추어 제목을 만들고 목차도 만들어보았다. 상당한 작업이 이루어졌다. 내가 살아온 인생 바닥이 드러나는 느낌이 든다.

그러나 스토리나 이야기 줄거리만으로 끝난 것이 아니다. 이야기를 구체적으로 표현하기 위해서는 주제와 관련된 사건의 전말을 다시 확인하고 세세히 묘사하기 위하여 이제는 관련 인물을 만나야 한다. 이를 위해서는 나의 지난 인생을 말해줄 만한 자료를 수집하고 정리하는 작업이 중요하다. 어떤 작은 물건 하나가 의외로 지난 일을 회복시켜주고 끊어진 스토리를 이어주는 놀라운 역할을 하기도 한다. 그래서 우리는 어딘가 쌓아두고는 망각 속에 잊어버린 추억의 상자나, 추억의 창고를 찾아야 한다. 더 좋은 방법이라면 아직 살아계실 실존 인물을 직접 만나보는 것보다 확실한 일은 없을 것이다. 그가 들려주는 이야기가 상황을 구체적으로 이해하고 끊어졌던 기억이 살아나는 것을 깨닫게 된다.

지난 일을 기억하고 확인하는 방법으로는 '가족 사진첩'이나 '비디오 자료'를 찾아보는 것이 가장 손쉬운 길이다. 아마도 성격이 부지런하고 깔끔하신 분은 시간별로, 혹은 가족 행사별로 사진첩을 정리해두었을 것이다. 자서전에 등장하는 인물은 대부분 가족 이야기 속의 인물이기 때문에, 이 사진첩의 범주를 벗어나기 어렵다. 그러나 상황에 따라서는 어떤 이유로 어릴 적 사진이 사라진 경우도 있다. 안타까운 일이다. 그래도 한두 장이라도 남은 사진이 있다면, 아득한 기억의 끈을 당겨줄 것이다. 사진을 통해 옛 얼굴을 만나고 옛 사건을 복원할 수 있으니, 자서전 쓰기에서는 사진이 가장 귀한 보물이 된다.

사진 가운데 어떤 부분은 책에도 등장할 만한 가치가 있을 것이다. 그래서 사진을 핸드폰 카메라로 일일이 찍어놓을 필요가 있다. 그 가운데 결혼식 행사에 찾아온 먼 친척의 얼굴이 유년의 추억을 두드리기도 한다. 아버지나 어머니의 칠순 잔치, 팔순 잔치에 오신 가족들의 모습은 희귀한 추억을 간직하기도 한다. 요즘은 장수하는 시대이기 때문에 장수를 축하하는 이런 모임에는 옛 어른들이 많이 참석한다. 이들을 유심히 보고 가끔 안부 인사를 드리는 일도 중요한 방법이 될 것이다.

지난 일들을 경청하라

나에게는 얼마 전 작고하신 누님이 계신다. 이 누님은 우리 집안의 기쁨과 슬픔을 가장 잘 기억하는 분이시다. 원래 영리하셨던 누님은 해방 직후 원산에서 가족을 따라 남한으로 내려와 충북 보은에서 6.25 전후 어려운 시기를 넘기고 다시 경북 안동 시골로 이사 와서 여고를 졸업하고 약대까지 진학하였으니, 참으로 모든 면에서 기량이 출중하신 분으로 기억한다. 그러나 누님은 늘 병약한 남동생이 마음에 짐이 되었다. 뿐만 아니라 아버지와의 별거로 시작된 어머니의 불운에 대해 늘 마음이 괴로웠다. 결국 두 번째 부인을 맞이하게 된 아버지에 대한 한을 평생 풀지 못하고 돌아가셨다. 그 아픈 누님의 마음을 생전에 더 따뜻한 마음으로 위로해드리지 못한 일이 내 마음에도 아픔으로 맺혀 있다. 한 번쯤은 부산에 내려가 누님을 만나, '아들 노릇을 제대로 하지 못해 어머니, 아버지, 누님까지 힘들게 하였으니, 그 불효를 용서해달라'고 누님께 내 마음을 내려놓았더라면 얼마나 좋았을까 하는 안타까운 생각이 지금도 가슴에 가득하다.

이처럼 우리는 누구나 생전에 만나야 할 분들이 있다. 이들을 통해 나의 지난 일들에 대한 기억을 되살리거나 기억의 진위를 확인시켜주기도 한다. 이들을 만나면 집필자, 혹은 편집자로서 나의 역할은 이들로부터 정확한 정보를 받아내는 것이 중요하다. 더 중요한 점은 미처 확인하지 못한 새로운 정보를 이들로부터 발견하는 일이다. 하나의 이야기가 더 큰 감동으로 연결되는 현장을 발견하는 일만큼 집필자를 흥분시키는 일은 없다.

어느 늙으신 어머니가 지난 인생을 얘기하고 싶어서 자서전을 쓴다면, 이 집 가문에 시집온 사정과 시부모 가족을 만나 대가족을 섬기며 겪었던 모진 인생의 풍파가 본격적인 내용으로 등장하게 될 것이다. 어쩌면 잡다하고 소소한 에피소드가 샘물처럼 솟아나는 이 상황을 일일이 노트에 적어둔다는 것은 늙으신 어머니가 감당하기는 어렵다. 그래서 녹음이 필요하고 녹취의 수고가 따라야 한다. 다만 하염없이 자기 이야기에 빠져들어 어느 골짜기에 온 것인지도 모른다면 뒷정리가 심히 어렵다.

그래서 이때 편집자의 역할이 필요하다. 인터뷰를 끌어가는 인도자로서 한 주제씩 맺고 끊어주는 것이 좋다. 집필자의 나이가 아직은 여유가 있고 열정이 남아 있어 스스로 기록이 가능하다면, 스토리를 중심으로 묶어진 글감을 따라, 기억의 창고를 열고 글쓰기를 하면 좋을 것이다. 이처럼 자서전 자료는 도처에서 발견할 수 있다. 이들을 항목별로 메모하여 필요할 때는 언제라도 이용이 가능하도록 저장해두어야 한다.

책과 영화와 음악

자서전은 내가 살아온 인생만 아니라, 나 자신의 내면을 표현하는 그릇이다. 나의 성품이나 일을 처리하는 태도, 친구나 선후배 등 인간관계의 모습이 있는 그대로 드러나기 때문이다. 그래서 내 생각을 전달하는 가장 흔하고 친숙한 도구로서 책과 영화와 음악 등을 추억의 매개로 인용하면 좋을 것이다. 특히 책은 '나'를 표현해주는 글들, 특히 나에게 감동을 준 구절들을 떠올리면 공감의 좋은 광장이 될 것이다.

독서는 글을 쓰는 사람에게 정신적으로 깊은 영향을 줄 뿐 아니라, 직접 인용할 만한 자료를 제공한다. 또 독서는 우리에게 사유하는 힘과 방법을 제공한다. 독서를 통해 많은 작가를 만나고 그들마다 나름의 독특한 사상이나 생각을 주장한다. 이들의 경험을 통해 우리는 사유의 영역이 크게 넓어지는 것을 깨닫게 된다. 이러한 점에서 독서는 모든 글쓰기의 바탕이 된다. 18년이나 전라도 강진에서 귀양살이를 하던 다산 정약용(茶山 丁若鏞, 1762~1836)에게 유일한 마음의 친구가 되어준 것은 책이었다. 더구나 폐족(廢族, 무거운 죄를 지어서 벼슬이나 출셋길이 막힌 집안, 여기서는 다산의 가문이 처한 입장을 표현한 것임. ─편집자)의 가문으로서 독서만큼 생각에 깊이를 더해주고 그 깊은 경지를 경험하게 하는 것은 없다고 보았다. 그래서 그는 아들에게 보내는 편지에서 독서를 권하며 그 유익을 이렇게 말했다.

"폐족으로서 잘 처신하는 방법은 오직 독서밖에 없다. 독서는 사람에게 있어서 가장 중요하고 깨끗한 일일 뿐만 아니라, 호사스러운 집안 자제들에게만 그 맛을 알도록 하는 것도 아니고 또 촌구석 수재들이 그 깊은 경지를 넘겨다볼 수 있는 것이 아니기 때문이다. 반드시 벼슬하는 집안의 자제로서 어려서부터 듣고 본 바도 있는 데다 너희들처럼 중간에 재난을 겪은 젊은이들만이 진정한 독서를 할 수 있는 것이다. 그들이 책을 읽을 수 없다는 것이 아니라, 뜻도 의미도 모르면서 그냥 글자만 읽는 것은 독서라 할 수 없기 때문이다."
─ 정약용, 『유배지에서 보낸 편지』, 박석무 편역, 창비, 1991, 43쪽

독서의 또 다른 유형으로서 '필사'라는 것이 있다. 대개 소설과 같은 글을 배우려는 사람들에게 권장되는 글쓰기 훈련 방법이기도 하다. 이것은

필사라는 말 그대로 글쓰기의 전형이 되는 어떤 글을 읽을 뿐 아니라, 그 글을 그대로 써 내려가는 행위를 말한다. 이렇게 필사를 하다 보면, 글의 순서나 표현 방법 등이 손과 마음에 저절로 익혀지게 된다. 그래서 필사는 글을 몸에 익히는 가장 좋은 방법으로 알려져 있다. 이 분야의 모범 글로서는 헤밍웨이의 대표작이고 노벨상 수상 작품인 『노인과 바다』가 있다. 중편 정도의 길이에 인생의 외로운 고투를 잘 보여주고 있어 필사 작품으로 인기가 있다. 자서전을 쓰기 전에 필력을 훈련하는 방법으로 필사 과정을 한 번 경험하는 것도 좋은 기회가 될 것이다.

다음으로 주목할 자료 수집처는 영화와 음악이다. 지금도 나는 영화광이다. 나에게는 영화만큼 많은 추억을 안겨주는 것도 없을 것이다. 특히 나 자신이 방황하던 청소년기에는 영화보다 위로가 되는 것이 없었다. 그때는 '2편 동시상영'이라는 타이틀로 인기 있는 삼류극장이 나의 단골 영화관이었다. 서부영화, 만화영화 등에서 가장 감명 깊었던 영화는 서부영화 〈셴〉, 〈언덕 위의 포장마차〉, 만화영화 〈피터 팬〉 등이 기억에 남아 있다. 대중가요에는 관심이 없었지만, 당시 학원사에서 발간한 『학생 애창곡』이라는 책에 푹 빠져 '가곡'을 즐겨 불렀다. 이 노래를 통해 나는 외로운 마음을 위로받는 좋은 기회로 삼았다. 이런 경험과 기억들이 자서전이라는 나무의 영양분이 되어 뿌리를 타고 올라가 마침내 풍성한 잎을 만들고 꽃을 피우며 든든한 가지를 뻗게 만드는 것이다. 그 경험은 기억이 되고 기억은 글이 되며, 또 그 글이 든든한 문장이 되어서, 자서전은 마치 5월의 나무처럼 신록으로 가득 채워지는 것이다.

독자에게 드리는 질문

1) 책의 제목이 세워졌으니, 집을 완성할 건축 자재를 사들여야 한다. 소재 수집에 나서라.
2) 글쓰기 훈련을 위하여 필사의 훈련은 중요하다. 스스로 필사할 책을 골라보라.

05

좋은 원고를 만드는 일곱 가지 원칙

책은 결국 내용으로 결판이 난다. 좋은 원고를 쓰는 것, 이것이 책의 생명이라는 말이다. 책 제목이나, 표지 디자인, 장 제목, 꼭지 제목이 아무리 좋아도 그것은 양을 물가로 인도하는 유인책에 불과하다. 문제는 목말라하는 양이 정말 그 물맛을 좋아하는가가 책의 성공을 좌우한다. 즉 책 내용이 좋아야 한다는 말이다. 책 내용을 좋게 만들기 위해 우리는 자서전에 관련된 여러 가지 분야의 사전 검토를 통해 이미 충분한 준비를 했다. 이 준비는 원고 집필을 쉽게 할 수 있는 팁을 준 것이다. 이 과정을 충실히 밟았다면, 집필자는 이미 상당한 집필 자료를 수집했고 또 이야기의 구성과 전개 과정에 대한 목차도 잘 준비했을 것이다.

원고는 엉덩이로 쓴다

이제 글 쓰는 일만 남았다. 장 제목과 꼭지 제목이 정해졌다면, 이미 글의 큰 주제와 작은 주제들이 정해진 것이다. 게다가 각 꼭지에 사용할 글감들도 준비되어 있으니 글쓰기가 어렵지 않을 것이다. 원고를 집필하기 위한 몇 가지 방법을 아래에 제시한다.

첫째, 각 꼭지의 글은 한 편의 '에세이'라고 여기고 쉽고 가볍게 쓰면 좋다. 이미 주제와 제목이 제시되어 있으니, 그 글의 틀, 즉 주제 안에서 엇나가지 않도록 글을 써 내려가면 된다. 이때 먼저 글의 주제를 생각하고 전개 내용도 미리 구상하는 것이 좋다. 이 구상 속에서 글의 시작과 끝머리에 대한 대강의 행방이 결정된다. 에세이는 가벼운 글이다. 문장은 짧고 쉽고 가볍게 써라. 어렵게 생각하지 말고 마음이 가리키는 대로 글의 리듬을 따라서 써가면 된다.

둘째, 첫 문장에 시간과 정신을 쏟아라. 글쓰기 전문가로 정평이 나 있는 송숙희 작가의 주장이다. 첫 문장이 잘못되면, 그 글은 삼천포로 빠지고 만다. 그러나 첫 문장으로 독자를 끌어가는 힘을 발휘한다면, 그 글은 성공적이다. 그러나 그 반대라면, 아무리 좋은 책이라도 읽지 않으니 소용없다. 세계적인 네트워크마케팅회사인 암웨이를 창설한 제이 B. 엔델은 그의 자서전 첫 문장을 이렇게 시작한다. "그것은 바로 거기, 테이블

한가운데 놓여 있었지만, 나는 감히 손을 내밀지 못했다." 독자의 궁금증은 강하게 일어날 수밖에 없다.

셋째, 글을 형성하는 사고의 연결이 끊어지지 않아야 한다. 이것은 글의 논리성이며 사유의 논리성을 견지하는 방법이다. 만약 논리의 연결점을 잃으면 글은 중단되고 더 이상 나아갈 수가 없다. 그렇다고 논리를 비약하면 우선 생각이 떠오르지 않고 글이 되지 않는다. 글이 쓰이지 않는 큰 이유는 우선 글감이 고갈되었기 때문이지만, 작은 이유는 글의 논리성, 즉 글의 길을 잃었기 때문이다. 이런 경우를 위해 생각의 진행 방향을 늘 메모하면서 글을 쓰는 것이 좋다. 집필이 갑자기 막히면 글쓰기를 중단하고 전후의 문맥을 살펴보는 것이 좋을 것이다. 글의 길을 찾아가야 하니, 연결점을 찾기 위한 당연한 처방이다.

넷째, 독자는 에피소드와 예시를 충분히 제시할수록 재미있어 한다. 자서전이라고 해서 자기 주장이나 모호한 자기 철학을 주장하는 것은 금물이다. 자기 이야기를 하더라도 에피소드나 예시를 통해 간접적으로 이해하게 한다면, 독자는 덜 부담이 되고 공감의 폭이 넓어질 것이다. 혼자서 떠드는 것이 아니라, 누군가 함께 무대에 선다면 무대는 더 풍성해질 것이다.

다섯째, 엉덩이와 끈기로 집필하라. 모든 준비가 되었다면, 꼭지 글 하나를 쓰는 데 걸리는 시간은 넉넉하게 잡아 두세 시간이면, 충분하다. 그러나 실제로는 다섯 시간 이상을 잡는 것이 통상이다. 여기에는 그만한 이유가 있다. 처음에 구상하였던 주제보다 더 좋은 주제, 더 의미 있는 주제가 나타나기 때문이다. 생각이란 늘 발전하는 습성을 가졌기 때문에, 당연히 예상되는 장애물이다. 이때부터 끈기와의 씨름이 시작된다. 사유와 논리의 흐름과 연결점이 달라졌으므로, 달라진 주제를 현재의 글감에 적용하려고 억지를 쓰다 보니 글쓰기가 어려워진 것이다. 아깝기는 하지만, 이미 쓴 글이라도 과감히 버릴 각오로 문장을 수정하는 용기가 필요하다. 글과 이런 씨름을 벌이기 위해서는 끈기가 요구되고, 또 이를 엉덩이로 버티어내야 한다.

여섯째, 나만의 이야기를 독창적으로 끌어가라. 글에는 자기만의 독특한 문체, 즉 스타일이 있다. 이 스타일이 결국에는 책의 스타일을 결정한다. 제목을 결정하고 표지 분위기를 만들고 목차의 흐름을 만든다. 진지하고 신중한 느낌으로 쓰는 글이라면 그런 스타일의 책이 될 것이다. 이런 글에 경쾌하고 발랄한 옷을 입힌다면 왠지 어색할 것이다. 그러나 창의적 스타일을 견지해야 한다. 창의성은 기존의 것과 맺어지는 새로운 연관성을 찾는 방법을 말한다. 새로운 가치나 의미를 제시하는 방법은 독창성을 가져온다. 즉 나만의 스타일로 독창적 영역을 찾아가는 글이라면 독자는 흥미롭게 여길 것이다.

일곱째, 글은 항상 즐거움으로 써야 하고 억지로 써서는 안 된다. 이것은 원고의 전체에 미치는 영향이므로 조심해야 한다. 다시 말해, 부정적 분위기가 형성되는 조짐은 어떤 경우에도 막아야 한다. 비록 가장 힘들고 고통스럽고 비극적인 상황을 묘사하는 순간이라도, 마음으로는 "감사합니다. 이런 힘든 과정도 당당히 맞서게 하시고 결국 이겨내게 하셨군요. 감사합니다." 이렇게 말하며 긍정의 힘으로 원고를 써가야 한다. 여기서 우리가 명심해야 할 사항이 있다. 그것은 자서전이 가지는 기능 가운데 가장 강렬한 힘은 치유의 능력에서 온다는 사실이다. 나의 지난 과거에 숨어 있는 모든 부정적인 기운을 털어내는 이 놀라운 효과를 생각하며 늘 즐겁고 기쁜 마음으로 집필에 임해야 한다.

독자를 사로잡는 글

'글을 쓰는 사람, 책을 출판하는 사람, 즉 저자가 되어 많은 독자에게 영향을 미치는 사람은 아무나 될 수 있는 것이 아니다.'라는 말은 사실이다. 그러나 실상을 따져서 들어가보면, 그 말은 사실이 아니다. 나는 심한 굴곡을 가진 사람도 아닌데, 더구나 유명한 사람도 아니고 전문가도 아닌데, 나같이 평범하고 흔하디흔한 사람이 책을 쓸 수 있는가? 이 질문에 대한 답은 '그러니까, 당신 같은 사람이 책을 쓸 수 있다.', '자서전의 작가로서 당신이야말로 가장 적합하다'고 소리칠 수 있는 것이다. 그러나 당신은 아직 이 말의 뜻을 이해할 수 없을 것이다.

당신이 책을 쓰기에 적합한 이유는 '당신만의 이야기를 가졌기 때문이다.' 어디서도 들어보지 못한 그 새로운 경험을 이야기로 듣고 싶어 하는 독자들은 지금 당신의 이야기를 듣고 싶어 하고 그 이야기를 들려주고 싶어 하는 출판사는 당신의 이야기를 책으로 출판하기를 학수고대하고 있다. 이것이 현실이다. 그러므로 독자를 사로잡는 글이란, 바로 내가 이미 소유한 나의 인생 스토리를 두고 말한다. 요즘은 평범한 사람들이 잘 팔리는 책을 낸다고 한다. 그들의 공통된 특징은 모두가 대단한 독서가라는 점이다. 독서를 통하여 느끼고 깨닫게 된 지혜로 자기의 삶을 해석하고 이해하는 관점에 독자는 환호한다. '이렇게도 말할 수 있구나. 이렇게도 살아갈 수 있다니.' 하고 감탄하는 것은 평범한 인생이 아주 특별한 인생으로 바뀌었기 때문이다. 그런 점에서 나의 글쓰기는 누구도 대신할 수 없다.

췌장암으로 시한부 인생을 선고받은 한 교수의 이야기가 전 세계 사람들의 심금을 울린 적이 있다. 그가 죽음을 맞이하기 직전에 사랑하는 세 자녀를 위해 비디오로 촬영한 〈마지막 강의〉가 천만이 넘는 사람들의 눈물을 흘리게 만들었다. 아직 어린 아기에 불과한 아이들, 막내는 태어난 지 얼마 되지 않는 갓난아이였다. 이들이 설마 그의 아버지가 들려주는 강의를 이해했겠는가? 더구나 그 아버지가 죽어가다니, 죽음이 무엇을 의미하는지도 모르는 그 자녀에게 들려준 이 이야기는 자녀들 자신보다는 세상의 사람들이 크게 감동할 수밖에 없었다. 그 교수는 암과 투병하면서 왜 강단에 올라 〈마지막 강의〉를 하게 되었는지를 이렇게 밝혔다.

"지금 내 아이들은 대화를 하기에는 너무 어리다. 모든 부모들은 자식들에게 옳고 그름에 관하여, 현명함에 관하여, 그리고 살면서 부닥치게 될 장애물들을 어떻게 헤쳐나가야 하는지 가르쳐주고 싶어 한다. 또 부모들은 행여 자식들의 삶에 나침반이 될 수 있을까 하여 자신들이 살아온 이야기를 들려주고 싶어 한다. 부모로서의 그런 욕망이 카네기멜론대학에서의 '마지막 강의'를 하게 된 이유다. 나의 마지막 강의는 모두 비디오테이프로 녹화되었다. 나는 그날 내가 무엇을 했는지 잘 알고 있다. 교양강의라는 명목 아래 나는 스스로를 병 속에 집어넣었다. 이 병은 미래의 어느 날, 바닷가로 떠내려와 내 아이들에게 닿을 것이다. 만약 내가 화가였다면 아이들을 위해 그림을 그렸을 것이다. 음악가였다면 작곡을 했을 것이다. 그러나 나는 강의를 하는 교수다. 그래서 강의를 했다."
 – 랜디 포시, 『마지막 강의』 서문

故 랜디 포시 교수는 세 자녀에게 〈마지막 강의〉를 남긴 후, 2008년 7월 25일 자택에서 향년 53세로 생을 마감하였다. 그는 일반 독자를 생각하고 〈마지막 강의〉를 준비한 것이 아니다. 오직 세상에 남아 있을 아내와 세 자녀를 위해 준비한 강의였다. 그러나 교수만이 들려줄 수 있는 이 강의는 많은 독자를 감동하게 했다. 그 교수의 가슴에 살아 있던 인생의

참 이야기, 그 진실한 목소리는 영상이 되고 책이 되어서 마침내 죽음을 넘어 세상에 영향을 미쳤다. 감명 깊은 자녀교육의 유언이 되었다.

독자에게 드리는 질문

1) 당신은 글을 쓸 준비가 되었는가? 문장은 그 맥락과 내용을 충분히 소화해야 써진다.
2) 억지로 쓰는 순간이 느껴지는가? 그러면 쉬어야 한다. 숙성의 시간이 필요하다.

초고는 충분히 숙성시켜 퇴고(推敲)하라

이제 완성된 것은 초고(草稿) 상태의 원고다. 완전한 원고가 아니다. 이 초벌 원고를 완전한 원고, 즉 책으로 만들 수 있는 최종 단계의 원고로 만들기 위해서는 몇 단계의 조정, 보완, 교정의 단계가 필요하다. 또 집필자의 계획에 의해 평가 그룹이나, 관련 분야의 전문가로부터 피드백을 받기도 한다. 이런 과정을 통해 결정적 잘못을 발견할 수 있어 수정의 기회를 가질 수 있다. 그러나 원고의 전체 흐름에 있어 사고의 흐름이 자연스러운지, 혹은 아직 미숙한지를 살피는 숙성 과정이 요구된다. 이야기가 비약하거나 생소하고 억지스러운 흐름이 있다면 이것은 과감한 수정이 요구된다. 이런 작업 전체를 가리켜 퇴고(推敲)라고 부른다. 완성된 글을 다시 읽어가며 다듬어 고치는 작업은 원고 작업에 있어 반드시 필요하다. 또 마지막으로 출판사 편집팀의 원고 검토와 앞으로의 진행에 대한 협의 과정은 원고의 마무리를 위해 꼭 필요하다. 이 과정을 몇 단계로 나누어 접근해본다.

퇴고의 일곱 단계

1단계 : 책의 제목과 장별 제목과 꼭지 제목들의 흐름과 연결이 자연스러운가를 살핀다. 이 단계는 원고의 첫머리에 있는 목차를 살피는 단계로서, 주제의 범위에서 합당한 제목인지를 판단해보는 것이다. 너무 진부하거나, 지나치게 비약적이라면 조정해야 한다. 시간을 가지고 여유 있게 책 전체를 조감하는 기분으로 주제의 의도를 생각하며 접근하는 자세가 필요하다.

2단계 : 원고 전체를 천천히 통독하며 보완할 점을 찾는다. 이 작업은 퇴고 과정의 중심부를 차지한다. 이 단계는 집필자가 자신의 원고를 읽으면서 ①이상한 점, ②아쉬운 점, ③부족한 점, ④의심이 가는 점 등을 붉은 펜으로 기록해두었다가 수정 보완하는 과정이다. 표현이 미숙한 문장을 찾고, 문단의 연결이 부자연스러운 부분을 찾는다. 특히 사례를 더 찾아서 설명을 보충할 부분이 있는가를 살펴본다. 또 너무 관념적이고 모호한 낱말을 사용한 문장은 없는지 살펴야 한다. 그러므로 이 단계는 시간과 공을 많이 들여야 하고, 깊은 사유가 동반된다. 가장 중점적으로 살펴야 하는 것은 꼭지 원고가 주제 범위 안에서 그 내용이 충실한가를 살펴야 한다. 특히 첫 문장의 시작이 적합한가를 따져보고, 너무 평범하다면 변화를 주어서 독자의 흥미를 유발시킬 수 있다면 좋을 것이다.

3단계 : 꼭지의 내용이 주제에 합당한가를 살피고 동시에 내용 전개가 기승전결(起承轉結)의 논리성을 갖추고 있는가를 살피는 것이 중요하다. 주제로 다루게 될 문제의 제기(起), 주제가 일으키는 여러 가지 문제점들 (承), 문제를 풀어가는 반전의 기회 발견(轉), 그리고 결론의 제시(結) 등의 순서로 글이 전개되는가를 살피는 것이 좋지만, 반드시 이 논리를 따르라는 것은 아니다. 집필자의 스타일에 따라 다양한 접근이 가능하겠으나, 문장은 쉽고 간결해야 한다.

4단계 : 자서전은 성격상 실존 인물의 개인적 정보를 다루는 경우가 많다. 어떤 사건에 연루된 누군가를 스토리 가운데 등장시킬 때, 그 인물을 어느 수준에서 다루어야 하는가를 잘 생각해야 한다. 그 인물에 대한 예의를 갖추었는지 혹시라도 함부로 대한 것이 아닌지를 신중하게 다루어야 한다. 특히 성씨와 이름의 표기에 있어 한글이나 한자, 출생연도 등이 정확해야 하고 가족 간의 호칭에 있어서도 실례를 범하지 않도록 주의해야 한다. 사소한 경우라도 신경을 쓰는 이유는 그 인물의 가족이나 후손이 생존하여 자서전을 볼 수도 있기 때문이다.

5단계 : 원고 가운데 인용한 자료에 대해, 출처를 정확하게 밝히는 세밀한 노력을 기울여야 한다. 요즘처럼 저작권 문제가 예민하게 다루어지는 때일수록, 출처를 친절하게 표기하는 것이 고소를 피하는 일이다. 가급적이면 원고 집필 과정에서 인용 자료의 출처인 당사자나 단체로부터 사전에 사용 승낙을 받아두는 것이 안전하다.

6단계 : 철자법 교정에 주의를 기울인다. 물론 이 단계는 출판사 편집부의 교정 전문가가 감당할 일이다. 원고의 교정은 원고 전체에 공통으로 적용해야 하는 원칙이 있으므로, 부분적으로 적용하여 자칫 혼란을 야기할 수도 있다. 그래서 철자법 교정은 한 사람이 일괄하여 처리하는 것이 좋다. 책 전체에 걸쳐 적용하는 일관된 철자법 원칙을 지켜야 하기 때문이다.

7단계 : 출판사 기획 부서에서 최종적으로 원고를 검토하는 단계가 있다. 원고 내용이 출판사 의도나 계획에 부합하는지를 판단하는 것이다. 이 원고는 이미 출판 계약을 맺은 상태이므로 별다른 문제는 없겠지만, 출판사 측에서 원고에 대한 어떤 의견이 있다면 이를 무시할 수는 없다. 서로 협의하여 원고를 조정함으로써 출판 기획 의도에 부응하는 것이 좋을 것이다.

대개 이와 같은 일곱 단계의 퇴고 과정을 마치면 원고는 출판사로 넘어간다. 충분히 검토되고 숙성된 원고는 예쁜 디자인의 옷을 입고 나름의 존재 이유를 안고서 세상에 한 권의 책으로 태어난다. 퇴고 과정에 충분한 시간을 쏟았다면 집필자의 마음은 평안할 것이다. 그와는 반대로 서둘러 퇴고를 마쳤다면 집필자는 개운치 않은 마음을 가질 것이다. 그래서 원고에 대해 집필자의 마음은 자신감이 넘쳐야 한다. 누가 비난하는 일이 있다고 하여도 흔들리지 않는 신뢰를 원고에 대해 보낼 수 있어야 한다. 이러한 신뢰는 원고에 대한 기쁨의 표현이다.

이미지, 사진, 도표도 집필자가 주도해야

책의 원고에는 글만 있는 것이 아니다. 자서전 원고 자료에는 특히 사진이 중요한 자리를 차지한다. 원고의 내용을 구성하는 이야기에 대한 확실한 근거를 독자는 사진을 통해 확인하고 또 즐거워한다. 집필자의 부모님의 젊은 시절 사진, 백일잔치나 돌잔치 사진, 유년 시절과 청소년 시절 등, 성장기의 사진을 비롯하여 최근까지의 사진들을 적당한 위치에 배치하는 것은 자서전 내용을 풍성하게 만들어준다.

사진은 배치 방법이나, 설명 내용에 따라, 책의 분위기가 전혀 달라질 수 있다. 그러므로 사진의 배치 순서나 배치 방법에 대한 의견은 집필자에게 달려 있음을 알아야 한다. 원고를 다 썼다고 해서 집필자의 역할이 끝난 것이 아니다. 원고는 사진을 통해서 계속 자기 이야기를 이어가고 있다는 점을 알아야 한다. 설명문 속에 기록해둘 한마디, 한마디가 여전히 그 영향력을 행사하고 있다. 대개 사진들은 편집 기술에 따라 책의 앞이나 뒤쪽에 몰아서 편집하는 경우가 많다. 그러나 원고의 스토리에 따라 연관된 사진을 적재적소에 배치하면 독자는 그 친절에 감사할 것이다. 이런 식으로 사진은 전 지면에 분산하여 배치할 수 있다. 본문에 사진이 들어갈 경우는 대개 컬러사진보다는 흑백사진을 선호한다. 그 까닭은 글씨가 검정색이기 때문에, 그 분위기에 맞추어 사진도 흑백사진을 대개 선호한다. 게다가 컬러를 선택하면 결국 제작비가 상승되는 현실적 문제가 발생하므로 신중히 결정하지 않을 수 없다. 이 밖에도 다른 종류의 원고가 있다. 그것은 도표나 일러스트 등이다. 이 분야도 집필자가 주도하되, 편집 디자이너의 몫이라는 점을 유의해야 한다. 가끔 가족사진이 아닌, 순수한 이미지 언어로서 상징적인 사진 컷이 필요한 경우도 있다. 이 경우는 집필자 자신이 그런 이미지를 찾아야 한다.

하지만 마지막으로 집필자가 꼭 점검해야 할 부분이 있다. 그것은 앞에서 이미 언급한 부분이지만, 다시 한 번 언급하는 것은 그만큼 중요하기 때문이다. 자서전에 싣는 사진 대부분은 개인적 이해관계가 있는 사진들이므로 저작권 문제가 있다고 하여도 개인적으로 양해를 구할 수 있다. 그러나 특별히 어떤 이미지를 사용하고 싶다면, 반드시 그 출처를 확인해야 한다. 컴퓨터를 열어보면 이미지의 홍수로 넘치는 것을 볼 수 있다. 무료 이미지도 넘친다. 그러나 세상에는 공짜가 없다는 것을 전제로 하여 이미지 사용 과정에 신중하기를 바란다. 무료 이미지라고 해도 크리에이티브 커먼즈(Creative Commons)라는 라이센스 표시를 잘 확인해

보아야 한다. 저작권자를 cc로 표기하는데, 이 뒤에 어떤 말이 붙느냐에 따라 의미가 달라진다. cc 0라고 표기되어 있으면 저작권 포기 또는 무료라는 의미로 이해하면 된다. 그렇다고 하여도 가능하다면 이 분야의 전문가인 출판사의 의견을 묻는 것이 현명하다.

이제 원고는 세상을 향해 떠나갈 채비를 어느 정도 마친 셈이다. 내 이야기가 세상에 자기 목소리로 탄생하는 순간이다. 참 오랜 세월을 가슴에 숨겨온 내 이야기가 영혼의 피와 살을 공급받아 한 권의 살아 있는 책이 되려고 한다. 참으로 축복받아야 할 일이 아닌가? 아직 벌거숭이 원고 상태지만, 현실과 창조라는 두 세계를 오가며 나는 얼마나 오랜 시간을 방황했는가? 나는 마침내 참 자아에 이르는 진실을 만나게 되고 깨달음을 얻는 순간에 이르게 되었다. 그러나 그럴수록 냉정해야 한다. 이 원고가 그만한 가치가 있느냐, 정말 내 삶의 의미와 가치를 담았는가를 따져야 한다. 그것이 퇴고의 마지막 관문이다.

독자에게 드리는 질문

1) 원고의 양은 구체적으로 결정되어 있는가?
2) 맞춤법, 문장부호 사용법 등, 원고 집필을 위한 기초적 준비는 되어 있는가?

07

기획에서 원고 집필까지, 실제 사례

저자는 앞서 3장 첫 꼭지에서 언급했듯이 2019년경, 한 탈북 여성의 요청으로 북한에서 태어나 고난의 행군 기간에 남한으로 탈출하기까지 파란만장한 그녀의 30여 년 일생을 책으로 만들기로 하고, 원고 집필 작업을 도운 일이 있다. 나는 이 원고 작업을 위해 우선 3가지의 목표를 세웠다.

첫째는 책의 저자가 북한 여성이라는 점을 명심하자는 것이다. 책이 그 여성의 이름으로 발간이 된다는 사실은 책의 정체성을 분명하게 해준다. 둘째, 북한의 곤궁한 상태와 죽음의 수용소 실태를 있는 그대로 전달하여 독자라면 누구나 역사적 비극의 현실을 실감하게 한다. 셋째는 이 여성이 고난 가운데 경험한 하나님의 은혜와 그 진실한 믿음을 잘 전하여, 이 책이 자전적 신앙 간증서라는 기본적 성격을 분명히 하려고 했다.

그리하여 탈북 여성의 북한 생활과 탈북까지의 30여 년에 걸친 이야기를 자서전 형식으로 집필하도록 안내하였다. 놀라운 것은 처음에는 간단한 이야기도 집필하기를 어려워했지만, 차츰 글쓰기 실력이 향상되면서 혼자서도 상당히 긴 글을 써내는 능력을 발휘했다는 점이다. 이 짧은 경험이 실제로 자서전을 쓰려는 분들에게 간접적 경험이 되기를 바란다. 이때 집필된 원고는 현재 책으로 출판될 기회를 기다리고 있다.

원고 집필을 계획하는 단계

가장 첫 단계에서 필요한 것은 자기 이야기를 전하고자 하는 이 탈북 여성의 정체성에 관한 것이다. 그녀는 과연 누구이며 어떤 여정을 거쳐 남한까지 내려왔는가에 대한 그녀의 파란만장한 스토리의 윤곽과 특징을 이해하는 것이 급선무이다.

당시 나에게 주어진 시간은 제한되지는 않았지만, 일단 세 달 만에 지나온 이야기를 완성하는 것이 1차 목표였다. 그리고 저자 자신의 글쓰기 능력이 어떠한지를 파악하는 것이었다. 나로서는 그녀가 스스로 자기 이야기를 쓸 수 있도록 코칭해주는 것이 중요했다. 먼저 '원고 집필 계획과 일정'을 세웠다.

원고 집필 계획은 ①인생 여정표 만들기, ②연대순으로 스토리 메모하기, ③책의 주제와 제목 찾기, ④꼭지 제목 정리하기, ⑤원고의 분량과 집필 일정 세우기 등으로 분류했다. 그에 따라 집필된 글을 교정하고 윤문(潤文)하는 정도에서 마무리하려고 했다. 사실상 그녀 자신이 이 책의 원고를 완성했다는 자부심과 긍지를 갖도록 하는 것이 더 중요한 일이고, 그 탈북 여성이 정말 그 책의 저자가 되게 만드는 일이 나에게 주어진 책임이고 임무인 셈이다.

이 일을 위해 그녀 자신이 도대체 어떤 인생을 살아왔는지를 객관화시키고, 그 과정을 그녀 스스로 분명하게 인식하는 것이 매우 중요하다. 말하자면 지나온 인생 전체를 한 장의 지도, 하나의 그림처럼 마음에 담아두어야 한다. 이것이 앞서 소개한 '인생 여정표 만들기'이다. 이것은 대화를 통해 이루어졌고 나는 그 긴 내용을 간단하게 메모해두었다. 필요한 것은 녹음하려고 했지만, 녹음이라는 것이 참 번거롭고 불편했다. 이야기의 줄거리를 전체적으로 이해하고 파악하기보다는 녹음기에 모든 주도권을 빼앗기는 기분이었다.

이 첫 단계에서 중요한 일은 인생 여정표에 따른 '중심 스토리의 수집'이다. 간단히 핵심 키워드와 스토리를 노트에 메모해두면 좋겠다. 이를 통해 우리가 결정할 일은 자서전의 중심 주제를 찾는 것이다. 이 주제가 책의 제목과 책의 전체 줄거리와 플롯(구성)을 만든다. 중심 스토리는 몇 번의 대화를 통해 그녀 스스로가 만들도록 인도했다.

핵심 스토리는 이렇게 전개되는 것을 발견했다. ①고향에서 태어나 돌격대원이 되기까지 절망적인 삶, ②탈북하여 중국 농촌에 팔려가 살다가 예수를 만난 일, ③죽어가던 딸을 살렸으나 북한으로 끌려간 이야기, ④전거리 교화소의 참혹한 현실, ⑤교화소에 함께 갇혀 있는 주님과의 일상, ⑥다시 달려간 탈북의 길과 새로운 기회 등으로 요약된 그녀의 글은 전체적 윤곽을 보였고 그녀는 각각의 작은 스토리를 메모해두었다.

장과 꼭지의 제목과 책의 제목, 원고의 양을 결정하는 단계

수집된 스토리에서 골라낸 각각의 꼭지(일정한 분량으로 묶은 원고를 가리키는 말)에 소제목을 붙이고 아래와 같이 장별로 묶어서 구분한다. 이 꼭지 제목들을 스토리의 흐름에 따라 여러 가지를 하나로 묶어서 장제목을 만든다. 장 제목을 통해 책의 주제와 어울리는 책 제목의 아이디어(가제)를 찾는다. 이 가제들 속에서 제목을 발견하여 다듬는다. 제목은 책의 운명을 결정하기 때문에 많은 관심을 기울여야 한다. 일단 제목을 구약성서에 나오는 구절을 인용하여 "고난의 바다를 건널 때"(스가랴서 10:11)라고 정했다.

'장별로 묶어놓은 꼭지 제목들'
1장 : 1) 아기 울음소리 / 2) 고난의 그림자 / 3) 사과 한 알 / 4) 돌격대

원이냐, 장사꾼이냐

2장 : 5) 첫 탈북의 길 / 6) 팔려가는 몸 / 7) 딸의 죽음 / 8) 나를 기다리신 예수님

3장 : 9) 다시 살아난 딸 / 10) 북으로 끌려가는 길 / 11) 온성 보위부 / 12) 그리운 내 고향 새별

4장 : 13) 전거리 교화소 / 14) 불망산 화장터 / 15) 실수가 없으신 아버지 / 16) 끝내 열리는 문

5장 : 17) 다시 달려간 탈북의 길 / 18) 놀라운 선물 / 19) 새로운 길을 찾아서 / 20) 용서의 길

'장마다 붙인 제목들'

1장 : 고난의 시작 / 2장 : 팔려가는 탈북 길 / 3장 : 죄수가 되어 다시 찾은 고향 /4장 : 죽음의 수용소에서 견딘 3년 / 5장 : 새로운 길을 찾아

'책의 가제들'

-고난의 바다를 건널 때 / -고통 속에 동행하신 주님 / -전거리 교화소에서 만난 주님

한 권의 책을 만들려고 하면 일반적으로 신국판형으로 250페이지 전후의 원고 분량을 준비하면 된다. 전체 원고 분량은 대개 A4용지 110페

이지 전후가 될 것이다. 각 꼭지의 원고 분량은 균일하게 분배하여 전체 꼭지 수가 35개에서 40개 정도라면, 한 꼭지의 원고 분량은 대개 A4용지 3페이지 정도면 충분하다. 또 꼭지 수가 20개에서 25개 정도라면, 한 꼭지의 원고 분량은 5페이지 정도를 집필하면 될 것이다. 자서전의 규격이나 페이지는 다양하다. 독자가 누구이고 목적이 무엇이냐에 따라 자서전의 형식도 달라진다는 얘기가 된다. 심지어 혼자서만 읽는 고백록, 혹은 비망록, 자성록에 가까운 자서전도 있다. 따라서 원고 분량은 책의 형식이 먼저 결정된 후에 계산할 문제이다. 원고 분량을 결정하고 나서 원고를 집필하는 것은 책의 구성과 편집에 안정감과 균형감을 줄 뿐 아니라, 집필자 자신이 원고 집필의 흐름을 짐작하게 하는 데에 효과가 있다.

초고에서 원고를 완성하는 단계

구체적으로 장별로 꼭지의 스토리 내용을 분류하고 나면, 원고 집필의 준비가 끝난 셈이다. 마지막으로 각 꼭지의 원고 집필을 지원할 사례와 참고도서, 사진 등이 준비되면, 연대순으로 각 꼭지의 원고를 집필하기 시작한다. 이 원고는 생각이 이끄는 대로 마치 수필을 쓰듯이 가벼운 마음으로 써가면 된다. 그렇다고 글 쓰는 순서를 꼭 연대순으로 써가야 하는 것도 아니다. 마음에 가장 강하게 떠오르는 것, 즉 쓰고 싶은 주제를 먼저 써도 아무 상관이 없다. 여기저기 쓰면서 꼭지의 원고 계획을 완성해가면 된다.

원고를 쓰기 시작하면, 원고는 마치 생명을 가진 나무처럼 자라는 것을 느끼게 된다. 하나의 생각이라는 씨앗에서 시작된 한 작은 주제가 발아가 되어 큰 주제의 나무로 자라나는 힘을 느낀다. 이것은 놀라운 경험이 아닐 수 없다. 하나의 주제가 다른 주제로 연이어 파생되는 현상도 보게 된다. 창작이 아니라, 기억의 파편들이 숨겨진 의미를 드러내는 것이다.

글은 다듬을수록 그 글맛이 깊어지고 정확해진다. 물론 글은 생각의 논리가 떠올랐을 때, 그 흐름을 놓치지 않고 단숨에 써버리는 것을 습관화해야 한다. 그러나 그것으로 끝내버리면 글맛에서 생경한 느낌을 숨길 수 없다. 그래서 두고두고 숙고하는 시간을 가져야 숙성된 글을 만들 수 있고 독자는 그런 글에서 깊은 인생의 지혜를 만나고 싶어 한다.

독자에게 드리는 질문

1) 당신은 과거에 원고를 써본 경험이 있는가?
2) 원고 쓰는 훈련은 독서로부터 시작된다.
3) 책을 많이 읽으며 원고 집필의 요령을 배우라.

08

완전한 원고가 좋은 책을 만든다

자서전 쓰는 방법

자서전 쓰는 방법은 누가 쓰느냐, 즉 집필자가 누구냐에 따라 크게 3가지로 분류할 수 있다.

첫째는 집필자 혼자서 독립적으로 책을 쓰는 방법이다. 물론 이 방법은 시작하기가 어렵고 대담한 결단이 요구된다. 그래서 『자서전 쓰는 법』이라는 이 책은 이러한 독립 집필자에게 도움을 주기 위해 구상되었다. 이 책이 가르치는 대로 급하게 서둘지 않고 천천히 써가려고 하면, 충분히 당신도 집필자가 되고 저자가 될 수 있다.

둘째는 책 쓰기 코치나 출판사 기획팀의 도움을 받아 쓰는 방법이 있다. 물론 책은 집필자 자신이 쓰되, 글쓰기의 안내자나 인도자, 즉 코치의 도움을 받아 쓴다는 말이다. 그러나 이 방법은 감당해야 할 단점이 있다. 그것은 상당한 비용을 각오해야 한다는 점이다. 이 경우 대부분은 자비출판을 전제로 하기 때문이다. 코치에 따라, 비용의 규모는 다르지만, 수백만 원의 코칭 비용을 감당해야 한다. 하지만 코치의 능력에 따라 차이가 있지만, 이 방법은 확실한 도움을 받을 수 있다. 만약 출판사와 계약 아래서 원고를 써간다면, 이것을 가장 이상적 방법으로 추천하고 싶다. 출판사는 이미 이 책의 가치와 가능성을 알고 있기에 출판 계약을 한 이상, 집필자에게 도움이 될 만한 역할을 하려고 할 것이다. 그래서 경험이 많은 출판사의 코칭을 받는 방법은 큰 경비를 지출하지 않고도 가능한 방법이 된다. 하지만 출판사 역시, 한 사람의 전문가로서 집필 코치나 대필 작가를 소개할 것이다. 여기에 의뢰인의 고민이 있다.

셋째는 대필 작가에게 자서전의 집필을 맡기는 방법이다. 과거에는 대필 작가를 가리켜 유령작가라고 하였다. 그러나 세상이 밝아지면서 대필 작가의 역할이 수면 위에 오르게 되었다. 그래서 기획자, 구성작가, 스크립터 등의 이름으로 떳떳이 이름을 올리고 있다. 출판사에서도 아예 집필팀을 만들어 자서전을 기획하고 원고를 쓴다. 짐작하겠지만, 이 방법이 가장 비싸다. 한 재벌가의 창업주 이야기는 원고료만 억대에 이른다고 한다.

그러나 이보다 먼저 중요한 것은 자서전을 왜 계획하고, 그 원고를 왜 써야 하는지를 알아야 한다. 그 이유가 확연해지면 어떤 방법이든 상관없을 것이다. 책 쓰기 코치로 유명한 송숙희 작가는 그의 책 『오늘부터 내 책 쓰기 어때요?』(알에이치코리아, 2020, 218쪽)라는 책에서 매우 의미 있는 권고를 했다. 글쓰기를 여행자들의 명소인 순례자의 길 '산티아고'에 비유한 그의 말은 원고 쓰기의 의미를 다시 깨닫게 한다. 송 작가는 만일 당신이 사막 한가운데 서 있는 것 같다면, 그 때문에 방향을 암시하는 단서조차 찾을 수 없다면, 그나마 그 자리에 계속 서 있을 수 없다면, 어디론가 향할 수도 없는 막연한 처지에 놓였다면, 당장 당신 자신의 이야기를 쓰기 시작하라고 제안한다. 내 이야기를 쓴다는 것은 나만의 산티아고를 걷는 것과 같다. 이야기를 쓰다 보면 당신이 어디서 걸어왔고 지금 어디에 서 있으며 이제 어디로 걸어가야 할지 깨닫게 된다. 이야기를 쓰며 자신의 현재를 점검하며 새로운 인생 여정을 대비하게 된다는 것이다.

이러한 의미와 가치를 내 삶에 안겨준다면 누구든 책 쓰기로서 자서전 집필에 도전하지 않을 이유가 없다. 내 삶이 어떤 모양으로든 변화하기 때문이다. 몇 년 전, 나는 한 탈북 여성의 인생 여정을 탈북 기록으로 정리해주기로 하고 그의 이야기를 자서전 형식으로 쓴 일이 있다고 앞서 얘기한 바 있다. 이 책은 출간을 목표로 집필되었으나 이 책을 출간하기로 한, 한 기독교 단체가 출판을 보류함으로써 사실상 중단되고 말았다. 집필 목적에 부합하는 신앙적 간증의 뜻이 충분히 나타나지 않았기 때문이라고 한다. 그러나 언젠가는 이 북한 자매의 탈북 여정이 그가 살아서 경험한 내용 그대로 세상의 책으로 나오기를 아직도 기대하는 것은 그녀가 책을 내야 하는 이유가 분명하기 때문이다. 아직도 북한이라는 거대한 수용소에서 갇혀서 인간 이하의 삶을 강요받고 있는 북한 동포를 자신의 고통받은 경험을 통해 증언하고 싶은 것이다.

좋은 원고는 어디서 나오는가?

원고는 집필 목적이 분명할 때, 독자들에게 잘 전달된다. 독자에게 필요한 내용이 들어 있기 때문이다. 그러므로 원고를 쓰기 이전에 필자는 책을 출간하려는 목적과 그 콘셉트를 정확히 알고 있어야 한다. 자서전의 일반적인 집필 의도와 함께 꼭 명심할 사항은 독자가 누구냐를 생각해야 한다. 독자의 프로필이 명확해야 한다. 그래야 독자의 필요를 채워주고 책의 목적을 달성할 수 있다. 세계적으로 이름난 자서전은 놀랍게도 처음부터 일반 대중을 위해 쓰이지는 않았다. 자신을 통찰하는 일기, 편지, 혹은 에세이 등 짧은 글의 형태를 취한 것을 볼 수 있다. 이러한 형태는 개인의 사사로운 글을 통해 평소 마음에 두어온 교훈적이고 비밀스러운 이야기를 들려주는 방법으로써 아주 자연스러운 결과였다. 또 후대에 이 글을 묶어 자서전이란 이름을 붙인 것 역시 자연스러운 산물이 아닐 수 없다. 이러한 자서전이 많이 읽히고 회자되는 것은 그만큼 자신의 진심이 녹아 있기 때문이다. 즉 진실한 내용의 원고들 때문이다.

  아들에게 쓴 편지 형태의 '에세이'이며 가장 대표적인 자서전이라면 미국 건국 초기의 지도자인 벤저민 프랭클린(Benjamin Franklin, 1706~1790)의 자서전이 있다. 프랭클린은 애초부터 자서전을 쓸 생각은 없었다. 다만 그 자신을 꼼꼼하게 관리하고 계발하는 여러 가지 경험과 방법과 함께 13가지의 미덕을 자율적으로 훈련한 경험을 아들에게 들려주고 싶었던 것이다. 이 글은 아들 윌리엄에게 주는 편지 형태로 시작된 기록이었다. 그는 미덕을 훈련해가는 과정을 자기 노트에 기록했을 뿐이다. '사랑하는 아들에게'란 이 글이 사후에 그의 손자인 윌리엄의 아들에 의해 자서전이란 이름으로 출간된 것이다. 이 책은 자서전이란 타이틀이 붙게는 되었지만, 13가지의 미덕을 개인적으로 훈련하기 위한 뛰어난 자기계발서였다. 그리고 200년이 넘도록 지금도 성공한 사람의 성품으로서 좋은 인격을 키워가는 가장 좋은 지침서로 알려져 있다. 미국 역사가 대니얼 부어스틴은 그의 책에서 벤저민 프랭클린의 자서전을 이렇게 평했다. "그의 자서전은 독립선언 이래로 미국인이 쓴 책 중에서 가장 널리 읽힌 책일 것이다. 현대문학의 중대한 형식인 성공담이라는 새로운 장르를 개척했다. 그것은 연대기요, 신조의 기록이며 자수성가를 꿈꾸는 자를 위한 시나리오다."

우리나라의 지식인들에게 깊은 영향을 미친 조선 말기의 학자라면, 단연 정약용(丁若鏞, 1762~1836)을 손꼽을 수 있다. 그는 잘 알듯이 다산학(茶山學)이라는 학자적 위업을 남길 만큼 많은 책과 글을 썼으나, 유감스럽게도 자서전은 남기지 않았다. 다만 18년의 유배 생활 중에 아들들과 형에게 보낸 서신이 남아 있어 후학들이 이들을 모아 책으로 묶었다. 그것이 바로 30년 이상 팔리고 있는 『유배지에서 보낸 편지』(정약용 저, 박석무 편역, 창비, 1991)이다. 이 책에는 다양한 소재의 글들이 실려 있어 수필집에 가까우나, 어떤 글보다 마음의 사심을 표현하였으니 자서전에 가까운 측면이 있다. 사랑하는 두 아들과 그리운 둘째 형님, 그리고 제자들에게 보낸 편지가 잘 담겨 있어 다산이 어떤 인물인지를 짐작하게 한다. 그래서 이 책을 두고 편지 형태로 쓴 최고의 자서전이라고 감히 말하고 싶다.

좋은 원고는 좋은 목적을 담은 글을 쓰려는 좋은 의도로부터 시작된다. 그래서 프랭클린의 자서전이 그 가능성을 보여주었을 때, 독자들은 환호하였다. 성공하려는 사람이 가지는 좋은 인품은 매일 꾸준히 훈련함으로써 가능하다는 자기계발의 과정은 많은 독자의 관심을 가져올 수밖에 없었다. 또 다산 정약용 역시 사랑하는 아들들과 지인들에게 인생은 어떻게 살아야 하고 인간의 아픔과 시대의 아픔을 어떻게 이겨나가야 하는가 등에 대한 자신의 생각을 따뜻한 마음으로 전하고 있다. 이 책이야말로 어려운 시대를 살아가는 이 나라의 청년들을 가르치고 교훈하기에 가장 좋은 선례가 되고 있다.

집필자의 조건은 딱 한 가지다. 오직 내가 살아온 인생에서 증명된 삶의 진실이 무엇인가를 증언할 수 있다면, 그것으로 충분하다. 대단한 지식이나, 출세한 기록이나, 엄청난 성공을 보여주려고 애쓸 필요는 더욱 없다. 독자는 참으로 묘한 존재이기 때문에 그러면 그럴수록 독자는 멀리 도망간다. 마치 세속적인 냄새가 너무 진동하는 것에 질려버렸다는 듯이 달아나버린다. 그러므로 겸손하고 솔직하고 담백한 모습이 독자를 끌어당긴다는 사실을 항상 기억해야 한다. 좋은 원고는 집필자가 언제나 그런 마음가짐을 가질 때라야 비로소 써지기 시작하는 것이다. 이것이 글이 가진 신비한 성질이고 자서전이 지닌 매력이기도 하다.

독자에게 드리는 질문

1) 당신은 자서전 집필자로서 능력을 갖추었다고 생각하는가?
2) 당신은 자신이 살아온 날들에 대해, 써야 할 자서전에 대해, 또 많은 독자 앞에서 정직하다고 생각하는가?

〈자서전 원고 집필 과정〉

지금까지 언급한 자서전 쓰기의 과정을 종합하면 대체로 아래와 같이 요약된다.

인생의 전망대에 오르라.

(오래 간직해온 인생의 추억, 혹은 기억, 그리고 미래 전망)

⇩

1. 큰 줄기의 인생 스토리를 간단히 몇 줄로 요약한다.

(주제 및 키워드를 기록)

⇩

2. 연대순으로 〈인생 여정표〉를 보드로 만든다.

⇩

3. 크고 작은 여정표의 제목, 혹은 주제를 메모하여 여정표 보드에 붙인다.

⇩

4. 각 스토리의 중심 내용을 공책이나 노트북에 연대순으로 정리해둔다.

⇩

5. 스토리를 집필할 자료를 수집한다.

(인터뷰, 사진, 오디오 및 비디오물, 참고서적 등)

⇩

6. 키워드를 각각 정리하고 사건별 주제를 기록한다.

⇩

7. 책의 제목과 장별 제목을 정리한다.

(가제)

⇩

8. 총 목차를 정리한다.

(책 제목, 장 제목, 꼭지 제목의 정리)

⇩

9. 초고 집필을 시작한다.

(원고량과 집필 기간을 정한다.)

⇩

10. 자서전의 주제 확인 및 탈고

⇩

11. 목차 재정리

⇩

12. 출판사 섭외 및 출판 계약 추진

⇩

13. 최종 원고 제출 및 출판 편집팀 미팅

⇩

14. 편집 디자인 및 인쇄 원고 완성

⇩

15. 자서전 출판 작업

5장

자서전을 쓰면 인생의 방향을 알 수 있다

"부정적 의식의 늪에 빠진 채, 버려두는 일은 참으로 위험하다. 이 순간, 건강하고 합리적인 스토리로 그 자신을 안전한 곳으로 끌어내는 세뇌작업이 요구된다. 즉, 위험한 순간을 순화시키는 자기 스토리가 필요하다. '인생 다시 살기'는 자서전 자체가 가진 핵심 기능을 대표하는 키워드이다. 그래서 아무리 힘들고 아픈 시절의 이야기도 부정적 분위기에 침잠하도록 내버려 두어서는 안 된다. 긍정적인 스토리로 세뇌를 준비하는 지혜가 필요하다." (본문 296쪽)

01

인생의 영역을 넓히는 행복의 출발점

자서전은 필자 자신이 품어온 지난날의 이야기이다. 누군가에게 꼭 들려주고 싶어 품어온 자기 이야기이다. 이미 1장에서 자세히 밝혔듯이, 단순한 과거의 추억담이 아니다. 마음에 두어야 할 중요한 점은 '자서전이란 남은 인생을 위해 무엇인가를 해낼 마지막 남은 소중한 자산'이라는 사실이다. 이런 의미와 가치를 지닌 자신의 남은 시간을 여러 가지 시련과 후회 속에 소모해버린다면, 이보다 안타까운 일도 없을 것이다. 남은 시간을 어떻게 보낼 것인가는 어디까지나 나의 선택사항이고 또 나의 결심 여부에 달린 문제이다. 그러면 무엇을 선택하고 무엇을 결심해야 하는가?

최근 친구의 가슴 아픈 이야기를 들었다. 이제 아흔이 넘으신 어머니를 요양원에 모셔놓고, 이 친구는 요양원이 있는 지역으로 정기적으로 내려가 어머니가 사시던 아파트에서 며칠을 기거하면서 낮에는 어머니의 대화 상대가 되어드린다는 것이다. 그런데 같은 지역에 사는 동생들은 자주 찾지 않아, 어머니도 그들을 부르지 않는다고 했다. 친구는 맏형으로서 동생들을 불러 식사 자리라도 함께 가지려고 하면, 동생 가운데 가장 잘사는 남동생의 불평과 원망을 들어주어야 했다. 형과 어머니에 대한 섭섭한 마음이 무엇이 그리도 많은지, 그 동생은 친구의 마음을 송곳으로 뚫듯이 한다는 것이다. 친구는 부모가 된다는 것이 얼마나 힘든가를 어머니 입장에서 새삼 깨닫게 되었다고 한다. 성질이 급하신 어머니께서 듣는다면 반드시 큰소리가 나왔을 법한 그런 이야기들이었다. 어머니라면 이 남동생의 마음을 어떻게 감당하셨을까? 참 궁금했다. 또 맏형으로서 동생에게 무엇이라고 피드백하여줄 것인가?

2가지를 명심하자

누구보다 가까운 혈육 관계도 이러한데, 세상 사람과의 관계는 또 어떠하겠는가? 편안하고 조용해야 할 노후 생활이 여전히 마감되지 않은 채, 시끄럽다면 불행한 일이다. 이런 상황이 어찌 노인들에게만 해당이 되겠는가? 젊었든지 늙었든지 누구에게나 일어날 일이다. 이 같은 어려움을 위해 준비해두어야 할 일이 바로 '자서전 쓰기'이다. 자서전은 직접 집필하는 자기 자신에게 있어서는 '행복을 만드는 마지막 기회'라는 사실을 깊이 명심해야 한다. 그러면 구체적으로 무엇을 어떻게 해야 내 인생이 행복해질 수 있는가?

그것은 첫째로 오래전 잊었던 사랑을 되찾는 것이고 둘째로 그 사랑을 미래에 투자하는 것이다. 이 두 가지만 명심하자. 이로써 인생의 영역이 더 넓어지고 깊어진다. 더 넓게 멀리 내 인생의 전망을 바라볼 수 있다. 바로 이곳이 인생의 새로운 행복이 시작되는 출발점이다. 그러면 자서전을 쓰면서 우리가 감당해야 할 이야기를 찾아보자. 평생을 심리 상담을 해온 한 전문가가 전해준 이야기이다.

첫째는 잊었던 사랑을 찾으라는 것이다. 이것은 마치 묵은 빨래 주머니에서 만 원짜리 지폐를 우연히 발견하는 기쁨을 안겨준다. 까맣게 잊고 있었던 일이 기억의 갈피에서 다시 생각나는 순간이다. 이런 기회를 찾으라는 말이다. 이런 기회들은 자서전의 좋은 주제가 될 것이다. 엄마, 아빠에게 이런 모습도 있었던가를 회상하며, 부모님의 자식에 대한 사랑을 확인하게 된다면 어떠하겠는가? 지금과 같은 다툼이 형제 사이에 일어나지 않았을 것이다. 가족이 잊고 있었던 그런 일은 우연히 마음속에 떠오른다. 누군가의 마음을 통해, 어머니와 아버지의 간절한 모습이 떠오르는 것이다.

한 중년 여성은 성공한 화가임에도 불구하고, 쾌활한 성격과는 달리 의기소침하여 늘 우울증에 빠지는 순간이 있어 심리치료를 받아야 했다. 그녀의 어머니는 유년기의 그녀를 지나치게 엄격하게 대해서 공포감마저 들 정도였다. 나중에 깨닫게 된 것이지만, 이것은 오해였다. 당시에는 나를 겁쟁이 생쥐로 몰아세우는 냉정한 어머니가 무섭고 싫었다. 그것이 오랜 상처로 남았다. 그런데 어머니 친구들 모임에서 전해들은 어머니 모습은 자신이 아는 어머니와는 너무나 달랐다. 따뜻하고 친절했다. 이런 오해는 당시 가정교육에서 요구된 엄중함 때문인 것을 그녀 자신도 알면서도, 그 옛적 오해를 아직도 품고 있었다. 어머니는 그때나 지금이나 그녀를 사랑하는 마음이 다르지 않다. 이를 인정하지 않는 것은 공포감 때문이었다. 그래서 그녀는 어머니의 사랑을 되찾기로 했다. 자상하신 모습을 선택하기로 했다. 그런 노력 가운데 그녀는 어느새 행복해지고 불안은 사라졌다. 어머니의 사랑은 변함없었다.

둘째는 과거의 기억을 미래에 투자할 줄 알아야 한다. 힘들고 기억하기 싫은 과거의 일을 긍정적으로 설정하여 미래의 자산으로 준비하는 것을 말한다. 사업으로 성공한 한 사업가는 버려진 자신을 아들로 입양하고 길러주신 양부모에 대한 상처가 치유된 것을 최근에야 깨달았다. 그의 말에 의하면, 유년기는 비참했다. 그러나 그는 이에 굴하지 않고 힘든 유년기를 긍정적인 자산으로 만드는 데 성공한 것이다. 그 마음에 하나의 방어기제를 만드는 지혜를 생각해낸 것이다. 다행히 어릴 적에 분주한 양부모님 대신에 그에게는 모든 정성을 다해 돌보아준 유모가 있었다. 그는 그 따뜻한 기억을 복원하여 미래를 위해 투자했다. 유모가 그의 집을 떠난 지도 오래되었지만, 그의 외로운 가슴에는 여전히 그 유모가 살아 있었다. 유모는 그에게 늘 용기를 주었고 위로의 말을 잊지 않았다. 그래서 그는 어떤 상황에서도 실망하지 않았다. 그 유모가 늘 함께해주었기 때문이다.

냉정하고 엄격했던 아버지에 대한 두려움, 그의 편이 되어주지 않으시는 어머니에 대한 원망 등이 뒤엉켜, 청소년기의 그의 마음은 늘 힘들었다. 그러나 어느 날인가, 아버지와 어머니는 그를 보며 웃고 있었다. 아버지가 나를 이해하시고 위로를 주신다는 걸 깨달았다. 그러나 부모님은 늘 그렇게 해오셨다는 것을 그는 오래 잊고 있었다. 이제야 양부모의 사랑이 형식이 아님을 느꼈다.

인생의 영역을 넓히는 행복의 출발점

우리 인생은 여전히 위험 지역을 벗어난 것은 아니다. 아직도 어린아이의 시각으로 인생을 좁게 바라보는 경향이 있다. 이것은 내가 아직 성숙되지 않았다는 증거다. 지난 인생, 즉 과거의 시간을 보내며 해야 할 일이 많은데도, 여전히 과거의 감정이나 좁은 틀에 틀어박혀 있다면 불행을 자초하는 일이다. 앞서 언급한 내 친구의 남동생이 가진 가족관계의 아픔은 아마도 어릴 적 어머니에 대한 불만이나 우리가 모르는 어떤 상처가 나이가 들어서도 여전히 작동하고 있는 것이 아닌가? 여기서 우리가 택할 수 있는 효과적인 방법이 바로 '자서전 쓰기'이다. 자서전 쓰기는 내면의 대청소와 같은 효과를 가져온다. 구석구석 쌓인 먼지를 털어내고 표면을 덮은 때까지 닦아내면 한결 내 삶이 청결해진 기분을 감추지 못할 것이다.

인생이 완전할 수 없는 까닭은 어떤 결핍증과 박탈감을 이겨낼 심리적이거나 현실적인 기제(機制, 인간의 행동에 영향을 미치는 심리적 원리나 방법)가 준비되어 있지 않았기 때문이다. 이런 결핍증이나 박탈감을 일으키는 가장 중심적 요소는 바로 사랑이다. 결핍은 한 번도 사랑을 베풀거나 받아본 일이 없다는 의미이다. 그러나 박탈감은 사랑했던 사람을 잃었다는 의미다. 이런 현상을 두고 병이라고 볼 수는 없지만, 상처로 남은 것은 분명하다. 여기서 우리가 기대할 수 있는 치유 방법이 바로 과거의 인생을 재구성하는 것이다. 이미 지나간 일인데 재구성한다는 것은 말이 안 된다고 생각할 수 있다. 그것은 사건을 재구성한다기보다는, 마음속에 인식된 상태를 재구성한다는 말이다. 마음의 상처에 새로운 의미를 부여하고 부정적으로 접근하려는 심리적 습관을 긍정적으로 바꾸는 일은 불가능하지 않다. '자서전 쓰기'가 바로 이런 자기 혁신과 변화의 기적을 안겨주는 '인생 연금술'이라는 것을 믿기 바란다.

이로써 마음에 고집스럽게 자리 잡은 고질적인 부정의 습관을 제거하고 나면, '나'라는 존재를 내면으로부터 성숙하게 하는 사랑의 에너지를 만나게 된다. 바로 이 지점이 제2의 인생, 즉 인생 리셋(reset)이 시작되는 출발점이다. 성경에 보면 등장인물들이 이름을 바꾸는 경우를 종종 보게 된다. 유대민족의 조상인 아브람이 '아브라함'으로 이름을 바꾸었고 부인 사래도 '사라'라고 이름을 바꾸었다. 또 그 손자인 야곱도 '이스라엘'이라고 이름을 바꾸었다. 지금까지는 하나님을 겉으로만 순종했지만, 이제는 목숨 바쳐 진정으로 섬기라는 명령으로 새로운 이름을 제시했다. 다시 말하자면 아브라함도, 사라도, 이스라엘도 과거의 인생을 버리고 재구성된 새로운 인생을 살게 되었다는 말이다. 당신에게도 그런 인생의 리셋이 기다리고 있다.

독자에게 드리는 질문

1) 자서전을 썼을 때와 쓰지 않았을 때, 당신은 인생을 바라보는 시각과 생각이 다르다고 느끼는가? 그 차이는 무엇인가?

2) 누구나 인생이 리셋될 때, 행복을 느낀다. 인생 2막을 위해 당신은 자서전의 가치를 인정하는가?

02

인생의 가치와 의미의 수호자

아래 글은 이미륵의 『압록강은 흐른다』에 나오는 글이다. 압록강 건너, 맞은편에 위치한 단동 시내에서 이제 떠나갈 고국산천을 생각하며 고향 땅을 마지막으로 둘러보는 장면이다. 나는 이 부분이 이 책 가운데 가장 아름다운 글로 기억된다. 읽고 또 읽어도 새롭다.

"나는 도시를 떠나 한 번 더 강을 보기 위하여 언덕으로 올라갔다. 조용히 푸르게 빛나는 강은 저녁놀에 잠긴 양쪽 언덕 사이의 모래밭으로 흐르고 있었다. 아주 가깝게 반 킬로미터도 더 안 되는 것같이 보였다. 나는 건너편 사람들의 얼굴을 거의 알아볼 수 있다고 믿었다. 그들은 그

물을 넣고 있었다. 부인과 처녀들이 집 앞에 앉아서 저녁을 끓일 콩 껍질을 벗기고 있는 것 같았다. 어린이들은 장난과 씨름을 하고 있었다. 오랜 옛날부터 우리 고국을 이 무한한 만주 벌판과 분리시키고 있는 국경의 강은 막을 길 없이 흐르고 흘렀다. 이편은 모든 것이 크고 음침하고 진정되었으나 저편은 모든 것이 작고 쾌활하였다. 빛나는 초가집들이 언덕에 산재해 있었다. 많은 굴뚝에서는 벌써 저녁연기가 피어오르고 있었다. 멀리 청명한 가을 하늘 아래 산맥과 산맥이 잇달아 물결치고 있었다. 산은 햇빛에 빛났다. 또다시 황혼의 아름다운 빛에 물들었다가 서서히 푸른 놀에 잠겨 갔다."

　– 이미륵, 『압록강은 흐른다』, 169쪽

가치와 의미의 재발견

　한 조각, 한 조각 잊지 않으려고 글을 써 내려가는 이미륵 박사의 마음이 밟히는 듯하다. 마치 물 흐르듯 써 내려간 글이 마치 잔잔한 압록강 물결과 같이 살아나는 것이 느껴진다. 글 위에 그가 사랑하는 나라, 그가 잊지 못하는 사람들이 여전히 살아 있다니 놀랍다. 이 살아 있다는 느낌은 그의 마음에 내 조국이 어떤 그리움으로 남아 있는가를 잘 보여준다. 결코, 사라지거나 포기할 수 없는 이미륵의 고국, 조선의 존재 의미를 가장 잘 드러내고 있다. 아마도 이미륵은 고향이 그리울 때면 자기가 묘사한 고향을 수시로 방문하였을 것이다. 그때마다 어머니, 아버지도 만나고 수암이와 구월이도 만났을 것이다. 그는 소년 시대 자서전을 통하여 자신의 존재 의미와 가치를 재발견하였을 것이다. 그동안은 그저 막연한 고향이었으나, 이제는 구체화되었을 뿐 아니라, 의미까지 살아났으니, 그는 외롭지 않았다. 새로운 인생의 꿈과 계획도 세울 수 있게 되었다. 지독한 향수(鄕愁)는 오히려 교수로서 학문적 연구의 주제가 되었고 한국의 문화를 유럽에 전하는 한국의 지식인으로서 열정을 일으키게 했다.

자기 삶의 의미와 가치를 재발견하는 일은 인생을 든든히 세우는 기초 공사와 같다. 만약 내가 살아가는 의미를 분명하게 말할 수 없다면 그의 인생은 살 만한 가치를 소유하지 못했다는 것을 스스로 인정하는 꼴이 된다. 어떤 사람이 "어떻게 살아야 하나?" 하며 방황하고 있다면, 그는 첫째, 목표가 없는 사람이고, 둘째, 살아가야 할 의미를 찾지 못한 사람이며, 셋째, 밤새워도 좋을 만큼 좋아하는 것을 상실한 사람이라는 것을 스스로 고백하고 있는 셈이다. 그것은 곧, 살아가야 할 삶의 참가치를 아직 모르고 있다는 증거이다. 그러므로 우리는 삶의 의미를 발견하는 노력을 견지해야 한다. 삶의 의미를 알게 하려고 하나님은 그 귀한 시간을 쏟아가며 인간 개개인이 고생 가운데 체득하도록 인생 프로그램을 가동하는 것이다. 실패하게 하고, 절망에 빠지게 하고, 비참함을 만나게 하는 과정을 통해 내가 살아야 할 의미와 가치를 깨닫고 큰 희망을 갖게 되는 것이다. 자서전은 바로 내 삶의 뜨거운 증거로서 나를 객관화시키고 내가 분명히 경험하였으면서도 잊고 있었던 절실한 삶의 주제를 발견하게 한다.

정채봉이 말하는 고향의 신비

필자는 성탄절을 얼마 앞둔 어느 날, 지병으로 쓰러져 생애의 마지막을 살아가던 친구, 정채봉(1946~2001, 아동문학가)으로부터 책 한 권을 선물로 받았다. 샘터사 커피집에서 그가 건넨 책은 수필집, 『눈을 감고 보는 길』(샘터, 1999)이었다. 병상에서 쓰고 다듬었을 수필들을 20여 년이 지나 다시 읽으니 나는 잠시 눈물에 졌고 감동에 젖는다. 순수하고 깨끗하고 정직한 어린아이의 마음이 보이기 때문이다. 어른이 되어서도 고향을 그리워하던 그의 얼굴이 새삼 떠오른다. 아마도 그는 고향 바닷가로 내려가, 앳된 연세에 작고하신 어머니의 손을 잡고 고향 바다의 내음을 맡고 있으리라. 그가 담아놓은 격의 없는 일상의 수필들 틈에서도 고향을 그리워하는 그는 '고향의 신비'를 이렇게 말했다.

"고향이 왜 그리운가? 왜 명절 때가 되면, 만고 고생을 다 감수하고 고향에 가려고 하는가? 물론 부모님이 계시기 때문이기도 하고 성묘를 해야 한다는 부담 때문이기도 할 것이다. 하지만 한 가지 더, 고향에는 '마법의 신비'가 있다. '이상한 편안함'이 있다. 그렇다. 일급 호텔의 안락함에서도 느끼지 못했던, 어떤 권력의 의자에서도 맛볼 수 없었던 감미로움 같은 것, 이것이 돌담이 무너져 있고 흙먼지가 폴폴 날리며 두엄 냄새가 흐르는 우리의 초라한 고향에 있는 신비인 것이다. 나는 이 신비를 '동심'이 생겨난 곳이기 때문이라고 말하고 싶다. 걱정이 없었고 죄를 몰랐으며 잠자고 일어나면 동생의 겨드랑이 밑에 손을 넣어 간지럼을 태워서 함께 웃고, 무료한 수업시간에는 책상 밑으로 짝꿍과 말싸움을 하며 키들거리던 동심, 이 동심의 본고장이니 이보다 더 편안한 곳이 어디 있겠는가?"

  − 정채봉, 『눈을 감고 보는 길』, 177쪽

　자서전을 쓴다는 것은 어느 면에서는 잊고 있었던 고향을 다시 찾는 것이고 잃었던 동심의 마음을 회복하는 것을 말한다. 이 유년의 기억과 기쁨을 통해 삶의 의미를 다시 살리는 것을 뜻한다. 수다한 경쟁 속에 속된 야욕을 즐기다가 보면, 순수한 인간성을 상실하는 부정적 습성을 따르는 결과에 이르고 만다. 그래서 우리는 유년의 힘으로 인생과 삶의 의미가 재구성되는 '거듭나기'를 추구해야 한다. 그것은 자서전 쓰기를 통해 경험할 수 있는 일이다. 청년이 되고 장년이 되어 무거운 세상의 억압을 견디는 것은 유년의 따뜻함과 편안함, 즉 젖먹던 힘으로 쌓아온 튼튼한 정서적 안정감에서 비롯된다. 이것은 고향의 신비이고, 유년의 신비라고 말할 만하다. 이 사실은『행복의 조건』에서도 이미 증명된 바 있다.

그러므로 자서전에서 기술하는 내가 겪은 어린 시절의 경험과 에피소드는 매우 중요한 의미와 가치를 갖고 있다는 점을 주목해야 한다. 이것은 평생에 걸쳐 내 인생 여정에 깊은 영향을 미친다는 점을 기억하고 그 시절을 면밀하게 살펴보는 시각이 필요하다. 만약 어떤 상처라도 보이면 심리 상담의 치유 과정을 고려해야 한다. 유년에 대한 건강한 기쁨과 의미를 기억하는 사람에게는 현재의 괴로움이나 부정적 사고방식에 대해 강한 면역력을 발휘한다. 마치 푹신한 솜옷을 입은 것이나 마찬가지다. 그런 일들을 적극적으로 막아서며 긍정의 힘으로 극복하는 지혜를 발휘한다. 이러한 태도의 여유로움과 회복력은 유년의 때로부터 시작됨을 알아야 한다. 그런 측면에서 우리는 유쾌한 유년, 아름다운 유년을 오래 즐기며 기억해야 한다.

자서전은 가치와 의미의 수호자

이뿐 아니라 우리는 내가 배우고 깨달은 유년의 유쾌하고 아름다운 동심의 마음을 지켜내야 한다. 이러한 결심은 하나님이 창조하신 내 생애를 위한 마땅한 사명이고 책임이라고 할 것이다. 격동하는 삶의 한가운데에서 발현되는 순수하고 아름다운 나만의 원초적 정서는 자서전만이 전해줄 수 있는 귀한 선물이다. 자서전을 쓴다는 것은 내 인생을 구성하고 있는 창조적 존재 의미를 간직하고 변질되지 않도록 지켜가는 나만의 생명 수호 운동이다. 그런 점에서 자서전은 내 삶의 의미와 가치를 지켜주는 인생의 수호자인 셈이다.

우리에게는 전통적으로 혈족의 순수성을 지키고 가문의 역사와 문화, 그리고 명예를 지키는 방법으로서 족보를 기록하는 관습이 있다. 이 족보야말로 조상으로부터 내려와 끊이지 않는 '가문의 수호자'로서 자기 역할을 톡톡히 해온 우리 문화의 숨은 독특한 장르이며 기여자이다. 물론 족보는 아직 한문식 기록 방법을 벗어나지 못하고 있다. 유교적 성리학의 논리와 예법을 지켜가는 자기 틀이 너무나 완고하여 이제는 그 권위가 옛날만 못한 듯하다.

그런데 필자는 이런 형식적 틀을 과감히 벗고, 얼마 전 한국의 명문가(名門家)인 한 종친회가 조성한 가족 묘원의 역사와 조성 경위를 취재하고 역사적 사료들을 취합하여 책을 제작한 일이 있다. 한글로 친절히 설명된 이 가문의 역사는 참으로 놀라웠다. 그 선대들이 조선 시대에 이룩한 업적으로 수십 명의 재상들과 수백 명의 과거 급제자를 배출하였으니, 과연 명문가였다. 그런데 더 중요한 것은 피비린내 나는 당파 싸움에서도 가문이 멸문당하지 않기 위해 중도의 철학을 가르치며 가문의 수호자로 선대들이 살아온 그 의미와 가치를 높이 평가하지 않을 수 없었다.

족보와 자서전은 나름의 삶과 인생의 의미 수호자로서 후계자들에게 이어지기를 바라는 마음이 강렬하다는 것을 우리는 알아야 한다. 이것은 일종의 종족 번식력이며 선대의 책임이고 사명이기도 하다.

독자에게 드리는 질문

1) 당신은 세상을 살아오면서 어떤 가치와 의미를 발견했는가?

2) 당신은 자서전이 내 인생과 내 가족을 지키는 수호자가 될 수 있다고 생각하는가?

03

소중한 것들을 찾아주는 보물지도

근원적인 질문에 대한 답

공을 던지면 그 공을 꼭 다시 받아야 하듯이, 질문을 던지면 반드시 답을 받는다. 이뿐만 아니다. 좋은 질문은 반드시 좋은 답을 얻는다. 그러므로 우리는 누구에게나, 혹은 나 자신에게라도 질문을 던져야 하는데, 그것도 밤새 연구하여 좋은 질문을 던지도록 노력해야 한다. 미국 대통령의 신년기자 회견은 세계적 관심 기사가 된다. 새해 세계 경영의 방향이 소개되는 자리이기 때문에, 이를 제대로 취재하기 위하여 각 언론은 노련한 기자를 이 자리에 보낸다. 대개는 백악관 출입 기자가 이 역할을 담당한다. 담당 기자는 할당된 순서대로 대통령에게 질문을 던지는데, 어떤 질문을 던지는가에 따라 언론의 질적 순위가 매겨지므로 모두가 신경을 쓴다. 심지어 밤새 골몰하여 대통령을 어렵게 만들 질문을 찾느라고 애를 쓴다.

우리는 자서전을 쓰고 나서 무엇을 질문으로 던질 것인가? 한 번쯤 생각할 일이다. 내가 내 인생을 평가한 글이기 때문에, 예사롭게 보아서는 안 될 것이다. 대단히 철학적인 질문이기는 하지만, 첫 질문으로 "그래서 나는 누구인가?"라고 물어볼 것이다. 물론 기대하는 대답은 긍정적인 자아상이다. 모든 직업, 모든 직종에서 이런 형식의 자기 비전을 통해 나 개인의 정체성을 정의할 수 있을 것이다. 이러한 자기 비전이나 자기 정체성은 자신이 누구인가를 묻는 질문에서 시작된다. 그 모든 답은 자서전이 말할 수 있어야 한다. 만약 이 질문에 답할 수 없다면, 그것은 자서전이라고 할 수 없다. 자서전은 나에게 있어 가장 귀하고 소중한 것을 담았기 때문이며, 자서전의 주인공은 다른 사람이 아니라, 바로 나 자신이기 때문이다.

내 인생의 보물은 어디에 있는가?

"꿈은 반드시 이루어진다. 당신이 진심으로 원하고, 또 열정을 가지고 계속 행동하기만 한다면 말이다." 이 주장은 새로운 주장이 아니다. 누구나 하는 이야기다. 그러나 실제로 이렇게 하는 사람은 1만 명 가운데 한 사람이 될까 말까 하다. 그러니 사실은 실행하기 어려운 충고인 셈이다.

일본의 유명한 성공 철학자이고 자기계발자인 모치즈키 도시타카는 중학 시절부터 이미지 훈련, 성공철학, 명상 등을 통해 성공할 수 있는 개인의 역량 계발에 몰두했다. 그러나 대학을 졸업하고도 그에게는 특별한 일이 일어나지 않았다. 그러나 그 나름의 꿈을 성취하는 방법을 계발하여 종합적으로 적용한 지 수개월 만에 아마존과 출판 계약을 맺고 일약 60만 권이 팔리는 베스트셀러 작가가 되었다. 1년 뒤 우리나라에서도 출판되어, 그의 성공 철학은 꿈을 빠른 시간 안에 현실화시키는 기적을 이루어냈다. 그 책은 『보물지도』(나라원, 2판10쇄, 2010)라는 책이다.

이 책은 보물지도가 그려진 어린이 동화책과 같다. 자신이 이루고 싶은 사진을 오려서 크고 두꺼운 종이나 코르크보드에 붙여두면 된다. 원하는 분야별로 분류하여 갈라진 지도처럼 붙여서 자신의 목적지를 선명하게 표시하고 캐치프레이즈도 달아놓는다. 그리고 이 보물지도를 매일 보면서 마음에도 펼쳐놓고 반복하여 염원을 하면 된다. 물론 디테일한 실천 방법도 소개되어 있다. 이 책의 논리적 요지는 맘에 드는 천연색 사진들을 성취 대상으로 마음에 시각화하여 자기암시를 집중적으로 던지라는 것이다. 그러면 두뇌의 작용에 의해 소원을 이뤄주는 과정에 필요한 사람들과 사건들을 만나서 드디어 꿈이 현실화된다. 실제로 그의 세미나에 참석한 많은 사람이 꿈을 성취하는 기적을 만들면서, 이 성공 기법은 세계적 유행이 되었다.

이 기법을 자서전에 적용해보자. 자서전이 과거 이야기로 끝나게만 하지 않고 미래에 투자하는 실제적인 자산이 되게 하라고 앞에서 주장한 바 있다. 말 그대로 자서전이 보물지도라면 어딘가에 소중한 것들이 나도 몰래 숨겨져 있지 않겠는가? 이 보물을 찾아내는 일은 어렵지 않다. 자서전에 기록된 내용 가운데, 자신이 가장 좋아하는 장면이나, 사건이나, 사람을 기억으로 불러내면 된다. 그래서 내가 좋아하는 일은 무엇인가? 내가 좋아하는 사람은 누구인가? 내가 일하고 싶어 하는 프로젝트는 무엇인가? 날 밤을 새워도 좋을 만큼 재미난 일은 무엇인가? 이것은 어떤 형태로든 이미 나에게 적용된 일들이다. 그리고 내가 싫어하는 일이 아니고 나의 호감과 취미를 끌어당긴 어떤 요인이 있었던 것들이다.

그래서 미래, 즉 나의 남은 인생을 즐겁게 하는 일은 무엇인가를 찾아보는 것이 지혜롭다. 그래서 엉뚱한 곳에서 찾는 노력보다는 이 일들의 연장선이나 연관성에서 찾아보는 것이 훨씬 수월하다. 또 실패한 일도 같은 맥락에서 실패 현장을 답사함으로써 패배의 요인을 파악하기가 어렵지 않다. 나의 어떤 점이 나를 실패의 나락으로 떨어지게 했는가를 생각해볼 때, 나의 약점과 장점이 입체적으로 나타날 것이다. 우리의 기억 자체가 완전하지 않기 때문에, 자서전에 기록된 내용보다는 내면에 숨겨진 나의 모습이 더 많을 것이다. 그것을 찾아내는 것이 진짜 보물찾기다.

자서전을 쓰는 것만으로 작업이 끝난 것이 아니다. 남은 인생을 위한 구체적인 또 하나의 인생 계획이 준비되어야 한다. 보물지도라는 개념은 그 계획을 위해 지난 인생에서 나만의 보물을 찾아내는 비밀 계획을 말하는 것이다. 우리가 찾아내려는 것은 결국, 내가 좋아하는 부류의 무엇인가를 찾아내는 것이지만, 내가 좋아하는 것만이 아니라, 내가 잘하는 것, 내가 잘 아는 것도 찾아야 한다. 그리고 뜻밖에 이루어진 기적의 리스트도 찾아야 한다. 또 누군가의 도움을 받은 일, 누군가에게 감사해야 할 일, 그리하여 마침내 성공해낸 일 등을 찾아보는 것이다. 이 모든 일들은 긍정적 마음에서 시작하여 긍정적인 결과를 가져온 일들의 총체적 리스트를 의미한다. 이들 가운데 제2의 인생, 나의 마지막 인생에 성공과 기쁨을 안겨줄 보람의 꽃다발은 어디로부터 올 것인가를 깊이 생각해보자는 것이다. 그런 의미에서 자서전은 내 인생의 보물지도임에 틀림없다.

진정한 보물

자서전을 통해 얻을 수 있는 진정한 보물은 미래에 있다. 자서전을 통해 우리는 자기 정체성과 자기를 세상에 존재하게 하는 이유 등을 바라보게 된다. 그런 모습의 '나'라는 존재가 진정으로 이루고 싶은 마지막 결과물은 무엇인가는 이제 남은 인생에 달렸다는 말이다. 어니스트 헤밍웨이(Ernest M. Hemingway, 1899~1961, 미국 소설가)의 소설, 『노인과 바다』는 인생의 허무함을 노인 어부의 고기잡이를 통해 비유적으로 풀어놓은 이야기로 노벨문학상을 받은 명작이다. 등장인물은 노인 어부와 소년 등 두 명이다. 얘기를 요약하면 아래와 같다.

"바다에서 한평생을 보내고 이젠 늙어, 하바나가 보이는 쿠바의 어느 작은 어촌에서 겨우 고기잡이로 연명해가는 한 노인의 이야기이다. 고기 잡는 법을 가르쳐주었던 10대 후반의 소년이 이 노인에게는 유일한 말벗이었다. 40일이 넘도록 고기 한 마리를 잡지 못하는 노인의 배는 타지 말라는 아버지의 엄명에도 소년은 노인 곁을 떠나지 않았다. 어느 날, 노인은 각오를 하고 작은 보트에 낚시 도구와 미끼를 챙겨서 먼 바다로 나갔다. 노인은 바다를 바라보며 외롭고 고독했다. 늘 보아왔던 고기들이 바다 위를 뛰어올랐다. 물속에 뭔가가 있다는 뜻이 아닐까? 낚시에는 큰 무게감이 실렸고 청새치라는 큰 물고기가 미끼를 물었다. 배보다 2피트나 커 거의 3미터는 되어 보이는 물고기를 배 옆에 밧줄로 묶고서 천천히 항구로 향했다. 그러나 노인은 상어떼를 염려했다. '그놈들이 오면, 둘 다 한심한 신세가 될 거야.' 예상한 대로 상어떼가 몰려왔다. 노인은 온밤을 새워 상어떼와 싸웠으나 청새치 살은 거의 뜯겨나갔다. 노인은 정신이 혼미해지고 지쳐서 항구에 도착하자 앙상한 뼈만 남긴 청새치가 묶인 배를 버려두고 집으로 올라왔다. 너무 지쳐 새벽까지 잠이 들어 있었고, 소년은 상처투성이의 노인의 손을 보고 울었다."

이 소설의 구성은 단순하다. 그러나 인간의 본질적 모습을 잘 보여주고 있다. 40일이나 고기를 잡지 못한 노인은 마침내 청새치를 잡는 데 성공했으나, 끝내 상어떼에게 다 빼앗기고 빈손으로 돌아온다. 이 노인은 허무한 인간의 원초적 운명을 보여주고 있다. 그러나 이 소설은 모든 상실을 감내하는 불행만 얘기한 것이 아니다. 여기에는 야구 경기 중계를 듣고 함께 함성을 지르는 노인과 소년의 동질적 희망이 공존한다. 마치 하바나 항구 불빛처럼 희망을 던지고 있다. 장차 어부가 될 젊고 튼튼한 소년이 노인에게는 마음의 희망일 것이다. 그런 의미에서 노인과 바다는 허무가 아니라 희망의 발견이라는 중요한 삶의 의미를 우리에게 던진다.

자서전이 보물지도라는 말은 아무리 실패와 좌절로 고통스러운 인생만 보여도 그 바닥에는 진실과 사랑과 희망이 샘솟고 있다는 사실을 남은 인생에서 찾으라는 말이다. 진실과 사랑과 희망이 가득한 눈으로 지난 인생을 바라보는 것과 그 반대의 눈은 전혀 다른 광경을 보게 된다. 진실과 사랑과 희망의 눈에는 노인을 걱정하는 소년의 따뜻한 마음이 보인다. 그러나 진실과 사랑과 희망이라는 삶의 의미를 찾아내지 못한 눈에는 오로지 상어에게 처참하게 물어뜯긴 채, 뼈만 앙상한 청새치만 보일 것이다.

독자에게 드리는 질문

1) 자서전이 당신의 소중한 것들을 간직하고 있다는 사실을 인정하는가?
2) 당신도 자서전은 미래의 보물을 찾아가는 진정한 보물지도라고 생각하는가?

04

자서전을 쓰면 인생의 방향이 뚜렷해진다

내 인생 이야기를 한 권의 자서전으로 썼을 때, 마치 맑은 시냇물을 뛰어넘어 다른 편 들판에 올라선 느낌이 들 것이다. 그것은 곧 인생의 다른 차원의 세계가 시작된다는 의미이다. 이제는 걸어가야 할 방향이 전혀 다르다. 전혀 다른 종류의 암석지대를 걷든지, 어느 시골 마을 토담 길을 걷든지 할 것이다. 비록 낯설지만 신선하고 새로운 인생의 새 기운을 마신다. 이 길이 나에게 주어진 길인가? 막상 남은 인생을 걷고 있으니, 의문이 일어난다. 믿음과 확신은 멀어지고 다시 인생의 방향이 흔들리는 것을 느낀다. 한편, 지금까지 지나온 길을 생각하면 내가 선택한 이 길에 대하여 자신감이 넘친다. 비록 전나무 숲을 뚫고 지나가더라도 내가 걸을 길은 분명하다. 북극성을 가리키는 나침반이 손에 들려 있는 이상, 또한 미리 준비해둔 산악지도가 있는 한, 걱정할 일이 없다. 다만 숨이 차다든지, 발바닥이 아프고 종아리에 쥐가 나는 등 노년의 건강이 문제일 뿐이다. 건강관리, 자기관리는 어디까지나 나의 책임이 아닌가?

우리는 이제 남은 인생의 시간을 소비해야 할 시간에 들어섰다. 가야 할 방향을 분명하게 세우고 두려움 없이, 머뭇거림이 없이 가야 한다. 그러나 방향을 잃으면 또 방황할 수밖에 없다. 과거의 시간을 살 만큼 살았는데도 여전히 갈 바를 모른다면, 그것은 지난날을 헛되이 살았다는 증거가 아닌가? 남은 시간을 살아갈 목표는 2가지이다.

첫째는 지난 인생에서 깨달은 것들을 감당하는 일이다. 미처 이루지 못한 것을 보다 완전하게 이루어내는 것이다. 그것은 자신의 직업이나 사업, 혹은 개인적 관심사들 가운데 어떤 일이든지 해당된다. 즉 그동안의 시행착오나 잘못 선택한 길을 교정하여 올바른 길을 찾아 과업을 완수하는 것이다. 완수한다는 말은 정리한다는 말로도 이해된다. 즉, 자기 일을 믿을 만한 후계자에게 물려주는 것도 필요하다. 어쨌든 인생을 정리하는 단계에 온 것을 인정해야 한다.

둘째는 내가 살아서 꼭 하고 싶은 일을 해내는 것을 말한다. 유람선으로 해외 일주를 하든지, 그림을 그려 전시회를 개최하든지, 또는 힘든 이웃을 위해 봉사나 돕는 일을 계획하든지, 얼마든지 새로운 일을 시작할 수 있다. 그래서 이 기간은 우리가 내 인생의 할 일을 포기하지 않는 한, 매우 분주한 시간이 될 것이다. 우리 앞에는 이 생애를 마감하는 죽음이라는 종점이 기다리고 있어 더욱 긴장이 된다. 그래서 죽음을 앞두고 할 수 있는 일을 매우 진지하게 처리하려고 하는 것이다.

그러나 사람들은 대부분 아직도 방황하며 산다. 나이가 지긋함에도 불구하고, 지혜롭지도 않고 노인들의 최선의 수단인 인내심을 발휘하지도 못하고 성질이 급하여 화를 절제하지 못하고 만다. 가장 중요한 이유는 마음에 균형을 잃었다는 점이다. 다시 말해, 이들은 노인의 미덕인 인격적 고매함을 이루지 못했거나, 인격 수련의 노력을 유지하지 못한 것이다. 게다가 대부분 원만한 인간관계를 유지하지 못한다. 그래서 무의미한 인생, 목적이 불분명한 인생, 방향을 잃어버린 인생을 살아가는 것이다. 게다가 노인들을 무너뜨리는 가장 결정적인 요인은 대부분 노환으로 병들어 있고 경제적으로 가난하다는 점이다. 게다가 죽음이라는 결코 간단치 않은 과정이 우리를 기다리고 있다. 그러므로 인생 2막이라든가, 제2의 인생이라는 여유를 부릴 처지가 아니라는 것이 대부분의 공통된 생각이다. 그래서 주어진 인생의 조건이 아무리 힘들어도 자서전 한 권이 우리에게 남겨주는 영향은 상상 이상이다. 노인으로서 내가 맞이하는 처참한 현실보다 자서전은 의외의 기회를 안겨준다. 방황이 아니라, 신념이 가리키는 방향을 찾는 것이다.

　나이가 들어가는 사람들에게는 적어도 2가지 미덕이 있다. 그것은 지혜와 절제이다. 첫째, 지혜는 하나님이 인간에게 주시는 선물이다. 세상이 돌아가는 이치에 대한 깨달음이다. 대개는 반복적 경험이 안겨준 결과이기도 하다. 이스라엘의 솔로몬 왕이 부와 재산과 영광보다는 지혜를 달라고 하나님에게 요구했던 것은 역시 그의 천부적 지혜로부터 온 것이다. 그리고 둘째로 나이가 들면, 절제하는 능력을 갖게 된다. 지나치면 패망에 이르게 되고 부끄러움을 가져온다. 그러니 적절히 자기 자신의 욕구를 어느 정도 절제하는 것은 노인만이 가질 수 있는 아름다움이다. 청년은 열정이 왕성함으로써 크고 놀라운 일을 만들지만, 노인은 그 반대로 그릇된 열정을 절제시킴으로써 바르고 균형 잡힌 결과를 가져오게 한다. 이러한 미덕은 제2의 인생을 만들어가는 가장 훌륭한 인격적 요소라고 할 수 있다.

　방향을 이끄는 마음의 스토리

　자서전이 인생의 방향을 뚜렷이 만드는 까닭은 잘못 선택한 목표로 실패한 경우를 누구나 몇 번쯤 경험했기 때문이다. 다들 몇 번의 시행착오를 겪어서 잘못된 방향이 무엇인지 알고 있기에 다시는 실패의 길에 들어서지 않는 것이다. 그러나 그와 반대로 성공한 사람의 경우, 자신이 경험한 방법을 소중한 노하우로 여기고 그것을 인생 경영의 방향으로 지켜가려는 신념을 형성한다. 이것은 당연한 결과이기도 하고 약간의 새로운 기술을 보완하여 이전보다 강화된 방안을 제시한다면, 당연히 더 큰 경쟁력을 발휘할 것이다. 더구나 실패의 경험자들이나, 성공의 경험자들은 내가 경험한 이야기를 한 문장으로 신념화하고 또 의지화한다. 이것은 마치 주문처럼 가슴에 새겨두게 된다. 그것은 자서전의 결론인 셈이다. 그것은 하나의 자기 스토리가 되어 늘 자신의 인생을 향해 자기암시의 빛을 쏘아댄다. 어디서나 주문처럼 외우는 이 행동은 자기 신념과 의지를 강화하면서 인생의 나아갈 방향을 뚜렷하게 만든다. 그러므로 남은 인생, 즉 인생 2막은 실패를 결코 되풀이하지 않을 것이다.

"자서전 쓰기를 통해 나는 늘 열정이 넘쳐났으나 시간이 갈수록 끈기가 부족한 것을 알게 되었다. 그럴수록 인생의 목표를 분명히 하고 회사에 기여하고 가정을 지키기로 결심을 한다. 지난날의 부끄러운 일을 용서하고 포용함으로써, 긍정의 에너지로 새로운 꿈을 이루는 신념을 다진다. 내 삶의 의미와 가치를 실현하고 경제적 자유를 획득하는 굳건한 의지로 제2의 인생을 위한 구체적인 계획을 세우고 단계적으로 실행한다. 이로써 내 인생의 목표를 달성한다. 그 업적을 반드시 인정받는 성공한 사람이 된다."

　이 글은 마음에 새길 만한 자기 스토리의 한 가지 예시이다. 이런 글은 자서전 쓰기를 통해 자연스럽게 도출된다. 인생의 여러 경우를 경험한 사람으로서 스스로 자신이 마땅히 할 일을 선택하는 것은 당연한 태도다. 그런데 그 결과는 매우 유익하다. 짧고 강렬할수록 그 효과는 몇 배 강하다. 이런 유의 선언문 또는 스토리는 내가 가야 할 인생의 방향으로 키를 돌리게 한다. 이때, 의식은 이에 동의하고 의지가 내 팔과 다리를 움직이게 한다. 물론 사전에 내 두뇌는 고위급 지휘관 회의를 열고 만장일치로 이미 동의를 결정한 바 있다. 인생의 방향을 새롭게 바꾸었다는 것은 엄청난 변화가 닥쳤다는 말인데, 나는 각오를 다지고 신념과 의지를 키우게 된다. 자서전이 내 인생을 바꾸고 스토리가 내 인생을 바꾸는 일은 매우 흥분되는 일이다. 그것은 실제로 일어나는 일이고 자서전의 실제적인 유익이다.

　『이야기꾼(The Power of Story)』(이주혁 옮김, 스마트비지니스, 2009)의 저자, 짐 로허(Jim Loehr)는 스포츠 분야에서 일하며 자기 삶의 스토리를 통해 기업의 경영 정책이나 개인적 삶의 방향이나 질을 획기적으로 바꾸는 일을 코칭하는 '인간수행연구소(Human Performance Inatitute / HPI)'를 운영하는 저명한 심리학자이다. 그의 논리는 간단하다. 혼란에 빠진 기업이나 개인에게 혼란을 극복하게 하는 강렬한 스토리를 구성하여 기억 속에 주입을 하여 반복적으로 읽거나 외우게 하면, 그 스토리가 현실화된다는 원리이다. 이것은 긍정적인 스토리로 마음을 점령하고 있는 부정적 스토리를 몰아내는 방법이다. 말하자면 자기 스스로 세뇌하고 정화하는 과정을 통해 자기 정체성을 변화시키고 인생의 방향을 바꾸는 놀라운 기적을 만들어낸다. 짐 로허의 이와 같은 세뇌 전략은 많은 기업과 개인을 삶의 구렁텅이에서 실제적으로 구출해냈다. 그는 이 결과를 통해 한 가지 확신을 얻었다.

"스토리는 혼란스런 일에 의미를 부여한다. 스토리는 우리의 감각적 경험에 내용을 제공한다. 스토리가 없다면, 우리의 감각적 경험은 무의미한 사실들의 연속에 불과할지도 모른다. 우리가 사실들을 중심으로 이야기를 만들어내지 않으면, 그 사실들은 의미가 없다. 스토리는 우리가 현실을 가공한 것이다. 스토리를 말하는 능력은 하나님이 우리에게 내려준 가장 큰 선물이다." - 짐 로허, 『이야기꾼』, 22쪽

자서전은 내 인생을 꾸밈없이 말하는 사실들의 이야기다. 이 사실들로부터 내 인생의 변화와 혁신이 이루어진다. 그 진정한 출발점은 자서전이 나에게 말해주는 깨달음에 있다. 이 깨달음은 아무리 사소한 일이라도 그 요인을 통하여 다가오기 때문에 자서전에 표현된 모든 사실은 나

와 내 인생의 방향을 바꾸는 심대한 결과를 가져온다. 또한 이것을 짧고 강한 비전 선언문, 즉 자기 스토리로 만들어 마음에 간직한다면, 나는 매일 강한 일침(一針)을 받으며 바른 방향을 향해 성공의 길을 걸어갈 것이다. 이것은 내 가문의 가훈(家訓)과 같다.

독자에게 드리는 질문

1) 당신은 인생길에서 목적지를 잃고 방황한 적이 있는가?
2) '미래자서전'은 가상의 스토리와 같다. 그러나 진정으로 믿으면 현실이 된다고 믿는가?

05

'자서전 쓰기'는 '인생 다시 살기'다

흔히 자서전을 쓰는 이유로 마음에 품은 파란만장한 이야기를 털어놓고 싶기 때문이라고 강조한다. 또 인생의 경험을 다른 사람에게 알려 주고 싶기 때문이라고도 한다. 어떤 이유로든 자서전은 쓸 만한 가치가 있다. 그러나 필자 생각으로는 진짜 이유는 따로 있다고 생각한다. 비록 내 인생이 못나고 고통스럽고 힘들었지만, 상처투성이의 내 인생을 그 누구보다 사랑하기 때문이다. 자서전에 써 내려간 이야기들을 아무리 읽어도 지루하지 않은 것은 그 자리에 나 자신이 실존하기 때문이다. 그래서 대개 자서전이 발간되면 자서전의 주인공인 저자는 몇 번이고 읽고 또 읽는다. 아무리 읽어도 읽어도 지루하지 않다.

필자는 이 책의 주제인 '자서전 쓰기'를 통해 '인생 다시 살기'라는 개념을 발견했다. 이 개념은 '인생은 늘 새로운 현실을 기대한다'는 사실을 깨달았다는 뜻이다. 나에게는 두 개의 삶이 존재한다. 하나는 과거에 살아온 실제의 삶이 있고, 또 하나는 다시 한 번 살고 싶은 마음속의 삶이 있다.

자서전은 그 실존하는 과거의 현실을 여러 측면에서 스케치해놓은 것이다. 그러나 자서전은 나를 표현하기에는 완전하지 않다. 뭔가 모자라고 빠져버린 듯하여 도대체 불만스럽다. 수정하고 또 수정해도 원고지만 수북하게 쌓일 뿐, 점점 더 수렁에 빠진다.

자서전의 유익은 내 인생의 불만을 보완해주는 기회를 준다는 점에 있다. 앞서 이야기했듯이 후회되고 불만스러운 내 인생의 어두운 부분을 가리켜 "이것이 내 인생이야." 하고 그대로 인정해버린다면, 이것이야말로 어처구니없는 노릇이다.

이렇게 된다면 나는 나를 규정하는 부정의 틀에 갇혀 불행한 인생을 살아갈 수밖에 없다. 그래서 우리는 차분히 자서전을 쓰는 시간을 가져야 한다. 혼란에 빠져 의미를 상실해버린 내 인생을 구출하는 비상 작전을 펼쳐야 한다. 그것은 앞서 언급했듯이 '인생 다시 살기'에 도전하는 것이다. 거듭 말하지만, 그것은 인생을 다시 살듯이 자서전을 쓰는 것이다.

그림으로 그린 자서전

소와 목동의 화가로 알려진 양달석(梁達錫, 1908~1984) 화백은 그의 나이 16살이 될 때까지 소년 시절을 머슴으로 살았다. 경남 거제 사등면에서 한의업에 종사해온 아버지 밑에서 넉넉한 집안의 3남 1녀 중 차남으로 태어났다. 당시 양 화백의 할아버지는 독실한 기독교인으로서 거제도에 첫 교회를 세우신 분으로 알려져 있다. 그러나 생각지 않은 당시 콜레라 만연으로 인하여 건강했던 아버지가 갑자기 세상을 떠나시면서 가정은 무너졌다. 더구나 어머니까지도 집을 떠날 수밖에 없었다고 한다. 하루아침에 친부모를 잃어버린 어린 형제들은 큰집에서 자랄 수밖에 없었다. 당시 어린 조카들을 돌본다는 이유로 그 많은 아버지의 재산은 슬금슬금 사라졌다. 이 격랑 속에 양 화백은 어려서부터 백부 집에서 머슴으로 살아야 했다.

어린 나이의 양 화백은 큰집에서 힘들게 살았으나, 그에게는 지울 수 없는 꿈이 있었다. 천부적 재능대로 마음껏 그림을 그리는 것이었다. 어렵고 힘든 유년기를 보내고 어느 친척의 소개로 사랑하는 부인을 만남으로써 그의 인생이 달라졌다. 부인 진락선 씨는 일찍이 남편이 될 양 화백의 탁월한 기량을 알아차리고 남편을 이끌고 일본으로 밀항하여 동경 제국대학교 미술대학 서양학부에 입학하도록 하였다. 소위 동양의 명문인 동경제대를 졸업한 사람은 북한으로 넘어간 성명 미상의 화가 두 명과 양 화백 등 세 사람뿐이었다. 그 후 그는 화가의 길로 매진하였다. 모든 어려움을 끈기로 이기고 그는 마침내 당대의 주목받는 화가가 되었다. 1975년, 부산 국제신문에 연재한 '나의 비망록'이라는 글에서 그립고도 가슴 아픈 유년의 사건 한 토막을 이렇게 회고했다.

"나는 소와 함께 흔히 종일을 산마루에서 보냈다. 산에는 소와 초목과 들과 바람과 구름 등이 한국적 정서의 자연 구도를 그리고 있어 나는 이 속에서 불행한 어린 시절을 달랬다. 11월 어느 저녁나절이었다. 산등성이에서 팔베개를 하고 누워 꿈의 나래를 펴고 있다가 그만 소를 잃고 말았다. 아무리 찾아도 소가 보이지 않아 나는 깜깜한 뒤에야 집에 돌아왔다. 백부는 불호령이었다. 담뱃대로 내 머리를 마구 치면서 소를 찾아오라고 호통이었다. 나는 다시 산으로 올라갔다. 밤새도록 이 산 저 산을 무서움도 모르고 찾아 헤매었으나, 소는 보이지 않았다. 짐승처럼 컴컴한 산허리에서 나는 한기와 공복으로 쓰러지고 말았다. 새벽녘 추위에 떨며 눈을 떠보니 멀리 맞은편 산 언덕에 소 한 마리가 보였다. 허둥지둥 뛰어내려간 나는 그 소의 한쪽 다리를 잡고 얼마나 통곡을 했는지 모른다. 그 소는 내가 찾던 소였다. 그 후 나는 평생 동안 소를 그리고 있다."

양달석 화백의 그림을 두고 목가적 그림이라고 말한다. 하지만 그의 그림들은 사실상 슬픈 그림들이다. 아름다운 풍경의 배후에는 견디기 힘든 어두운 인생의 안개가 깔려 있다. 그러나 그 험한 세월 속에서도 한 장, 한 장 그림을 그려낸 그의 힘은 어디서 온 것일까? 평생에 걸쳐 힘든 순간마다 그의 가슴에는 뜨거운 열정과 기쁨의 에너지가 솟아났다. 그 에너지의 근원은 무엇인가? 그것은 아득한 그의 유년 시절로부터 터져 나왔다. 그날 산언덕에서 잃어버렸던 소, 그의 유일한 친구인 누렁이 소를 다시 찾았던 그 기쁨, 그 환희로부터 공급되고 있었다.

그래서 그의 그림에는 소 등에서 낮잠을 자거나, 비가 내릴 때 소 배 밑에서 비를 피하는 그림 등이 자주 등장하는데, 그것은 그의 삶과 환경이 끌어낸 자연스러운 결과물이다. 소와 목동, 그리고 농촌을 주제로 그린 그의 그림은 무려 2,600여 점에 달했다. 그가 거제 농촌에서 머슴으로 함께한 소는 그의 친구이며 그의 고달픈 인생을 기쁨으로 넘치게 하는 진정한 인생의 동반자였다. 이처럼 우리가 비극 속에서도 살 수 있는 까닭은 그 무엇인가 잊을 수 없는 기쁨이 존재하기 때문이다. 이것이 하나님이 우리 인생에게 베푸신 은혜이며 기적이다. 따라서 자서전을 쓰는 목적이나 그 사명은 나에게 주어진 인생의 기쁨이 무엇인지를 발견하고 그것을 증언하는 데 있는 것이다. 그렇다. 양달석 화백은 평생에 걸쳐 누렁이 소를 통해 유년의 슬픔을 씻을 수 있었고 그 기쁨을 그림으로 그려서 자신의 자서전을 집필한 셈이다.

양달석 화백은 이렇게 그림을 그리며 '인생 다시 살기'를 열심히 실천하였다. 그는 비록 머슴이었지만, 소와 함께하는 순간을 가장 좋아했다. 고난의 순간이 기쁨의 순간으로 변화되는 것을 체험했다. 그는 그림을 통하여 창의적인 기쁨을 만날 수 있었다. 그래서 어두운 안개가 몰려다니고 비바람이 들이치는 거제도 들판에서 소와 함께 경험했던 머슴의 세월을 그는 오히려 아름다운 목가적 공간으로 새롭게 탄생시켰다. 그것은 좌절하고 원망하며 쓰러져가는 시간이 아니라, 소를 통하여 인생의 의미와 기쁨을 깨닫는 '인생 다시 살기'의 시간이었다.

양 화백이 보여준 가장 빛나는, '인생 다시 살기'의 모습은 노량해전을 앞두고 갑판에서 무릎을 꿇고 하늘을 향해 기도하는 이순신 장군을 그린 '최후의 기도(1953)'에서 찾을 수 있다. 그는 이순신 장군의 얼굴에 우직한 황소의 이미지를 그려 넣었다. 6.25 전쟁 중에 그린 이 그림은 공산 세력에 의해 무너져가는 이 나라를 생각하며 황소처럼 참고 참아 승리하기를 기원하였다.

이 그림은 어린 학생들에게 희망과 꿈을 전하기 위해, 폐허가 된 학교 교실마다 게시하여 당시 피난민 아이들에게 큰 힘이 되었다. 양 화백은 어려서는 가난한 머슴에 불과했지만, 자신의 인생과 그림을 실패의 증거로 버려두지 않고 오히려 우정과 사랑으로 넘치는 회복의 에너지로 일으켜 '인생 다시 살기'에 성공한 인생을 살았다.

인생 다시 살기

인생에는 만족함이란 없다. 늘 후회와 아쉬움이 넘친다. 나에게 자신의 비밀스러운 스토리를 공개한 나의 친구는 어떠했는가? 그 혈육의 비밀이 공개되면서 그는 아버지가 양아버지가 되고 어머니가 양어머니가 되는 급격한 변화를 감당하기 어려웠다. 게다가 양어머니인 어머니의 슬픔은 더욱 컸다. 마치 아들을 잃은 것 같은 아픔을 감당하기 어려웠을 것이다. 이 모든 일이 슬펐다. 이러한 그에게는 심각한 후회가 있었다. 사춘기 시기였던 중학교 시절을 잘 인내하며 살아야 하는데, 그렇지 못하고 양어머니의 마음을 힘들게 하였기 때문이다. 참 후회가 된다. 어리석게도 그는 피가 다른 그 자신을 미워하며 마음에 가학적인 태도를 보였다. "나 같은 것은 태어나지 않았어야 한다"며 자신에 대해 극도의 부정적 심리에 빠져 있었다.

당시에는 심리 상담과 같은 분야가 없던 시절이므로, 누구로부터도 보살핌을 받을 수 없었다. 부모님이나 친척 어른들로부터 도의적인 충고로서 야단이나 맞으며 마음의 상처는 더 깊어만 갔다. 그 무렵, 극단적인 행동을 하려고 마음을 먹었던 일도 있었다고 한다. 최악의 시기였던 그 시절, 만약 중학교 시절을 다시 살 수 있다면, 그는 양어머니를 위로하며 꿋꿋하게 살았으리라 생각된다. 그가 그 위기의 순간을 이겨냈다면, 훨씬 다른 인생을 살았을 것이다.

부정적 의식의 늪에 빠진 그를 버려두는 일은 참으로 위험한 일이다. 이 순간, 건강하고 합리적인 스토리로 그 자신을 안전한 곳으로 끌어내는 세뇌 작업이 요구된다. 즉, 그 위험한 순간을 순화시키는 자기 스토리가 필요하다. '인생 다시 살기'는 자서전 자체가 가진 핵심 기능을 대표하는 키워드이다. 그래서 아무리 힘들고 아픈 시절의 이야기도 부정적 분위기에 침잠해서는 안 된다. 긍정적인 스토리로 세뇌를 준비하는 지혜가 필요하다.

독자에게 드리는 질문

1) 당신도 실패한 인생을 되돌려서 다시 살고 싶은 때가 있었는가?
2) 자서전은 단순한 회고록이 아니라, '인생 다시 살기'의 실제적 대안이라고 생각하는가?

06

기꺼이 역사의 증언자가 되라

5.16군사혁명의 아침

"1961년 5월 중순이 지난 어느 날 새벽이었다. 당시 우리 가족은 부산 부평시장 앞, 큰길 건너편에 있는 일본식 목조건물에서 살고 있었다. 1층에는 아버지가 운영하는 한의원이 있었고, 2층에는 살림집이 있었다. 어둠이 걷힌 이른 새벽 무렵, 나는 길가 쪽 2층 다다미방에서 자고 있었는데, 갑자기 저벅저벅 하는 군화 소리에 눈을 떴다. 벌떡 일어나 문을 열고 길을 내려다보았다. 10여 명의 무장 군인들이 총을 들고 도열하고 있었다. 시장 네거리를 차단하고 무엇인지 구호 같은 소리를 외치며 걷고 있었다. 온 식구가 다 일어나 이 이상한 광경을 보았다. 나중에야 들었지만, 이 장면이 바로 '5.16군사혁명'의 현장을 보여주는 한 장면이었다. 이때가 내 나이 열네 살, 중학교 1학년 때로 기억이 난다."

'5.16군사혁명'이라는 역사적 사건은 어린 소년에겐 어떻게 시작되었을까? 상기 글은 당시, 내 기억의 한 모서리를 꺼낸 표현이다. 마치 제식훈련을 하듯 아스팔트 위를 걷는 군인들의 모습이 생생하게 떠오른다. 이 단편적인 장면이 전부였다. 비록 작은 조각이라도 우리가 가진 모든 기억은 반드시 역사와 시대라고 하는 어떤 배경을 가지고 있다는 것을 말하고 싶은 것이다. 크든 작든, 희미하든 분명하든, 나름의 크기와 명암의 차이는 있지만, 역사적 사실과 사건이 그 현실적 배경 위에 존재한다. 아무리 사소한 일에도 이러한 역사적 의미가 깔려 있다는 엄연한 사실을 알아야 한다. 앞서 인용한 여러 가지의 자서전 이야기도 그러한 역사적 배경을 무시한다면 그 어느 것 하나도 언급할 가치가 없다. 그러므로 자서전 집필자는 그 누구라도 자신이 역사의 증언자라는 분명한 자기 정체성을 인식해야 한다.

내가 우울증에 빠져들 무렵, 누님은 서울에서 대학을 다니고 있었고, 대구에서 대학을 다니던 사촌 형님과 방학 무렵에는 자주 어울리던 모습이 기억난다. 그때가 5.16혁명 시기였으니 나는 얼마나 긴박한 시대를 살았는지 모른다. 그러나 나는 세상일에는 크게 관심이 없었고 내 자신의 어두움인 내면의 우울증으로 빠져가고 있었다. 또 장차 내가 어떤 방황을 하게 될지를 전혀 예상하지도 못하고 있었다. 나는 알에서 깨어날 줄 몰랐다. 그리고 11년이라는 세월이 지날 무렵, 나는 같은 군사혁명기를 살면서 전혀 다른 세상을 살아가고 있었다.

"필자가 계간 '창작과비평'에 졸작 8편을 발표한 다음 해인 1973년 어느 이른 봄날 저녁, 나는 지인과 무교동 낙지집을 찾았는데, 그 자리에서 고인을 만난 것이 첫 만남이고 마지막 만남이었다. 벌써 50년이나 지났으니 누가 함께 했는지 도무지 떠오르지 않는다. 다만 고인은 문단 선배들과 함께 있었고 그들 중 누군가가 나를 그에게 소개했다. 나는 다만 「오적」으로 유명한 그 시인이구나 하는 놀라움으로 황급히 일어나 인사를 드렸다. 그가 내민 손을 잡으며 잠깐 훔쳐본 그의 얼굴 모습은 지금도 강렬한 이미지로 남아 있다. 그의 인상은 독특하고 거칠게 보였다. 짙고 검은 머리와 산봉우리처럼 치솟은 두 눈썹이 무섭게 다가왔다. 날카로운 안광을 번득이는 얼굴 하단으로 절벽처럼 내려 깎인 두 뺨이 세찬 풍우의 세월을 느끼게 했다. 그는 별로 말이 없었다. 다만 내 손을 잡더니 혼잣말처럼 이렇게 말했다. "두 눈이 살아 있구먼." 그 순간, 나는 서늘함을 느꼈다. 마치 신기를 접한 듯, 찬 기운이 지나쳤다. 한 문학적 영웅의 모습을 이렇게 만나기는 했으나, 스물 중반의 문학청년이 알아차리기엔 그는 너무 멀리 있었다.”

－ 월간 〈시〉, 2022년 6월호, 김창범 시인의 ‘고 김지하 추모의 글’

자서전은 역사소설이다

벤저민 프랭클린은 영국 식민시대로부터 미국의 건국 초기에 이르기까지 80년이 넘는 일생의 기간을 스스로 기술한 놀라운 자서전을 써냈다. 그는 1706년 청교도들이 세운 미국의 대표적 도시인 보스턴에서 태어나, 신앙심이 깊고 검소하고 근면하며 자립심이 강한 부모 아래서 성장하였다. 프랭클린은 겨우 글을 알고 숫자를 아는 정도의 교육만 받았지만, 스스로 독학하여 한 나라의 존경받는 지도자가 되기까지 계몽주의에 영향을 받은 청교도로서 합리적이고 실제적인 신앙을 지켜가는 지식인으로 살았다.

그의 자서전 쓰기는 1771년, 그의 나이 65세에 시작하여 장장 18년에 걸쳐 이루어졌고 1789년, 그가 임종하기 1년 전까지 집필되었다. 그의 모든 생활 경험을 자세히 다루었지만, 그 내용은 사실상 그 시대의 건국 역사와 사회상을 묘사했다. 그의 자서전을 통해 우리는 영국의 식민시대와 미국의 건국 초기의 시대를 경험할 수 있다.

조지 워싱턴 카버 박사의 전기에는 미국의 남북전쟁 이후의 사회상이 잘 실려 있다. 미국의 흑인 노예들은 노예해방 선언에도 불구하고 비참한 상태를 면하기 어려웠는데, 흑인들 스스로가 배워서 흑인에 대한 인종 차별의 인식을 지우기 위해, 스스로 내면의 실력을 키워나감으로써 실천적 행동으로 싸워야 한다고 카버 박사는 생각했다. 그런 행동과 주장은 그의 전기에도 은연중 드러나고 있다. 그는 외형적으로 나타나는 강력한 투사형의 혁명가는 아니었어도, 겸손하고 조용한 행동을 통해 흑인들에게 깊은 역사의식과 감동을 심어주었다.

그는 특히 당대의 탁월한 흑인 지도자이며 명연설가인 부커 T. 워싱턴과 함께 앨라배마 주에 터스키기 흑인대학을 설립하여 아프리카 흑인들을 가르치기 시작했다. 당시 400만 명이 넘는 흑인들은 노예해방 선언으로 자유의 몸이 되었지만, 당장 먹고 입고 잠잘 곳이 없었다. 백인들과 당장 생존 경쟁을 벌여야 했다. 그들의 유일한 탈출구는 농사짓는 기술을 배우고 농장 경영 방법을 개선하는 것이었다. 그리고 그들에게 흑인이 자유인으로 산다는 것이 무엇을 의미하고 어떻게 살아야 하는가를 깨우쳐주어야 했다. 그래서 이를 위해 카버 박사가 필요했고 그는 흑인 농부들이 요청하는 곳마다 부지런히 돌아다니며 가르쳐야 했다.

이러한 부커 T. 워싱턴의 요청에 대해, 조지 카버 박사는 터스키기대학의 초청을 거절하고 아이오와 농과대학 교수로 일해달라는 대학 측의 강력한 요구에도 불구하고 터스키기의 요청에 수락하는 편지를 이렇게 썼다. 그 겸손하고 조용하던 조지 카버 박사가 마침내 동족에게 봉사하고 헌신하는 참된 역사 참여의 길을 걷는 모습은 또 다른 기쁨이 아닐 수 없다.

"나는 교육이 우리 민족을 참자유의 황금 문을 열어주는 열쇠라고 생각하면서 이를 위하여 내 자신을 훈련시켜 왔습니다.", "누구든지 이 세상에 왔다 가는 사람은 정당하고 뚜렷한 목적이 있어야 할 것인데, 내가 세상에 태어난 목적이 터스키기에서 일하는 것이 되기를 바랍니다."

비극적 역사의 증언자이며 치유자

유대인의 피를 가진 빅터 프랭클(1905~1997)이 2차대전이 끝날 무렵, 가족과 함께 3년에 걸쳐 나치가 운영하는 죽음의 수용소 4곳을 전전한 경험은 그의 증언록 『삶의 의미를 찾아서』에 고스란히 기록되어 있다. 죽음을 눈앞에서 수없이 만났던 3년간의 경험은 유대인인 그만이 겪을 수 있는 처절한 자전적 기록이다. 1945년 처음 발간되었을 때는 정신과 의사로 바라본 아우슈비츠를 비롯한 수용소 현실을 기록한 1부의 내용만 소개하였다. 1984년 판이 나왔을 때는 『죽음의 수용소』라는 제목에 '인간의 의미 탐구, 로고테라피 서론'이라는 부제가 붙어 있었고 2부와 3부 내용이 추가되었다. 죽음의 수용소 생활을 통해 발견한 삶의 의미 치료법을 '로고테라피'라는 이름으로 소개했다. 무려 73쇄가 발간되었다. 또 이 책은 19개 언어로 번역되었고 영어판만 250만 권이나 팔려나갔다. 프랭클의 책은 비극적인 역사의 증언록이며 또 치유자로서 역할을 감당한 셈이다. 자서전에 담긴 의미를 우리는 다시 발견할 수 있다.

이미 소개했던 이미륵의 자서전적 소년시대 이야기인 『압록강은 흐른다』는 일본의 강점 시대가 막 시작될 무렵이었다. 탑골공원에서 일어난 기미만세 사건의 현장이 자세히 기록되었고 이 기록은 100년이 지난 오늘날에도 생생하게 느껴진다. 당시 우리 백성들의 분노한 숨소리가 그대로 전해진다. 또 당시 서울의전 내부에서 어떤 일이 있었는지 알 수 있으며, 탑골공원 안에서 시작된 기미만세 사건의 현장도 한 부분 적나라하게 묘사되어 있어, 그날의 모습을 실감할 수 있다. 이처럼 자서전은 집필자로 하여금 기꺼이 역사의 증언자로 나서게 한다.

"내가 공원에 갔을 때 이미 공원은 경관들의 포위를 당하고 있었다. 담장 내부는 단 열 발자국도 걷지 못하게 사람이 꽉 차 있었다. 익원(이미륵의 친구—편집자)도, 다른 학생도 그 근처에서 찾아볼 수 없었다. 나는 담장 구석에서 서서 학생들이 몰려 들어옴을 보았다. 갑자기 깊은 정적이 왔고 나는 누군가가 조용한 가운데의 연단에서 독립선언서를 읽는 것을 보았다. 나는 너무 멀리 떨어져 있었기에 거의 들을 수가 없었다. 잠깐 동안 침묵이 계속되더니 다음에는 그칠 줄 모르는 만세 소리가 하늘을 찔렀다. 좁은 공원에서 모두 전율하였고, 마치 폭발하려는 것처럼 공중에는 각종 삐라가 휘날렸고 전 군중은 공원에서 나와 시가행진을 하였다. 우레같은 만세 소리와 함께 사방으로 삐라를 날리며 행진하였다."

- 이미륵, 『압록강은 흐른다』, 160쪽

독자에게 드리는 질문

1) 자서전은 저자가 살아온 시대를 반영한 역사의 증언록임을 당신은 인정하는가?
2) 대부분의 자서전은 시대 상황을 보여준다. 그런 의미에서 당신은 역사의 참여자라고 생각하지 않는가?

07

자서전은 남은 인생을 위한 창고다

요셉의 곡식 창고

구약성서 창세기 37장 이하에는 꿈으로 엮어진 요셉의 일생에 대한 이야기가 소개되어 있다. 41장 이하에는 애굽(고대 이집트의 성경적 표기)의 총리가 된 요셉의 특별한 이야기가 있다. 야곱의 사랑하는 아들 요셉이 억울한 죄목으로 아직 감옥에 있을 때, 요셉은 애굽 왕 '바로'가 꾼 꿈을 해석하러 왕궁에 불리어 나아갔다. 거기서 요셉은 바로가 꾼 꿈 이야기를 들었다. 애굽의 점술가도 현인들도 해석하지 못한 그 꿈이었다.

이에 대해 요셉은 이렇게 말했다. "내가 꿈을 해석하는 것이 아니라,

하나님이 왕에게 편안한 대답을 하실 것이다."라며 꿈에 대한 하나님의 뜻을 들려주었다. "왕이 꾼 2가지 꿈은 같은 꿈이다. 일곱 좋은 암소와 일곱 좋은 이삭은 일곱 해 동안 풍년이 들 것을 알리는 꿈이고 파리하고 흉한 일곱 소와 동풍에 말라 속이 빈 일곱 이삭은 일곱 해 동안 흉년이 들 것을 알리는 꿈이다. 두 번 겹쳐 꿈을 꾸었음은 하나님이 이미 이 일을 작정하셨다는 뜻이므로, 흉년을 잘 대비해야 한다. 이 땅에 먼저 일곱 해 풍년이 들면 매해 오분의 일씩 곡식을 창고에 거두어들여 왕의 손으로 각 성읍에 쌓아두었다가 일곱 해 흉년이 들 때를 대비하라는 것이다." 이에 왕은 요셉을 애굽 온 땅의 총리로 세우고 이 계획을 수행하도록 하였다. 이를 위해, 바로 왕은 자기 인장을 빼어 요셉의 손에 끼우고 그에게 비단옷을 입히고 금 사슬을 목에 걸었다. 그리고 바로 왕의 수레 다음으로 높은 두 번째 수레에 그를 태우니 애굽 사람 모두가 그 앞에 엎드렸다고 한다. 그때 요셉의 나이는 30세에 불과했다.

창고란 생활에 필요한 모든 것을 보관하는 곳이다. 추수한 햇곡식을 비롯하여, 연장과 농기구, 농사를 위한 종자 등이 모두 준비되어 있다. 그래서 무엇인가 필요할 때마다 창고 문을 열어서 부족한 것을 채워준다. 우리 인생에도 이와 같은 요셉의 창고가 준비되어 있다면 아주 현명한 일이 아닐 수 없다. 즉 남은 인생을 위해, 또 어려운 순간을 위해 당신의 인생 창고를 미리 넉넉히 채워두라는 말이다.

이것은 새로운 인생, 다시 사는 인생을 위하여 꼭 필요한 방법이고 인생을 사는 소중한 지혜이기도 하다. 우리 인생길은 광야와 같다. 앞으로 만나게 될 일을 아무도 예측하기는 어렵다. 어떻게 기쁘고 좋은 일만 있겠는가? 힘들고 가슴 아픈 일도 있지 않겠는가? 하지만 지난 인생을 통해 겪은 일이고 자서전을 통해 이미 예상되는 일이기도 하다. 그래서 무엇을 대비할지도 짐작되는 일이므로, 두려움은 없을 것이다. 그래도 미래에 만날 일은 낯설고 익숙하지 않은 일들이다. 충격적이고 당황스러운 일도 있을 것이다. 그러므로 남은 인생을 위해 우리도 요셉의 창고를 짓는다면 그 인생은 유비무환(有備無患)이라는 말대로 안전하지 않겠는가?

그것은 자서전을 쓰는 일이다. 자서전 안에는 우리가 미처 알지 못한 창고들이 준비되어 있다. 이 창고들을 발견하는 일은 우리의 몫이다. 이런 의미에서 자서전에는 경험의 창고요, 지혜의 창고, 노하우의 창고, 용기의 창고, 인내의 창고, 관계의 창고 등이 준비되어 있음을 깨닫게 된다. 그러나 그것만으로 부족한 듯하다. 우리는 다만 자서전을 통해 더 준비해야 할 창고에 대한 정보를 얻을 수 있다. 그 많은 창고를 다 준비하기는 어렵다. 창고를 준비하는 현명한 방법은 무엇인가? 슬프고 고통스러운 일에만 대비하자는 뜻이 아니다. 기쁜 일, 축하할 일에도 잘 대비해야 섭섭한 일이 생기지 않고 인간관계도 더욱 돈독해지는 법이다. 슬프나 기쁘나, 이 모든 것을 대비해둔 곳이 바로 인생 창고 시스템이다. 그렇다면 나에게는 어떤 창고가 준비되어 있는지, 창고 문을 열어놓고 점검하는 일이 먼저 필요하다. 남은 인생을 위해 인생 광야에 세워두어야 할 창고들을 살펴보자. 이 창고들은 완벽하지 않다. 나머지 부분은 스스로 선택하여 채워두어야 한다. 그러나 대개 4가지의 창고는 준비되어야 한다고 생각한다.

4가지의 인생 창고

가장 중요한 첫 번째 창고는 품성(character)의 창고다. 이곳은 불행한 일, 고통스러운 일, 슬픈 일 등을 대비할 수 있는 사람의 타고난 성품을 말한다. 즉, 인격, 인성, 또는 성품이라고 하는 모든 것들이 준비된 창고이다. 이미 자서전을 통해 내가 고통의 강을 건널 때, 나에게 필요했던 인격의 근육이 무엇이었는가를 기억해보라. 민첩하게 노를 저을 수 있는 근육과 지치지 않는 힘을 공급해주고 참고 견디게 하는 인내의 근육, 그리고 물결이 잠잠해지기를 기다리며 의존하는 희망의 근육, 힘들어도 휘파람을 부는 유쾌함의 근육이 필요한 것을 잘 알고 있다. 그러므로 이런 품성이 준비된 사람이라면, 처음처럼 힘들지는 않을 것이다. 특별히 관심을 갖고 싶은 인격 수양의 목록은 개인적으로 선택하는 것이 좋다. 평소에 인격적으로 부족하다고 느끼는 분야를 선택하면 좋겠다. 앞에서 이미 언급했듯이, 인격 수양에 평생을 몰입해온 벤저민 프랭클린이 추구한 13가지 인격 수양의 목표와 방법도 관심사가 될 수 있다. 특별히 감사의 창고, 기쁨의 창고, 신앙심의 창고 등에 관심을 두고 창고를 채워둔다면 좋은 결과를 기대해도 좋을 것이다. 위기의 마음과 스트레스를 극복할 완충재 역할을 잘 감당할 것이다.

두 번째 중요한 창고는 스토리(story)의 창고이다. 어떤 경우에도 자유롭게 확신에 찬 어조로 건넬 수 있는 긍정의 스토리가 가득 쌓여 있는 말의 창고, 즉 문장(文章)의 창고를 말한다. 이 스토리는 자서전을 쓰면서 다양한 국면에서 스스로를 격려하고 위로하고 칭찬하기 위해 메모해두었던 문장들이다. 내가 이미 경험한 사건들과 연관된 절실한 외침이기도 하다. 케치프레이즈나 구호처럼 만들어진 스토리다. 스토리로 만들어진 문장은 반드시 격식을 갖출 필요는 없다. 간단한 메모, 또는 구어체도 좋다. 다만 긍정적이고 성공 지향의 의지가 충분하면 더 좋을 것이다. 스토리 창고의 주제는 자서전을 쓰면서 이미 절실하게 만났던 주제들이다. 그 주제들을 열거해보면, 대개 다음과 같다.

'성취해야 할 업무 분야, 사랑으로 넘쳐야 할 가족관계, 그리고 건강, 행복, 우정, 재정(돈), 자유로운 삶, 명예, 죽음, 신뢰, 정직, 부모, 신앙(종교), 영성, 사랑, 음식, 다이어트, 운동, 배우자, 자녀, 파트너 등'을 스토리의 주제로 삼을 수 있다. 그때그때마다 스토리로 삼아야 할 주제는 달라지고, 비단 같은 주제라고 해도 시간이 지남에 따라 상황이 요구하는 스토리가 좀 더 발전되고 마음에 와닿을 수 있다. 그만큼 스토리의 영향력은 커진다.

세 번째로 중요한 창고는 인간관계(relationship)의 창고이다. 우리는 인생을 살면서 이웃과 선한 관계를 도모하지 않으면 교류가 단절된 외로운 섬에서 사는 것과 다름이 없다. 인간관계는 소극적일수록 범위가 좁아진다. 적극적으로 친절을 베풀며 긍정적이고 유쾌한 관계를 나누도록 노력해보라. 인간관계에는 나 자신을 떼어주는 희생이 동반될 때, 그 효과는 배가 된다.

그리고 네 번째로 중요한 창고는 재정(finance)의 창고이다. 재정이 고갈되지 않도록 생애 전반에 걸쳐 관리하는 선견지명을 가져야 한다. 빈곤은 건강과 인격을 무너뜨리고 인생의 안정과 균형을 상실하게 함으로써 노년의 품위를 앗아간다. 재정은 자신에게 인색하기도 하지만, 어떤 긍휼 앞에서도 객관성과 냉정함을 잃어서는 안 된다. 원칙을 지키지 않는 자비는 재정을 좀먹는 원인이 되고 후회가 된다.

창고가 갖는 가장 선한 목적은 인색할 정도로 문을 닫아걸고 내장품을 오래도록 보관하며 지켜내는 것에 있다. 그러나 이보다 더 큰 선(善)은 보관해온 물품을 외부로 넉넉히 공급해주는 것에 있음을 주지해야 한다. 나 자신뿐 아니라, 누군가 필요한 이들에게 나누어주는 행위가 바로 창고만의 미덕이다. 자서전은 이러한 인생 창고로서, 또 보급창으로서 전투 중에 힘들어하는 나에게 더없이 큰 유익을 준다. 꼭 필요한 탄약이며 야전 식량이며 지혈제며 붕대며 하는 등 훌륭한 보급품을 제공해주는 마지막 희망이라는 점을 기억해두자.

독자에게 드리는 질문

1) 자서전은 전쟁터에 보급품을 지원하는 창고와 같다는 저자의 생각에 동의하는가?
2) 자서전을 쓰는 것은 인생 창고를 짓는 것과 같다. 기근이 찾아와 목마르고 배고픈 인생에게 자서전은 풍요와 희망을 전해줄 수 있다고 당신은 믿는가?

08

이제는 내 인생의 당당한 주인으로 살아가라

내 인생의 징크스

어제, 아내와 신봉동 식당 거리에서 저녁 식사를 하기로 했다. 집에서는 조금 먼 곳이기에 승용차로 이동하였다. 우리가 가끔 들리는 칼국수 샤브샤브집을 가기로 했다. 가격에 비해 푸짐한 식탁을 즐길 수 있어 좋은 곳이다. 넓은 주차장과 3층의 자가 건물을 소유한 이 식당은 꽤 성공한 식당으로 알려져 있다. 소박하지만 만족을 줄 수 있는 메뉴를 만나기가 쉽지 않은지 이곳은 언제 들러도 만원이다. 그날 역시 이름을 적어놓고 순번을 기다려야 했다.

순서를 기다리며 문득 이런 생각이 떠올랐다. 내 인생도 이 식당처럼 풍성해서 찾아오는 손님들로 가득했으면 좋겠다는 생각이 들었다. 내가 당당한 주인이 되어 웃음과 여유로 손님을 맞이하는 인생 식당을 운영하는 기쁨을 누렸으면 좋겠다는 상상을 해보았다. 책의 마지막 꼭지를 쓰는 기분은 나의 남은 인생이 성공으로 마무리하게 된다는 확신을 안겨주는 것과 같다. 자서전을 준비하는 당신에게도 이와 같은 믿음과 비전이 이미 준비된 것을 알리고 싶다. 당신이 그토록 오래, 마음에 품어온 자서전 한 권을 써냈을 때, 그 일이 당신을 변화시키고 당신의 남은 인생을 변화시킬 수 있다는 사실을 당신은 과연 믿을 수 있는가?

나에게는 아주 어려서부터 징크스처럼 따라붙는 작은 사건이 하나 있다. 이 일은 일상에서 흔히 일어날 만한 사소한 일이지만, 그 상황이 너무 부끄럽고 강렬하여 지금도 내 생각의 주위를 떠나지 않는다. 이 일은 아주 우연한 실수임에도 불구하고 평생에 걸쳐 나의 불행을 연상시키는 이미지로 남아 있다. 그 일은 내가 다닌 초등학교 졸업식장에서 일어났다. 그 학교는 부산에 소재한 역사가 깊은 학교였는데, 졸업식 마지막 순서로 졸업생들이 손을 잡고 줄을 지어 학교 정문을 나서려는 찰나, 생각지도 못한 일이 나에게 벌어졌다. 때마침 학교 정문 중앙에 철문을 고정시키기 위해 돌출시킨 작은 돌에 발이 걸려 나는 그만 앞으로 나동그라지고 말았다. 깜짝 놀란 담임 선생님이 달려와 나를 일으켰고 나는 창피하기도 하고 황당하기도 하여 정신이 없었다. 졸업식에서 받은 우등상 상장도 선물도 흙길에 흩어져 있었다. 그날 졸업생들이 줄지어 학교 정문을 향해 행진해가는 행렬에 나는 제일 앞을 걷고 있었다. 지금도 그렇듯이 반에서 키가 가장 작은 내가 앞줄에 선 것은 순서상 당연했지만, 그일이 나에게 불행을 끌어당기는 부정적 이미지로 남게 될 줄은 예상치도 못했다.

우리에게는 누구나 이와 같은 크고 작은 사건이 있다. 나의 경우처럼 불행한 일도 있는가 하면, 그 이상의 행복한 일도 있다는 것을 잊으면 안된다. 내가 졸업식장에서 우연히 넘어지기는 했어도, 대수롭지 않은 일로 잊으면 그만일 텐데, 그 일은 너무 창피하여 '내 인생의 시작은 늘 불행할 것'이라는 암시를 떠나지 못했다. 그래서 그 일은 평생에 걸쳐 불행만을 연상시키는 상처가 되었다. 그래서 그런지 그것은 아직도 강렬한 징크스로 남아 있다.

그러나 나에게는 학교 문에서 잠시 넘어진 일보다 더 기쁜 일이 기다리고 있다는 것을 나는 늘 잊고 있었다. 나는 졸업과 동시에 세칭 일류학교로 이름난 중학교에 최상위 그룹 우등생으로 입학한 것이다. 당시에는 합격자 명단이 지역신문에 게재될 만큼, 이 중학교에 대한 관심이 매우 컸다. 나의 합격 소문은 이웃에도 화제가 되어 일부러 나를 만나러 오는 아주머니들도 있었다. 그런 분위기 때문인지, 아버지의 한의원도 소문이 나고 어머니도 나를 기르신 보람을 느낄 수 있었다고 한다.

황금 덩어리

인생이란 오묘하고 신비하다. 최근 내 인생을 둘러보면서, 나는 놀라운 발견을 했다. 그것은 내 인생을 반전시키는 기회였다. 내 인생은 불행, 혹은 불운이라는 가림막으로 둘러싸여 있어서 내 속에서 반짝이는 진짜 보석은 발견하지 못하고 평생을 보냈다는 사실이다. 살다 보면 나쁜 일도 있었겠지만, 나에게는 더 좋은 일도 있었다는 사실을 주목하지 않았다. 오히려 불행한 일에만 기울어져 마음의 상처를 깊이 슬퍼하며 실패자로 살아온 것이 아닌가? '나'라는 존재를 저평가하며 부정적 습관과 사고방식에 빠져 모든 긍정적 기회를 틀어 막아버린 것이다. 그러면 나에게 있어 진짜 보석은 무엇인가? 오래전에 들었던 한 우화가 기억이 난다.

"거리에서 동냥으로 살던 한 거지에게 어떤 사람이 다가와 말을 걸었다. '이보시오. 내가 늘 보아왔지만, 당신이 걸터앉는 그 상자에는 무엇이 있는지 궁금하다오. 그러니 보여주시오.' 거지는 별걸 다 묻는다는 투로 말했다. '아무것도 없소. 내가 십 년이나 앉아온 의자에 불과하오.' 그 행인은 '아주 무거워 보이는데, 뭔가 들어 있을 것이니, 한번 열어보시오.' 하며 아쉬워했다. 그 거지는 '송진이 녹아 있는 생나무라서 무겁게 보일 뿐이요.'라고 하며, 크게 관심을 두지 않았다. 그러나 그날 이후로 거지도 호기심을 거둘 수 없어서 행인의 말대로 나무상자를 억지로 열어보았다. 그 안에는 헝겊 주머니가 들어 있었는데, 주머니 속에는 어른 주먹만 한 황금 덩어리 하나가 들어 있었다. 거지는 놀랐다. 황금이 왜 거기에 있는지 모르겠지만, 한 가지만은 확실했다. 큰 황금을 가졌어도, 그는 그것을 모르고 거지로 살았다는 것이다."

나에게도 어딘가 황금 덩어리가 숨겨져 있는 것은 아닌가? 그렇다면 그것은 무엇인가? 나뿐 아니라, 당신에게도 숨겨져 있을 그 황금 덩어리는 어디에 있을까? 당신은 궁금하지 않은가? 한 번쯤은 당신의 나무상자를 열고 싶지 않은가? 그 해답은 우리가 쓰고자 하는 자서전이라는 나무상자에 들어 있다고 말하고 싶다. 즉, 그것은 "진정한 '나'를 만나는 것"이다. 나처럼 부정의 이미지로 칠해진 마음의 가림막을 거두어내고, '나'라는 실체를 만나는 것이다. 이제는 '나'라는 존재의 실체를 정직하고 담대하게 들여다보자. 나는 아직도 옛 상처와 옛 슬픔에 얽매여 있는 것은 아닌가? 자서전 가운데 당신 스스로 확인했듯이 세상에는 기쁘고 감사한 일이 얼마나 많은가? 실패와 절망과 고통만 있는 것이 아니다. 저 먹구름 위에는 눈부신 해가 있다는 사실을 잊지 말자.

주인공으로 남은 인생을 살아가자

진정한 '나'를 만나는 일은 내 평생에서 가장 중요한 과제다. '진짜 나'를 만나지 못하고 세월을 허송한 인생만큼 불행한 일은 없을 것이다. 10여 년 전, 탈북한 한 북한 여의사는 이렇게 증언했다. 북한에서 최고 대학을 나오고 최고의 신분을 누리고 살았지만, 국경에서 두만강 건너편 중국을 바라볼 때 밤에도 불빛이 대낮처럼 환한 도시의 황홀경에 빠져 중국을 동경하지 않을 수 없었다고 했다. 그 후 그녀는 동료 의사들과 함께 중국으로 탈북했으나, 혼자만 살아남아 많은 우여곡절 끝에 다시 북한영사관에 자수하고 북한에 돌아와 심문을 받았다고 한다. 그 현장에서 그녀는 함께 끌려온 한 여성의 가슴 치는 소리에 눈을 떴다고 한다. 그녀는 총살을 앞두고 마지막으로 할 말이 있으면 하라는 조사관의 말에, 그녀는 이렇게 말하고 졸도했다. "자유를 달라. 자유롭게 살고 싶다." 그 말을 듣고 여의사도 속으로 '나도 그랬었구나.' 하는 생각을 하게 되었다고 한다. 북한 땅에서 살 때는 내가 누군지도 모르고 그들이 가르치는 대로, 그들이 명령하는 대로, 짐승처럼 살았구나 하는 깨달음을 가지게 되었다는 것이다. 자아의 실체를 모르고 살아온 자기 자신을 알면서 더욱 자유를 갈구하게 되었다고 한다.

우리가 인생을 사는 일도 이 여의사가 북한 체제에서 살던 것과 별반 다르지 않다는 것을 알 수 있다. 내가 인생의 주인으로 사는 것이 아니라, 혹시 종으로 살아가는 것은 아닌지 살펴볼 필요가 있다. 잘못된 사고방식, 잘못된 습관, 잘못된 의식에 빠져 자기 실체를 잃어버린 것은 아닌가? 여기에 자서전을 쓰는 명백한 이유가 나타난다. 인도의 독립을 위하여 비폭력저항 운동을 통해 영국의 식민통치에서 자유와 독립을 추구한 마하트마 간디(Mahatma Gandhi, 1869~1948)는 감옥에서 집필한 자서전 머리말에서 이렇게 밝히고 있다.

"지난날을 돌이켜보며 반성하면 할수록 나는 더욱 나의 부족함을 느낄 뿐이다. 내가 성취하려고 원하는 것, 지금껏 30년 동안 성취하려고 싸우고 애써온 것은 '자아실현'이다. 하나님의 얼굴과 얼굴을 마주 대하고 보는 것이다. 모크샤(moksha, 구원함)에 도달하려는 것이다. 나는 이 목적을 달성하려고 살며 움직임으로써 존재한다. 내가 말로나 글로 행하는 모든 것, 그리고 내가 정치 분야에서 행한 모든 모험은 다 이 하나의 목표를 지향하는 것이다."
 ― 마하트마 간디, 『간디 자서전』, 머리말

자아실현(self-realization). 간디가 평생을 바친 이것은 인생의 궁극적 목표이기도 하다. 자기 자신의 능력과 개성을 충실히 계발하여 인생의 의미와 가치를 온전하게 이루는 것이다. 이것은 무엇엔가 묶여서, 혹은 누군가에게 눌려서, 자신의 뜻을 자유롭게 성취할 수 없는 상태에서 과감히 벗어난 것을 말한다. 다시 말해 주도적으로 사는 것을 말하며, 나 스스로 자기 인생의 주인공으로 살아가는 것을 말한다.

자서전은 무엇인가? 팽개쳐진 '나'를 인생의 바닥에서 다시 일으켜 세우는 방법이고 자아를 실현하는 동기를 만들어주고 나를 온전히 회복시키는 확실한 길이다. 자, 가슴속 이야기를 나누어보자. 스스로 용서하고 위로하는 '인생 다시 살기'의 새 여정을 시작해보자.

독자에게 드리는 질문

1) 자서전은 인생의 부정적 요소를 해체시키고 새로운 인생을 출발시키는 힘을 가졌다고 당신은 믿을 수 있는가?
2) 당신은 당신 자신의 인생을 끌어가는 당당한 주인이라고 믿는가?

- 에필로그 -

나의 작은 성소(聖所)

산 넘고 물 건너

'자서전 쓰는 법'이라는 주제로 원고를 탈고할 즈음, 나는 뜻밖에도 전기문학자료관을 운영하는 정영진 선생의 추천으로 영남대학교 한문학교육과의 교수로 정년 퇴임하며 출간한 홍우흠(洪瑀欽, 1941~현재) 교수의 기념문집 『채산난고(採山亂稿)』(2006)에 게재된 '채산회고록' 『산 넘고 물 건너』(중문출판사, 2022)를 한 권 증정받았다.

이 책을 읽으며 때마침 집필하던 원고 작업을 잠시 멈추고 나는 한 사람의 파란만장한 인생 이야기에 큰 감동으로 몰입하였다.

홍 교수는 경북 군위군의 벽촌 산골에서 8남매의 막내로 태어나 자력으로 야간고등학교를 마치고 대학에 입학하여 그 어렵다는 고등학교 정교사 자격증을 받았다.

그는 이에 멈추지 않고 피눈물 나는 노력으로 그의 나이 32세에 대만 국립대학교에서 국가박사학위를 받아 그의 모교인 영남대학교 한문교육과 교수가 되기까지 파란만장한 과정을 그의 책에 기록하였다. 『산 넘고 물 건너』는 '인생을 어떻게 살아야 할까?'를 모르는 젊은이들에게 귀감과 교훈이 될 만한 '인생 살기'의 모범일 뿐 아니라, '자서전 쓰기'의 전형이라는 생각이 들었다.

투박하고 정직하며, 자신의 목표 앞에 참으로 성실한 한 사람의 인생을 보여준 홍 교수의 자서전 『산 넘고 물 건너』는 그가 살아온 세월을 어떻게 인식하고 있는가를 조금의 가감도 없이 있는 그대로 보여주었다. 그는 책의 서문에서 이 책에 대한 기대를 이렇게 표현했다.

"가난한 청소년은 누구를 탓하거나 원망하지 말아야 한다. 한 술의 밥을 얻어먹기 위해 시장 깡패의 가랑이 밑을 기어나간 저 한(漢)나라 건국공신 한신(韓信)처럼 모든 어려움과 수모를 참고 견디며 자신이 세운 인생의 목적을 향해 꾸준히 내달려야 한다. 때로는 죽음의 계곡에서 헤매기도 하고, 때로는 실망의 언덕에서 굴러떨어지기도 한다. 그러나 그러한 막다른 골목에서도 지혜와 용기를 잃지 않고 사람의 길을 걷기 위해

진심으로 매진하며 기도하는 사람에게는 반드시 하늘이 내린 기적의 등불이 앞을 밝혀줄 것이다."

　－ 홍우흠, 『산 넘고 물 건너』, 5쪽

내 인생의 작은 성소

자서전 쓰기는 아무런 구애를 받지 않는다. 자기 이야기를 생각나는 대로 써가면 된다. 형식도 조건도 없다. 다만 독자에게 불편을 드릴 만한 내용이나 표현이 아니라면 자신의 마음을 다 드러낸다고 해서 누가 뭐라고 따질 것도 없다. 그야말로 인생에서 가장 자유로운 공간이다. 다만 누군가 보고 있다는 사실 하나로 자서전은 갑자기 불편할 수 있다. 공개를 허락하지 않는 지극히 사적인 공간이라면, 이를테면 일기든지 수첩이든지 하는 것이라면 비밀은 지켜지겠지만, 자서전은 그렇지 않다. 자서전은 모든 것을 얘기할 수 있되, 그 결과에 대한 책임, 즉 독자가 그 일에 대해 어떤 평가를 내리든지 상관 않겠다는 결심을 전제로 해야 가능하다.

그러므로 자서전은 참으로 특이하고도 비밀스러운 곳이다. 누구나 출입할 수 있는 개인의 사유지이다. 그곳을 방문하는 것도, 그곳에서 아주 사적인 이야기를 듣는 것도 모두 허락된다. 그래서 자서전을 읽는 것은 아주 특별한 경험이고 재미있는 일이다. 다만 자서전이 지닌 중요한 허점 한 가지만 양해할 수 있다면, 그것은 누구나 가능한 일이다.

그것은 누군가의 자서전을 읽는 동안, 우리는 스스로 거룩한 자가 되어 그의 인생을 겸손히 경청해야 한다는 점이다. 이것은 한 사람의 인생에 대한 겸허한 예의이고 미덕이다. 그 자서전이 아직도 야비한 꼬리를 감추고 있다고 하더라도 모른 척해야 한다. 세상을 향하여 끝까지 진실을 감추고도 모든 것을 보여주는 체하는 그를 미워할 수 없다. 세상에는 온전한 고백이란 있을 수 없다. 그러한 사람의 한계를 인정하고 오히려 그를 용서해야 한다. 그를 먼저 용서하지도 않고 관용하지도 않고서 자서전을 끝까지 읽어낼 인내를 가진 사람은 없을 것이다.

자서전은 하나님의 은혜가 쌓인 작은 성소(聖所)와 같다. 거기서 온갖 허물과 죄와 비양심적인 일, 부정직하고 부끄러운 일들을 수북이 벗겨낸 누군가의 수고를 인정하고 위로하는 일은 독자로서 의무가 아니겠는가? 적어도 하나님이시라면 그의 모든 어리석고 부적절하며 정신없는 짓들에 대해 용서해주시는 것처럼, 독자 역시 그 모든 행동에 대해 관용을 베풀어야 한다. 한 사람의 인생을 구원하기 위해 스스로 십자가에 못 박히신 예수의 용서하심을 기억하며 우리 역시 누군가의 인생을 관용하고 가슴 아파하는 자비를 베풀어야 한다.

그런 의미에서 자서전은 우리 인생이 위로받는 가장 아름다운 성소라고 말하고 싶다. 내가 구태여 나의 어떤 부분을 감추려 하거나 과장되게 왜곡하려 들지 않는다면, 있는 그대로 나를 정직하게 고백하는 자리로서 성실하게 자기 이야기를 쓸 수만 있다면, 세상 사람은 그를 용서하고 배려하고 위로해줄 것이다. 그래서 성경은 사람을 가리켜 하나님의 성전이라고 하지 않았던가? 자서전은 그 성전 앞에 내려놓은 나의 인생 보고서이다. 그래서 자서전 집필자는 최선을 다해 자신의 모습을 꾸밈없이 보여주어야 한다. 그 보고서로 인하여 하나님이 감동받으실 것이고, 또 세상이 감동받을 것이다. 그처럼 자서전은 감동으로 가득한 내 인생의 성소(聖所)라는 사실을 명심해야 한다.

감사드리고 싶은 사람들

이 책을 만들기 위해 우선 확신이 필요했다. 순수문학을 지향했던 나로서는 자기계발 도서를 쓰는 일이 망설여졌기 때문이다. 문단의 여러 친구가 어떻게 생각하는지 그들의 의견을 듣고 싶었다. 그들에게 책의 초고를 보내고 의견을 기다렸다. 우선 기꺼이 추천사를 맡아준 류재엽 교수(문학박사, 전 한국문학평론가협회장)에게 고마움을 전하고 그를 통해 이번에 처음 만나게 된 '전기문학자료관' 관장인 정영진(문학평론가) 선생에게도 감사를 드린다. 두 분의 적극적인 격려 덕분에 책 출판에 대해 용기를 갖게 되었다.

그리고 허물없는 친구인 이상문(전 한국펜클럽 이사장) 소설가의 격려와 귀중한 의견 덕분에 책의 제목을 붙들고 고민하게 되었다. 책의 내용이 자서전을 쓰는 방법만이 아니라, 자서전을 써야 할 이유에도 무게를 주었다는 점을 생각하게 되었다. 그리고 유한근 교수(〈인간과 문학〉 주간, 문학평론가)의 구체적인 지적에도 많은 깨달음을 얻었다. 특히 자서전 집필 사례를 추가하라는 의견에 감사드린다. 또한 한국심리상담학계의 원로이신 이균형 원장(511인재교육원)의 의견도 큰 도움이 되었다. 아울러 고향을 떠나온 탈북 형제들에게 권하고 싶다는 국제펜클럽 '망명작가북한펜센터' 이사장인 김정애(RFA 기자) 소설가에게도 감사드린다.

멀리 암스테르담까지 가서도 잊지 않고 의견을 보내준 소설가 이원규 동문의 세밀하고 성실한 도움으로 이 책을 완성하게 되었음을 깊이 감사드리고 싶다. 아울러 오는 12월에 네 번째 개인전을 준비하는 아내와 성우, 종미, 예슬이를 비롯한 사랑하는 가족들과 믿음의 형제들과 그들의 변함없는 응원에도 깊은 감사를 전한다. 또한 묵묵히 많은 경험으로 조언을 주고 깊은 기도로 동행해준 선종욱 목사님에게도 감사를 드린다. 끝으로 글쓰기의 동기를 제공해준 '한책협' 김태광 대표의 열정적이고 실제적인 도움에 감사드린다.

2022년 8월,

무더위와 장마가 몰려오던 날,

저자 김창범 올림

자서전 출판에 대한 참고 자료

1. 자서전의 종류

1. 자서전의 분류

1) 자서전 : 자신의 일생을 자술하여 기록한 책

2) 회고록 : 지난날을 회고한 기록. 저명인사들의 경우에 해당됨

3) 고백록 : 어떤 일의 원인이나 과정에 대한 철저한 회개나 용서를 구하는 기록

4) 명상록 : 어떤 인생관이나 세계관에 대한 철학적 사유를 주관적으로 서술한 기록

5) 증언록 : 어떤 중요한 삶이나 사건을 증언하여 역사적 증거로 삼고
자 하는 기록

2. 기록자에 의한 분류

1) 자서전 : 자서전의 주인공이 직접 서술한 자기 인생의 기록

2) 전기 : 제3자가 객관적으로 어떤 사람의 일생을 사실적으로 기록한
책

3) 평전 : 개인의 일생에 대하여 필자의 논평, 또는 평론을 겸하여 기록
한 전기

3. 기록 방법에 의한 분류

1) 책 : 저자의 일생을 글로 인쇄한 것으로 가장 전통적인 방법

2) 녹음 : 저자가 자기 인생을 구술한 것을 음성으로 기록한 자료(테이
프, CD, USB)

3) 녹화 : 저자가 직접 이야기하는 모습을 동영상으로 기록한 자료(필
름, CD, USB)

4) 사진 : 저자의 일생 행적을 사진(흑백, 컬러)에 담아 편집한 자료(사
진집, 파일)

4. 기타 분류

이외에도 미디어 기술의 발전에 따라, 다양한 기능의 영상기술이 자서전의 내용을 다양하고 리얼하게 녹화하고 편집하여 표현하고 있다. 가장 대표적 방법이 자서전을 영화로 만들어 일대기를 2시간 안팎의 길이로 압축하여 보여주는 것이다. 대표적 영화로는 '간디의 자서전'을 모체로 만든 영화 〈간디〉가 있다. 그 다음으로 감동적인 자서전을 후세에 전하는 수단의 하나로 만화영화가 있다. 이것은 다음 세대를 위해 교육적 목표로 만들어진 것이다. 그리고 요즘 흔히 제작되는 뮤지컬이 있다. 음악을 통해 자서전의 주인공을 음악으로 승화시켜서 표현하려는 것이다. 가장 예술적 표현 수단은 자서전을 한 편의 장시(長詩) 또는 서사시(敍事詩)로 만들든지, 혹은 시극(詩劇)으로 창작하여 무대에 올리는 경우도 있다.

2. 집필 스타일과 원고의 분량

1. 집필자에 의한 분류

1) 직접 집필 : 개인이 직접 자신의 인생을 집필하는 가장 전통적인 자서전의 기록 방식

2) 전문 작가 대필 : 대필 전문 작가가 의뢰인의 인생을 대신하여 기록하는 방식

3) 전문가의 집필 : 제3자나 타인의 이름으로 기록하는 방식으로 주로 사후에 발간한다.

─전기, 평전, 위인전 등의 이름을 붙인다.

2. 판매 형식에 따른 분류

1) 일반 판매용 자서전 : 일반 서점에서 구입할 수 있다.

2) 특정 층을 위한 증정용 자서전 : 기념품 성격으로 특정인에게만 증정한다. 이 경우는 고가로서 비매품, 특히 증정품이 많다.

3. 대필을 의뢰할 경우, 유의해야 할 사항

1) 전문 대필 작가에 대한 충분한 이해가 필요하다. 이 경우, 대필 작가에 대한 이해란 그 작가에 대한 의뢰인의 신뢰도 문제이다. 이를 위해 먼저 그동안 집필해온 작가의 경력과 작품들을 살펴서 '작가의 프로필'을 이해해야 한다. 집필의 경향성, 문학적 특징, 작가의 성격 등을 충분히 알아보아야 한다. 내 인생을 표현할 만한 실력과 자격을 소유한 분인가, 내가 신뢰할 만한 분인가를 판단해야 한다.

2) 반드시 확인할 부분은 집필 과정에 대한 내용이다. 개략적인 집필 계획을 알아보고 자세히 의견을 구해야 한다. 이 과정에서 그 누구에게도 공개한 적이 없던 나의 구석진 비밀까지 말해야 하고 고백하는 절차를 거쳐야 하므로 아주 예민하다. 대부분 녹음을 전제로 하므로 그 자료

의 보관과 파기, 또는 회수에 대한 의견을 확인해야 한다. 자서전의 줄거리, 목차에 대한 구성과 그 순서에 따라 집필한 내용을 리뷰하고 조정하는 방법 등이 충분히 이해되어야 한다.

3) 집필 비용 책정과 계약서 작성의 문제는 정확하게 해야 한다. 집필 비용은 우선 작가의 수준과 대우에 관한 문제이므로 객관화하기가 어렵다. 대필 작가의 솔직한 요구를 경청하고 이를 근거로 판단할 수밖에 없다. 계약서 작성은 법률 전문가에게 자문을 받거나 의뢰를 하는 것이 현명하다. 그러나 이런 유의 계약은 극히 사적인 행위로서 상호 신뢰를 전제로 한 것이므로 간결하게 처리하는 것이 좋다. 그만큼 서로 믿는다는 증거이기도 하다. '집필에 관한 확인서'라는 제목 아래에 의뢰인과 대필 작가의 인적 사항, 집필 과정에 따른 집필 비용의 지불 방법으로서 계약금, 1차 중도금, 2차 중도금, 잔금 등의 금액과 지불 날짜, 은행계좌 번호, 연락처 등을 명기한다.

4. 원고의 분량

원고량은 정해져 있지 않다. 집필자의 집필 목적에 따라 원고량은 크게 달라질 수 있다.

가족 등의 소규모 대상층일 경우는 원고량이 신국판형으로 50페이지에서 100페이지 이내가 좋다. 한글 글씨체로 글자 크기 10p, 간격 160%로 A4 용지 20매~40매 정도의 양이면 좋다. 또 집필자의 역량에 따라 크게 늘어날 수도 있지만 A4 용지 50매 정도면 부담이 크지 않을 것이다. 여기에 사진이 첨가된다면, 120페이지 전후의 책이 될 수 있다.

3. 개인정보와 저작권

오늘날, 출판사나 저자가 가장 신경을 쓰는 부분은 자서전에 담긴 내용에 개인을 비하하거나 개인정보를 유출하는 일은 없는지를 살피는 것이다. 이것은 개인의 명예에 저촉되는 일로서 저자가 상당한 손해배상을 요구받거나 구속되는 일, 혹은 장기적 재판 행위가 발생할 수도 있어, 생활에 어려움을 안겨줄 수 있다. 특히 역사적 인물이나 정치인 혹은 유명 연예인인 경우, 이런 일이 종종 발생한다.

그러므로 친구나 지인과 관련된 이야기는 반드시 실명보다는 대리 명칭을 사용하는 것이 좋다. 특히 이미 공개된 사건이라고 하여도 사건의 전모를 실명으로 밝히는 일은 조심스럽다.

더구나 탈북자들의 증언록에서는 실명을 써서는 안 된다. 탈북자가 겪은 일들이 사실로 확인되거나 사건 전모가 밝혀진 것이 아니기 때문이다. 탈북자 자신이 분명히 경험한 일이기는 하지만, 그 사건의 부분만 경험했으므로 나머지 부분에 어떤 진실이 있는지는 아무도 모르기 때문에 A 씨, K 씨 등으로 표기한다.

또 하나 어려운 문제는 저작권 문제이다. 저작권은 워낙 광범위하게 관련되어 있으므로 내가 창의적으로 작업하지 않은 표현에 대해서는 반드시 그 인용 출처를 밝혀놓아야 한다. 문장의 인용, 명백한 논리의 인용, 또 사진의 인용 등은 책을 만들면서 적어도 한두 건은 피할 수 없는 경우가 있다. 이런 일은 드라마나 소설에서 흔히 만나는 일이고, 음악의 가사나 작곡에 있어서도 베껴 썼다는 비난을 겪는 일이 많다.

세상에는 처음부터 아주 창의적은 일이란 없다. 반드시 어떤 원인을 제공하는 계기나 근거를 통해 창의적인 것이 탄생한다. 창조된 생명도 이미 누군가의 모태에서 태어난 어머니로부터 나온다는 현실을 항상 기억해야 한다.

그래서 자료의 인용 출처를 떳떳이 밝히는 것이 옳은 일이다. 가능하면 직접 승낙을 받아두는 것도 필요하다. 이 부분은 책을 제작하는 출판사의 견해가 중요하다. 그러므로 경험이 많은 출판사의 의견을 따르는 것이 현명하다.

4. 책의 형식

1. 노트 형식

책의 형식으로 편집된 것이 아니라, 하나의 기록물로서 집필자의 필체나 구어체를 그대로 담아놓은 상태이다.

– 이 경우는 노트북이나, 컴퓨터 USB에 저장하기도 한다.

– 개인이 자기 기록을 소장하고 보관하는 기초적 방안이다.

2. 소책자 형식

대개 100페이지 이하의 분량으로 중요한 일생을 요약하여 보여준다.

– 이 책자는 중요 사건 중심으로 서술하는 형식을 취한다.

– 주로 가족이나 가문에서 독자 범위가 아주 소수인 경우에 택하는 방식이다.

3. 신국판 형식

대개 200페이지 이상의 분량으로 집필자의 일생을 서술한 자서전이다.

– 이 책자는 서점 판매를 목적으로 경우가 대부분이다.

– 대중적 독자층에게 쉽게 읽히도록 소설 형식을 취하는 경우도 있다.

4. 크라운판 형식

책의 규격 중에서 가장 크게 편집된 상태다.

– 사진집(컬러판)을 겸한 것으로 보아도 된다.

5. 하드커버, 양장본 형식

고가의 제작비를 들여 만든 자서전으로서 주로 증정용으로 사용된다.

5. 출판 과정의 이해와 홍보 방법

1. 출판 과정

1) 집필 혹은 대필 의뢰를 검토한다.

2) 집필 방법에 따라 출판 과정을 결정한다.

⇨ 출판 방법 검토 ⇨ 출판 계약 ⇨ 편집 작업 ⇨ 인쇄 제작 ⇨ 배포 및 판매

2. 세부 과정

1) 원고 준비

목차 설정 후, 원고량, 집필 기간과 진행 계획을 세우고

세부 집필 개시

2) 출판 방법 검토

출판사 검토 후, 출판 계획을 세워서 의뢰를 결정한다.

이때 자비출판 여부를 결정한다.

3) 출판 계약

자비출판과 일반 출판의 차이를 알고 계약서에 서명한다.

– 책의 편집 및 인쇄 내용 확인

– 자비출판의 경우 : 제작비 확인, 제작 과정, 납품 일자 확인

– 일반 출판의 경우 : 계약 비용, 인세 및 지급 방법, 저자 증정 수량 등

4) 편집 작업 참여 : 편집 디자인 상태 확인, 표지 디자인, 원고 교정

5) 배포 및 증정 : 증정용 봉투 제작, 배포처 확인

3. 홍보 계획

필요하다면 책이 출판되기 전부터 홍보 전략을 펼치는 것이 유리하다.

최근에는 소셜네트워크시스템, 즉 SNS를 통하여, 다양하게 홍보를 행할 수 있다.

전문가나 젊은이들의 지식과 경험을 통해 도움을 받을 수 있고,

적극적으로는 마케팅 강좌를 통해 전문 지식을 배울 수 있다.

1) SNS 전략 수립

2) 블로그, 카페 운영

3) 페이스북, 인스타그램, 텔레그램 등 서평 그룹 조성

4) 강의 및 강연 계획 수립 등